西北师范大学青年教师科研能力提升计划项目资助

# 元代涉医文学研究

周欣媛 著

民族出版社

# 目 录

绪 论 ……………………………………………………………… 1

**第一章 文学视域下的元代医学** ………………………………… 36
 第一节 医事体制的形成与完善 ………………………………… 36
 第二节 官方与文人笔下的医学发展状况 ……………………… 48
 第三节 文学作品反映的医疗体系之弊端 ……………………… 80
 小 结 …………………………………………………………… 88

**第二章 元代医者与文士的身份互融及医文实践** ……………… 91
 第一节 文学中的医者形象 ……………………………………… 91
 第二节 文士的医学实践及其对元代医学之贡献 ……………… 114
 第三节 医者与文士的互融互动 ………………………………… 130
 小 结 …………………………………………………………… 147

**第三章 元代文学中的疾病书写** ………………………………… 150
 第一节 生理疾病描写 …………………………………………… 150
 第二节 心理疾病刻画 …………………………………………… 158
 第三节 疫病的防治与文学呈现 ………………………………… 165
 小 结 …………………………………………………………… 178

## 第四章　元代文学中的药物与养生 …………………… 179
### 第一节　药物描写及其文化内涵 …………………… 179
### 第二节　养生途径的多样化构筑 …………………… 192
### 小　结 ……………………………………………… 204

## 第五章　元代文学中医药书写的多维艺术建构 ………… 206
### 第一节　因病抒情 疾愈谢医——诗歌中的医学描写特色 … 206
### 第二节　以医说理 以医取譬——散文中的医学描写特色 … 218
### 第三节　药物实录 疾病隐喻——笔记小说中的医学描写特色 … 227
### 第四节　插科打诨 情节铺垫——戏文中的医学描写特色 … 236
### 小　结 ……………………………………………… 243

## 第六章　他疗与自治——元代涉医文学的心理治疗功能 …… 245
### 第一节　"文学治疗"之历史溯源及原理 ……………… 245
### 第二节　涉医戏文的心理治疗功能论析——
　　　　　以元杂剧《窦娥冤》《赵氏孤儿》为中心 ……… 252
### 小　结 ……………………………………………… 270

## 结　语 …………………………………………………… 272
祛"疾"思治——元代医文的交融与共同主题 ………… 272

## 附　录 …………………………………………………… 281
元代涉医文学文献整理统计表 ……………………………… 281

## 参考文献 ………………………………………………… 296

## 后　记 …………………………………………………… 313

# 绪　论

## 一、研究背景

中医学与古典文学的联结古已有之。从哲学基础来看,"医易同源",中医学理论模式的本质即易学思维,古典文学的哲学依据亦与《易》有紧密联系。从文化层面而言,二者皆受到传统儒家思想之影响,古典文学重视对现实生活的反映,医术又被称为"仁术",旨在济世救人,二者具有相通的历史文化背景。从治疗对象来说,中医学面临的是人的生理疾病,文学面对的是人的心灵层面,二者同为人类身心的"诊疗师"。

（一）医学与文学的同源性

"中医"一词最早见于《汉书·艺文志·方技略》,文曰:

> 经方者,本草石之寒温,量疾病之浅深,假药味之滋,因气感之宜,辨五苦六辛,致水火之齐,以通闭解结,反之于平。及失其宜者,以热益热,以寒增寒,精气内伤,不见于外,是所独失也。故谚曰:"有病不治,常得中医。"①

一种说法认为,"中医"是指医术水平中等的医者,在中国古代社会,根据医生治疗水平的优劣,分为上医、中医和下医,并有"上医医

---

① （汉）班固著,（唐）颜师古注:《汉书艺文志》,70页,北京,商务印书馆,1955。

国，中医医人，下医医病"的说法。另一种说法指得宜之医，即符合医理的一整套论述和做法。两种说法皆立足于不同语境，因此莫衷一是。辨析其内涵并非要务，也不在文学研究范畴。之所以引出这一命题，重点在于阐释"中"字之义，进而探讨医学与文学的哲学起源问题。

对于"中"的解释，先贤对此有关的论述如下。"中也者，天下之大本也。和也者，天下之达道也。致中和，天地位焉，万物育焉。"① "中"意为不偏不倚，《左传》云："民受天地之中以生。"孔颖达疏："天地之中，谓中和之气也。"这里的"中"是指天地中和之气。再结合《汉书·艺文志·方技略》中"有病不治，常得中医"的说法，所谓"中医"指使人体常保中和之气。易学专家刘大均先生曾为中医正名，认为"中医"二字之本义，是《易》与医结合的概念，是《易经》所言"尚中"之"中"。即"本草石之寒温，量疾病之浅深，假药味之滋，因气感之宜，辨五苦六辛，致水火之齐，以通闭解结，反之于平"②。因此，从名称来说，中医之义源于《易》。

孙思邈云："不知《易》，不足以言太医。"言医者不可以不知《易》，因《易》具有医之理。《易》言及天、地、人三才互通之道和阴阳变化之机，医则以阴阳为总纲，讲求天人相应之理。《周易》中的基本要素有太极、两仪、四象、八卦、六十四卦。而构成以上要素的基础为"阴""阳"两个基本的符号。中医以阴阳为总纲，而有阴极则阳生，阳极则阴生，阳中有阴，阴中有阳的理论，构建起基本的理论框架。

从内涵而言，中医理论体系有三个主要特点，分别为整体观、恒动观以及辨证施治。其中，阴阳五行学说是构筑中医理论体系的方法。《黄帝内经·阴阳应象大论篇》云："阴阳者，天地之道也，万物之纲纪，变化之父母，生杀之本始，神明之府也……"③ 阴阳是自然界的普遍规律，阴阳之间的对立互补与此消彼长，共同构成了万物变化和事物生长

---

① 郑艳玲译注：《大学·中庸》，50页，合肥，黄山书社，2005。
② （汉）班固著，（唐）颜师古注：《汉书艺文志》，70页，北京，商务印书馆，1955。
③ 杨永杰、龚树全主编：《黄帝内经》，11页，北京，线装书局，2009。

衰亡的基础。中医治病理疗的根本亦在于此，把人体比作一小方天地，将人体阴阳五行系统纳入天地阴阳五行系统中去考察。人之所以生病，主要因为阴阳的失衡。对于打破人体生理秩序，导致疾病引发的原因，主要有两层释义，基于天地有四时交替和五行运转，从而产生寒、暑、燥、湿、风的气候状态。第一，人体之内五脏之气化生五志，喜、怒、悲、忧、惧若"太过"或"不及"，都会打破这种平衡，导致生理失衡引发疾病；第二，春、夏、秋、冬四季的气候差异和特点，容易在相应的季节引发不同的病症，若不注重寒暑外邪，就会使阴极转化为阳，阳极转化为阴。故而当喜怒不加以节制，寒暑不善于调适，会使人体内外的平衡均遭受破坏，最终导致疾病的发生。故云：

> 天有四时五行，以生长收藏，以生寒暑燥湿风。人有五脏化五气以生，喜怒悲忧恐。故喜怒伤气，寒暑伤形，暴怒伤阴，暴喜伤阳……①

不论是外感还是内伤造成的病证，根本原因在于阴阳失调，阴气偏胜或阳气偏胜都不利于维持生命系统的平衡。因此，根据这一点，治疗疾病的关键就在于使阴阳之气得以均衡，始终处于一个相对平稳的状态，即中和之态，唯有如此才能保证机体的健康。这种思想符合《易》的阴阳概念及"尚中"思想，《系辞上传》云："乾道成男，坤道成女。乾知大始，坤作成物。"② 又云："一阴一阳之谓道，继之者，善也，成之者，性也。"③ 宇宙间的造化之道，唯有一阴一阳而已，阳动而阴静，阳明而阴晦，两者相合以生物。从人体各个部分和器官来说，也与阴阳一一对应，外为阳内为阴，上半身为阳，下半身为阴，六腑为阳，五脏为阴，阴阳互为表里。

---

① 杨永杰、龚树全主编：《黄帝内经》，12 页，北京，线装书局，2009。
② 周振甫译注：《周易译注》，264 页，北京，中华书局，2019。
③ 周振甫译注：《周易译注》，270 页，北京，中华书局，2019。

从治疗原则来说，中医认为，人体生病的最主要原因在于由阴阳失衡导致的生理失序，因此，治疗的核心在于调适阴阳之间的和谐。要做到"谨守病机，各司其属，有者求之，无者求之，盛者责之，虚者责之，必先五胜，疏其血气，令其调达，而致和平"①。最终疗效或者目的就是趋于一种"平和"的状态，《素问·至真要大论》对辨证施治的理念进行了较为详细的叙述。余者泻、不足者补，最终目的即要使阴盛阳衰或阴衰阳盛之局面得以调适，最终达到一种阴阳互补的平衡状态。五行相生相克规律是中医治疗的一大原则，五行的制化调节，使五行之间的相生、相克不会太过，亦不会不及。其生克制化，维持着其内在要素不断化生与制约的运动变化，因此，五行的生克制化对维持事物的协调、平衡及发展有重要意义。②其治疗理念主要体现在抑强和扶弱，其中，抑强主要用于相乘相侮病症。相乘即倚强凌弱或乘虚侵袭，指五行中任何一行若过度克制了其原本对应克制的一行，就会超过正常限度的状态。相侮即欺侮，五行之间原本相克制的次序遭受破坏，产生逆向克制现象，是五行关系反常的一种状态。实际上，其核心还是基于对"平""和"两种状态的回归。

中医诊治的基本原则在于维持阴阳平衡，而表现在具体的施治方法中则为"望、闻、问、切"四诊法，《素问·四气调神大论》中提到，四时之气各有差别，人应当顺应四时来调和精神。医家讲求四经、四脉、四时之序，基于《易》中"太极生两仪，两仪生四象"的说法，其中，四象为太阴、太阳、少阳、少阴，四时为春、夏、秋、冬，四方之位为东、南、西、北，以此类推，均可以"四象"约之。

中医学的本质即易学思维，中国古代医家将阴阳五行原理引入医学领域，以人体五脏为核心的思维模式，通过阴阳五行之间的推合衍变、生克制约，建立起一个庞大的包括人体系统对应自然天地的有序系统。可以看出，在中医学的理论体系中，无论是"中医"一词的由来，分析

---

① 杨永杰、龚树全主编：《黄帝内经》，208页，北京，线装书局，2009。
② 张华珠主编：《中医学》，20页，北京，中国科学技术出版社，1992。

疾病发生的原因，对病症规律的认识，或阐释病理机制的构成，开方施治，都符合《周易》"尚中"的理念。元人家铉翁在《节斋记》一文中便明确提及医与《易》的同源性，文曰：

> 而医经之节，《易经》之节，乃有相似者。温凉以剂其燥湿，补泻以制其盈亏，窒者通之，痹者砭之，逸者收之，疾之来无穷，而吾之节无所不尽，是固医术，而学问之道存焉。①

关于文学起源诸说，先贤早有深入论述，比较具影响力的有神示说、模仿说、游戏说、表现说、劳动说、巫术说等，对此不作专门探讨。下文针对古典文学之哲学思想源于《易》这一观点进行论述，试图寻找古典文学与中医学在哲学起源上共通的依据。

《文心雕龙·原道篇》中所体现的文学起源论，将《易传》中的"太极说"与"三才说"联系起来，认为太极生两仪，两仪为天地，人与天地并生，同为三才。这与"《易》有太极，是生两仪，两仪生四象，四象生八卦，八卦定吉凶，吉凶生大业"②这一说法具有一定渊源。其中，"三才说"见于"立天之道，曰阴与阳；立地之道，曰柔与刚；立人之道，曰仁与义。兼三才而两之，故易六画而成卦"③。刘勰对文学起源的根本观点是"文肇自道"，即"道"产生"物"与"人"，"物"及"人"与由"人"及"物"的过程使得"物"与"人"之间发生交互感应，最终产生"文"。在中国原始的文艺起源观中，认为文学和文艺方法是由自然生成而来的，从过程论而言，文艺方法是自然发生的。从本体论来说，文学和文艺方法来自于自然。④换言之，天地中的自然物象和种种形态皆可作为一种信息源，成为人类仿照、描摹的对象。"象"是古人在认识文化起源及生成过程中创造出来的概念，"象"是自然之

---

① 李修生主编：《全元文》第11册，803页，南京，江苏古籍出版社，1999。
② 周振甫译注：《周易译注》，286页，北京，中华书局，2019。
③ 周振甫译注：《周易译注》，323页，北京，中华书局，2019。
④ 张应斌：《中国文学的起源》，313页，广州，广东人民出版社，2003。

象,为客体,即形象,同时也是作为主体的人类之象,古人在向自然获取感官经验的同时也在模仿。

《周易》的基本符号单位是卦,每卦各有象征。"象"是《周易》最重要的文化方法,是通过卦象来描述和把握世界的象征符号系统。《周易》有着丰富的文化发生学内容,其中,客观事物的形象即爻、卦,其形象就是文化的本源。《周易》所代表的符号,也以形象语言为基础。据《周易·系辞上》,世间万事万物,在天上形成天象,在地面形成地形,使得事物千变万化。这是《周易》中一个重要的思维方式即"观物取象",亦是一种具象思维,在人类认识事物的初步阶段,主要是以具象事物为思维媒介,通过模仿来进行形象化的比拟。《易》是人们对自然、人事等各种现象进行观察、描摹的产物,是先民在具体的社会实践活动中总结出来的经验和表现。《易经·系辞下》云:

> 古者包牺氏之王天下也,仰则观象于天,俯则观法于地,观鸟兽之文与地之宜,近取诸身,远取诸物,于是始作八卦,以通神明之德,以类万物之情。①

说明了具象思维正是基于模仿,一是"观物取象",二是"法象制器",由一种初步的感性认知经验开始的。

形象思维源于人类之初。在还不能用语言交流的时期,人类以手势、姿态来描述事物,交流思想和情感。形象思维是人类的文学思维对自然物象的借用和依凭,它表现在文学语言和文学思维中,人们以大量形象素材和物象图景,将自然界的形象材料移入人类的思维及语言中。②这与《易》中"观物取象"的说法是一致的。原始艺术中的诗、乐、舞三位一体,就是充满形象化的动作语言与有韵律的有声语言的相互配合。《吕氏春秋》中就有"昔葛天氏之乐,三人操牛尾,投足以歌八阕"

---

① 周振甫译注:《周易译注》,296页,北京,中华书局,2019。
② 张应斌:《中国文学的起源》,347页,广州,广东人民出版社,2003。

的记载，可以看出，原始歌谣的产生伴随着音乐和舞蹈，是先民以形象化的思维和形体语言表达思想和情感的一种途径，这是作为文学体裁之一的诗歌最初的萌芽状态。"观物取象"的思维方式基本奠定了中国文学创作手法的模式，即现实主义。《周易》不可能直接体现这种创作手法，但是其"卦画"及"卦辞"，皆与"形象"有一定渊薮。之前已经论述，形象思维是凭借自然物象的依托，将大量形象素材和图景移入人类思维及语言中。在文学创作领域，现实主义的创作手法亦是对这一模式的延伸，作为创作主体的作家，将社会生活作为文学创作的源泉，即提供素材的成千上万的事物和人物，通过语言文字这一媒介，将事物反映出来。因此，文学创作的过程就是通过动人、丰赡的艺术形象来体现，审美形象也是作家从事艺术创造时追求的最高目标。①

与形象思维联系在一起的还有类比思维。《周易》中的六十四卦皆由八卦两两相重组成，世间万象总分为阴阳两大类。"系辞上"就有"方以类聚，物以群分"之说。中国古代文化就是在对"类"的不断认知中产生的。《左传·恒公三年》云："五色比象。"杜预注："五色皆以比象天地四方。"《左传·恒公六年》载："以类命为象。"类比思维是形象思维在经验感知上的升华，属于一种逻辑思维。天地万物之间原本就存在着诸种联系，其中，"类"是最为直观的一种，经过人类的认知和思维转换，即成为"以类相附"的逻辑思维取向。在中国古代文学艺术中，体现这种思维模式最为鲜明的例子，就是诗歌中比兴手法的运用。"比"的方式又是多样的，可通过声音、形貌、心情、事物来取譬。后世朱熹云："比者，以彼物比此物也。""比"的本体和喻体可以是一切事物。

从文学作品结构及创作论的角度来说，中国古典文学中的意境说和风格说同样来源于《易》。王弼的"意象论"可以说是"意境说"的源头，他在《周易略例》中说道："夫象者，出意者也，言者，明象者也……意以象尽，象以言著。故言者，所以明象，得象而忘言；象者，

---

① 陈文忠主编：《文学理论》，148页，合肥，安徽大学出版社，2002。

所以存意，得意而忘象。"①"象"是一种手段，"意"是目的，要达到"意"，首先就要"立象"，"得意"后才会"忘象"，这是一个自然而然的过程。"意象说"是"意境说"产生的思想基础，王昌龄《诗格》首次提出"意境"之概念，一曰物境，二曰情境，三曰意境。关于"意境说"的历史源流，先贤对此多有探讨，不做赘述。除"观物取象"外，"立象尽意"是《周易》中所体现的另一种思维方式，即"圣人立象以尽意，设卦以尽情伪"，即抽象思维与灵感思维的结合，重在"得意而忘象"，体现了后世所谓的"写意"。之前提到，"观物取象"是一种经验式的直觉感悟，可视为中国古代文学中现实主义创作手法的渊薮。那么，中国古典文学作品中的抒情风格最早可在《周易》"立象尽意"这一思维方式中窥探一二。

中国抒情风格中有刚健和柔婉之分，常将豪放、雄浑等与之联系，司空图《二十四诗品》就将"雄浑"置于首位。曹丕《典论·论文》云："文以气为主，气之清浊有体，不可力强而致。"②以气的概念来划分清浊二体，清近于刚，浊近于柔。《文心雕龙·定势》申刘桢之说，曰："文之任势，势有刚柔。"③刚柔之说在后世演变为豪放及婉约两种创作风格，这种模式的源头即《周易》中阳刚阴柔之论，但在《周易》中，这种阳刚阴柔并非意指文学创作中对美的阐释分类。阴爻和阳爻共同组成了书中的六十四卦，阴阳即《周易》的核心思想。《系辞》上传云："动静有常，刚柔断矣。方以类聚，物以群分。"④其中，动静、进退、明暗、刚柔等相对概念，都是对阴阳概念的具体演说方式。人类及宇宙万物皆是由乾坤和八卦的矛盾冲突产生，体现了朴素的唯物辩证因素，万物内部的对立统一表现在了人事的刚柔中。可以说，文学中的刚健与柔婉两种创作风格受到了《易》中阴阳观念的影响。

---

① （魏）王弼著，楼宇烈校释：《王弼集校释》，591页，北京，中华书局，1980。
② 张溥编：《汉魏六朝百三名家集·魏文帝集》，70页，扬州，江苏广陵古籍出版社，1990。
③ （南朝梁）刘勰著，周振甫译注：《文心雕龙译注》，447页，南京，江苏教育出版社，2006。
④ 周振甫译注：《周易译注》，264页，北京，中华书局，2019。

## （二）医学与文学联结的历史文化动因

医学与文学分别旨在探寻人的生理及心灵层面。人是医、文二者关注的对象，既指不同社会、不同地域及不同种族中的个体，也指一个群体。从人类文明发展的层面而言，以人为本的价值理念和精神诉求是全人类共同追求的终极目标。如果按照现代学科属性划分，医学属于自然科学学科，文学属于人文社会学科，但两者的工作和服务对象皆与人类生活有密切联系。

医学着重研究人的自然属性，通过一系列理论实践，对人的身体结构和生理功能进行研判、分析，并根据经验总结出具有指导意义的理论及方法，用于保证和维护机体的正常运转，最终实现的是救死扶伤的人道主义价值。文学主要从精神层面出发，探求人的社会属性。文学主要以语言文字为载体，以不同风格记录着客观世界和人物心灵，终极追求是实现人文关怀，提升人的道德修养水平及思想境界。文学的题材和对象是人，"一切艺术，包括文学在内，它的最基本推动力，就是改善人生，把人类生活提高到至善至美的境界的那种热切的向往和崇高的理想"[①]。文学是人学，即把文学的对象、性质、特点、任务、作用等做了统一，意味着主要将人当作描写中心，表现人的生活和状态，反映人的思想及情感。文学一直关注的是不同阶段人的灵魂和思想，文学批评家弗莱认为，从神话时代开始，人类就用语言作品从两个方面关注自身的生存：人已经做过什么，人想让自己成为什么。

中国传统文化受儒家思想影响颇深。"仁者爱人"以及"民为贵"的民本思想，把实现经世济民、兼善天下的行为作为人生追求。中国古代文学创作讲求"经世致用"，关注现实人生，《诗》之"兴、观、群、怨"之说，即文学"补察得失"之功能的体现。白居易"不务文字奇，惟歌生民病"之论，以及杜甫的"三吏""三别"，皆属于描述现实主义的佳作。同样，在中国传统文化土壤中孕育着的中医学，亦始终具有关注现实人生、关爱人之发展的优良传统。"举天下之术，惠利足以及人，

---

[①] 钱谷融：《论"文学是人学"》，4 页，北京，人民文学出版社，1981。

溥而不穷者，惟医为然。"①（吴海《赠医师郭徽言叙》）古人认为，医学具有使人解除病痛的功效，这也是儒家之仁道思想的体现。因此，有"医乃仁术"之说，"无伤也，是乃仁术"（《孟子·梁惠王上》）。要求医者重视人之生命。医学可拯救天下苍生，是"惠己及人"的道行，故又被视为"仁术"，这与儒家思想中"以天下为己任"所追求的精神内核是一致的。

隋唐时期，以孙思邈为代表的医家，强调学医须以救人疾苦为己任，坚守仁爱原则，不断提高自身的道德素养。他在《千金方》"大医习业"和"大医精诚"两篇中探讨医德，认为医者具备仁民爱物的慈悲之心是极其重要的，反映出较强的人道主义关怀。文曰：

> 先发大慈恻隐之心，誓愿普救含灵之苦，若有疾厄来求救者，不得问其贵贱贫富，长幼妍媸，怨亲善友，华夷愚智，普同一等，皆如至亲之想。②

另外，"杏林"作为后世中医的代名词，其来历也与医者之仁心有关。《神仙传》载东汉医者董奉为人医病而不计钱财，患者病愈后，栽种杏木五株，而后又以成熟的杏子换作粮食，接济过往行人。元人李存在《赠王圣从序》中说道："夫医，工之最难者也。余尝谓其精粗姑未论，其心则万万不可不仁也。"③在一些关于医者的墓志铭中，也记述了不少仁民济世的事迹，例如王恽的《大元朝列大夫秘书监丞汴梁申氏先德碑铭》就讲述了医者申氏及其祖辈的从医经历，行医不分贵贱亦不贪图钱财，甚至还向过往贫民分发路费，可谓宅心仁厚。孕育于中国传统文化之中的中医学与古典文学，皆本着社会使命感及人道主义精神，始终将人之生存及发展作为首要。

---

① （元）吴海：《闻过斋集》，见《元人文集珍本丛刊》第8册，233页，台北，新文丰出版公司，1985。
② （唐）孙思邈撰，刘清国等校：《千金方》，15页，北京，中国中医药出版社，1998。
③ 李修生主编：《全元文》第54册，166页，南京，江苏古籍出版社，1999。

《国语·晋语》云:"上医医国,其次医人,固医官也。"治国之道与治病之理的内涵相一致,而"上医"的标准则是能够为治理国家而建言献策,这是一种最高层次的境界。北宋时期,随着医学自身的发展,以及受宋人尚医风气的影响,"儒医"之称形成,"儒医"是具有一定文化素养的医者,同时也意味着医者社会地位的提高。医学典籍隐晦深奥,对学者的文化水平具有较高的要求,因此,有"儒不医,非通儒,医不儒,非良医"(胡炳文《赠医者程敏斋序》)之说。有元一代,儒者行医的动机更为多样,从医目的不仅出于为自身或亲友疗疾,也是一种生活方式的体现。

## 二、研究综述

### (一)涉医文学研究现状

对文学作品中涉医现象的初步关注,是宋代文人关于药名诗起源的探论。蔡绦《西清诗话》云:"药名诗,世云起自陈亚,非也,东汉已有'离合体',至唐始著'药石'之号……"① 吴曾《能改斋漫录·辨误》专作《药名诗不始于唐》一则:"药名之号,自梁以来已有之……乃知药名诗不始于唐。"② 王楙《野客丛书》和吴曾《能改斋漫录》皆认为药名诗不始于唐,此体已著于六朝。清代文人对以药名入诗的现象亦有提及,吴骞《拜经楼诗话续编》中引宋徽宗诗云"茸母初生认禁烟",提及以药名入诗,多新奇可喜,又按《纲目》查询"茸母"即鼠曲草。赵翼在《陔余丛考》中则详细梳理了前代药名入文、入诗的创作情况,认为药名以入文者居多,入诗者占据少数。文曰:

> 药名入诗,《三百篇》中多有之,如"采采芣苢,言采其虻,中谷有蓷,墙有茨,堇荼如饴"之类。此后惟文字中用

---

① 吴文治主编:《宋诗话全编》第3册,2492页,南京,江苏古籍出版社,1998。
② (宋)吴曾撰:《能改斋漫录》,48页,北京,中华书局,1985。

之……王充《论衡》……皆药名之见于文者，而以之入诗甚少……《温公诗话》陈亚郎中以药名为诗至百首。①

近现代以来，涉医文学仍处于研究领域的边缘，鲜有研究者涉足，与之相关的探讨主要有鲁迅先生的《魏晋风度及文章与药及酒之关系》。二十世纪八十年代以后，学界给予较多关注的是药名诗的初创、发展演变和创作特点，这类成果主要集中于单篇论文。代表性成果有江更生《药名诗琐谈》（《中医药文化》，1985年第1期）；廖子君《药名诗拾趣》（《四川中医》，1988年第12期）；郑泽民《药名诗文趣谈》（《内蒙古中医药》，1989年第3期）。另外，还有个别文章开始关注到元杂剧中的医生形象，如祝诚《元杂剧中的"赛卢医"》（《南京师范大学学报》，1981年第4期）。二十世纪九十年代以前是涉医文学研究的萌芽期，这一时期的研究呈现出关注点较为单一，以感悟式结论为主的特点。

二十世纪九十年代以来，国内的涉医文学研究取得了较大突破，首先是诞生了几部专门谈及中医学与古典文学关系的专著。

最早涉及古典文学中涉医内容的著作是李良松、郭洪涛的《中国传统文化与医学》（厦门大学出版社，1990）。该书从传统文化的视角切入，分别以文、史、哲三种学科为视点，来探析文史典籍中的医学史料与医学思想，其中，辑录于其中的各类古典文学作品中的涉医内容是该书重点观照的部分。该书极具涉医文学研究的文献来源参考价值，涉及面广，内容丰富。但限于篇幅，仅仅是对文史类著作中涉医文献资料的概说，没有对具体的文学作品中的涉医内容进行分析。

首次全面探讨中医学与古典文学关系的综合性著作为陈庆元、陈贻庭的《古典文学与中医学》（福建科学技术出版社，1996），书中定义了"涉医文学"的基本概念，对历代涉及中医药的古典文学作品作以概述。从医文二者共同具有的精神传统、思维方式及关于"气"（"文以气为主"与中医学中"气"的理论）的言说出发，举例具有代表性的作品，

---

① （清）赵翼著，栾保群、吕宗力校点：《陔余丛考》，394页，石家庄，河北人民出版社，1990。

分析蕴含于其中的医学元素及其所承载的医学文化。并从中医著作的文学性，古代医学家与文学家之间的交游联结等方面作以阐释。书中的研究体例及范式，研究方法和思路，对后世的涉医文学研究具有开拓性意义。

刘晓林的《中医文化与古典文学》（湖南师范大学出版社，1999）系统探讨了中医学与古典文学契合的深层文化原因，阐释了二者的文化意蕴。通过选取历代古典诗词、先秦散文、古典戏剧，古典小说中具有代表性的作品，分析了蕴含其中的医学内容及文化内涵。论著较为全面地展现了中医文化与古典文学之间相互渗透、相互影响的文化现象。

郑民、王亭的《文学与医学文化》（山东大学出版社，2015）一书从比较文学视野出发，展现文学与医学结缘的现象及内在文化动因。通过对古今中外的代表性作家及其充满浓郁医学色彩之文学著作的剖析，呈现出医学元素对于文学创作手法的丰富，以及对于文学创作模式和类型的建构。其中，该书第六章重点阐释古典文学中的医学现象，通过个案分析说明医学文化对古典文学创作的推动，具体表现为创作素材的提供，作品内涵与张力的丰富。该书视角新颖、观点突出，如在分析中国古典文学作品中的医生形象时，构建了"二元对立下的伦理道德评价"，又指出医文互通背后对传统文化及文人身份的回归与认同，对古典文学领域内的涉医文学研究不无启迪。

二十世纪九十年代至今，涉医文学研究成果不断丰富，大体分为五个方面：

第一，古典文学和中医学的关系以及文学作品中的医药文化。

涉医文学的断代研究，这类成果主要集中在硕博论文。例如：郭树芹《唐代涉医文学研究》（四川大学博士论文，2004）从发生学及文化学的角度揭示了涉医文学创作的缘起，梳理了唐以前涉医文学的发展脉络。挖掘整理了唐文、唐五代词、敦煌变文及笔记小说中的涉医文献并作出概述，着重分析了涉医诗歌的几种样式及文化内涵。作者认为唐代涉医作品作为一扇窗口，是唐代政治、经济、文化，宗教等在文学作品中的具体体现。

鲁慧《魏晋南北朝涉医文学研究》（湖南师范大学硕士论文，2014）选取了魏晋南北朝时期包含医药、疾病、养生的代表性文学作品，对其中的医药、疾病书写及其文化内涵做出了阐释，认为这些作品是当时哲学精神与时代风貌的具体体现。

王水香《先秦两汉涉医文学研究》（福建师范大学博士论文，2016）主要分析研究了四个问题。第一，明确了先秦两汉时期涉医文学所涉及的领域，分别在本草、养生、疾病、治疗四个方面加以体现。第二，明晰了这一时期文学与医学相交融的程度，具体体现为诊籍这一同时具备文学性与医学性的叙事文体的诞生，以及文学中所描写的丰富的医药养生内容，医者与文士在职责功能层面的相通性，医籍的文学性等。通过对这几个层面的细致探讨，阐释了医文交融所达到的深度。第三，寻找到医文交融的路径，分别为单向影响与多维相交。第四，通过对出土、存世文献中记载的医学发展状况以及对医籍这一同时具备文学性与医学价值的叙事性文体的考察，揭示了先秦两汉涉医文学产生的缘由。论文的突出贡献在于，先秦两汉时期的涉医文学从一个侧面体现出古代学术交融的状态，对医学内容的吸纳极大地丰富了先秦两汉时期文学创作的表现手法，促使文学功用得到了最大程度的发挥。

另外，相关研究还有王思璀《唐代知识阶层笔下的医学叙事》（黑龙江中医药大学博士论文，2016）一文，主要以唐代知识分子自撰的诗文、笔记、小说为主要考察对象，对涉及其中的医学相关内容集中进行了爬梳、整理及分析。该研究内容翔实，分析细致，其重点在于挖掘作品中的医学叙事，可作为研究唐代医史资料的参考。

可以看出，关于涉医文学的断代研究，其论述的笔墨主要集中于先秦两汉、魏晋南北朝及隋唐时期，缺乏对其他朝代的关注。同时也为元代涉医文学研究留下了可继续拓展的园地。

古典文学与中医学的关系。这类研究的共同点在于，通过举例古典文学作品中的医药内容或医籍方书中富有文学色彩的叙述方式，旨在说明古典文学与中医学相互交融的文化现象。成果主要集中在期刊论文：汪炯《浅论医学与文学的结缘》（《扬州大学学报》，2000年第6期）；门岿《论元代文学与医学相交融的文化景观》（《殷都学刊》，2002年第2期）；孙悦、丁成华《中国古典文学中的中医药文化》（《江西中医学院学报》，2012年第3期）；王春《中国传统医学与古典文学的融织》（《湖北中医药大学学报》，2012年第3期）；孙玮志《中国传统医学与古典文学》（《光明日报》，2018年8月）；秦伯宜《医学和文学的交汇点》（《中国医学人文》，2018年第7期）；叶晋良、杨蕙宇《唐诗中的医文交融现象研究》（《医学与哲学》，2019年第11期）；高雨、韩静《唐代文学与中医药文化的传播》（《南京中医药大学学报》，2016年第3期）。

关于药名诗文的起源、发展状况、审美价值及创作原因等问题的考证辨析。主要成果有：陈贻庭《咏药诗的源流和价值》（《南京中医药大学学报》，2002年第3期）认为咏药诗起源于魏晋南北朝时期，至唐宋达到鼎盛，金元以后趋向世俗化；郭树芹《唐代药名诗撷趣》（《中医药文化》，2008年第4期）阐述了药名诗在唐代的发展状况，分析了唐代药名诗创作繁荣的原因；刘辛悦、张戬《药名诗史话》（《中医药文化》，2018年第3期）对药名诗的起源流变之脉络做了梳理，认为唐宋是药名诗词创作的鼎盛时期，元明清以后药名诗词走向衰落，取而代之的是小说、戏曲中药名文学的发达。

文学作品中的医药意象及医药文化。这类研究主要包含两个层次。一是文学作品中的医药意象。如：左鹏《药草诚多喻：论唐诗的药意象》（《南开学报》，2008年第2期）一文认为唐诗中的药意象有解救人生困厄与隐逸之内涵，从侧面体现出唐代士大夫阶层内部结构的转变；蒋凡先生的《药·养生·济世——读陆游〈剑南诗稿〉札记》（《中国韵文学刊》，2008年第3期）总结了陆游诗歌中丰富的种药、采药、合药、卖药、施药内容，以及养生保健的几种主要方式，体现了陆游的济世情怀。二是文学作品中的医药文化。如孙克会、孙萍萍《对〈红楼梦〉传统医药文化现象的探讨和研究》(《中国民族医药学会首届研讨会论文汇编》，1996 年 12 月)对《红楼梦》各章中记载的如医案、方剂、验方等医药文化现象逐一进行了分类阐析。

第二，对专门涉及养生问题的作家作品的探讨以及阐释古典文学作品中的养生思想、养生方式、养生文化。

这类研究的共通之处，是通过对具体作家作品中养生内容的爬梳、分类，指出古人的养生途径，这对当代人的健康养生具有一定的借鉴意义。

单个作家的养生诗研究成果主要集中在硕博论文。张大玲《白居易养生诗研究》(安徽大学硕士论文，2013)认为白诗中主要有饮食、交友、休闲、无欲四种养生方式。其养生诗的艺术特色与白居易诗歌中呈现的中和之美、闲淡之风一脉相承。王兴铭《陆游养生诗研究》(东北师范大学博士论文，2017)揭示了陆游养生诗的历史渊源，指出其直抒胸臆、淡泊无欲的艺术风格。重点对其养生诗进行分类梳理，指出饮食、精神养护、运动健身、交友、休闲、草药几种类别。并从诗歌体裁、题材、词语运用、意象、情感表现等方面分析出陆游养生诗直抒胸臆，淡泊无欲的艺术风格。作者本着对人类生存境遇的关怀，通过对古代具体作家作品的细致分析，为现代人类找寻养生健身方面的启示。

作家作品中的养生思想、养生方法及养生文化。硕博论文主要有：晁胜杰《当下与永生：先秦儒道养生研究》(南京师范大学博士论文，2012)一文通过养生观念与实践相互印证的研究途径，从以《论语》《孟子》《老子》《庄子》为代表的作品出发，通过分析文本中蕴含的具体养生观念及行为，提炼出儒道的养生精神。该文得出的观点即先秦儒道的养生之道，是在"当下"生命中展开的为实现"永生"意义的养护生命的一切思想和行为。张若雨《唐代道教文学中的养生思想与实践》(华中师范大学硕士论文，2017)着重考察了外丹与内养两种养生实践在文学中的具体表达及其文化意蕴，指出唐代道教养生之于文学的特点。

期刊论文有：董雪静《庄子静养观与文学养生》（《求索》，2018年第8期）认为文学创作是庄子静养延寿的一种重要手段，庄子所提倡的恬淡虚静的人生理想渗透进其文学观及审美观，浸润了中国古代文人士大夫的精神世界。茹惠祥、吴莉萍《学书顺乎道，有以乐其心——欧阳修书论中的养生之道》（《中国书法》，2014年第12期）提到书法艺术的养生功效，总结欧阳修的赏书、学书、作书之乐。谭家健《先秦诸子的养生论》（《安徽大学学报》，2013年第2期）提出几种治病、防病及养生的方法，如未病先防，病因在人事不在鬼神，需配合医生积极治疗，理性看待生死等。蒋振华《魏晋南朝文学思想中的娱乐养生倾向及其生成》（《文艺研究》，2010年第6期）认为魏晋南朝文学中的娱乐养生方式有"娱心""自乐""解忧""忘愁""怡情养性"等，其生成机制是道教养生理论。邓婷《试论魏晋南北朝时期诗歌中的养生思想》（《南京中医药大学学报》，2018年第1期）一文阐述了蕴含于魏晋南北朝时期诗歌中的几种养生方法，如音乐怡情、畅游山水、服食炼丹等，养生实践的内在动因源自人们对长年战乱的恐慌和对长生的渴望。闫茂华等《〈诗经〉中的饮食与养生文化考究》（《农业考古》，2011年第1期）总结了《诗经》中关于"五谷、五果、五菜、五畜"食用方法的记载，指出其合理性和科学性，以及可为现代营养学提供借鉴之处。刘丽、刘玮玮《〈淮南子〉的气论及其医学养生思想》（《中华中医药杂志》，2019年第6期）阐释了《淮南子》吸纳黄老道家"援气入道"的思想，基于天人一气的观念，将气化贯穿至人体的各个部分，达到了顺气养寿的目的，从而使《淮南子》具有医学养生的价值。

文学作品中的养生思想对特定对象的影响及意义。一些研究论文认为文学中的养生思想对古代文论具有一定影响。如张松辉《道教养生思想对魏晋六朝文论的影响》（《宗教学研究》，1994年第1期）认为道教贵生的思想被魏晋时期的士人所普遍接受，士人通过文学创作来达到治疗的功效。文中列举嵇康写诗咏诗的目的就是为了排泄苦闷、怡情养性，谢灵运在游山玩水的过程中创作了诸多山水名篇，不失为一种利于身心健康的方式。《诗品》《文心雕龙》两部理论著作在总结文学创作经验时，就提到了创作文章时不能妨碍养生，可以说受到了道教养生思想的影响。

第三，古典文学作品中的疾病书写及其与文学创作的关系。

涉病作品研究与文学作品中的疾病书写。涉病作品研究以分析某一特定文学作品中的疾病类型和成因为主，借此展现疾病书写有表现作品思想内涵的隐喻功能。疾病往往被赋予贫困、饥饿、死亡等意象，作品中主人公的心理疾病如亚健康状态，也是家庭及时代环境不合理之下的畸形病变，反映了封建社会对人们身体及精神的戕害。

张梦杰《〈聊斋志异〉涉病作品研究》（重庆师范大学硕士论文，2019）逐一分析了《聊斋志异》中涉病作品产生的原因、致病类型、文学功能及思想内涵。认为涉病作品的产生与齐鲁地区的民间信仰，蒲松龄个人及亲友的身心遭际有关。涉病作品具有塑造人物形象、渲染故事情节的文学叙事功能。张子川《苏轼涉病诗研究》（江西师范大学硕士论文，2014）一文依循苏轼的身体状况，考察其创作涉病诗的内在动因，从诗歌创作的时空分布、心理探析等方面归纳涉病诗的创作概况。薛翻《唐诗中的疾病书写》（西北大学硕士论文，2018）一文认为唐诗中的疾病书写对于唐代诗歌整体风貌走向世俗化、怪奇化、生活化具有一定影响。张玉平《中国古代小说中的疾病描写——以"三言""二拍"为考察中心》（上海师范大学硕士论文，2011）指出"三言""二拍"中的疾病书写具有深层的文化意义及社会指向，包括因果报应、个人爱欲以及社会意义。郑旭《明末清初拟话本小说中的疾病书写研究》（湖南师范大学硕士论文，2019）通过选取拟话本小说中的几种代表性疾病，探讨其在文学表现中的主要作用及其自身蕴含的文化意义。

期刊论文方面：韩希明《试析〈阅微草堂笔记〉关于亚健康状态的描述及调适对策》（《南京中医药大学学报》，2004年第4期）认为《阅微草堂笔记》中体现了道德修炼与养生之间的联系，如"疑心病""病不安""毛骨悚然"等一系列词汇皆是"亚健康"这种病态的反映。导致亚健康的主要原因是伦理道德的丧失和不健康的生活习惯。《阅微草堂笔记》中记录了精神疗法的相关内容，值得为当代人所借鉴。周彩虹等《论狐狸精的"药丸"——〈聊斋志异〉中的心身疾病研究》(《明清小说研究》，2019年第3期)一文角度颇新，以结构主义方法、荣格心理学等理论为据，分析了《聊斋志异》中狐医的"药丸"对身心疾病的治疗作用。认为"药丸"具有联结现实处境中"自我"与理想状态中"自性"的超越性功能，也是蒲松龄笔下所虚构的为解决社会底层群体生存困境的途径。刘少帅《论鲍照的隐逸思想与疾病书写——兼谈中古时期脚疾影响》(《中国文学研究》，2018年第2期)认为鲍照的隐逸行为不仅由于仕途上的不得志，更是脚疾引发的痛疼难忍。中古时期的士人将脚疾作为享受恩荣、躲避祸乱的手段。李春霞《论〈红楼梦〉的"疾病"叙写》(《齐齐哈尔大学学报》，2013年第1期)一文中叙写了各类人物的疾症，且对于不同人物的疾病所采取的叙写方式也不尽相同。认为疾病叙事的功能在于构建个体、社会的隐喻及象征，《红楼梦》中人物的后天疾病衍生于家庭及时代环境不合理之下的畸形病变，反映了封建社会对青年男女身体及精神的戕害。

疾病与文学创作的关系。主要有李浩《疾病与先唐文学三题》(南京师范大学硕士论文，2014)，该研究以"石发""脚疾"这两种特殊的医学元素为切入点，揭示出疾病与先唐文学创作之间的互动双向关系。认为先唐"复生"故事的发生与医学中因创伤、中毒等导致的昏迷状态紧密联系。期刊论文主要有史敏《文学与疾病题材关系简论》(《安徽工业大学学报》，2001年第4期)认为以疾病为题材的文学作品从个人、疾病、社会三个维度，揭示了文学创作与疾病之间的关系。从心理学而言，对读者起到了交流和治疗的作用。论文虽然以外国小说为例进行论述，但对古典文学领域研究亦具备一定参考意义。

一些研究还认为由于作家自身患疾，会改变个人的性格气质，因而对其文学创作产生影响。这类论文如刘成纪《卢照邻的病变与文变》(《文学遗产》，1994年第5期)，论文集中分析了卢氏的病案，认为诗人的疾病直接影响了文风的走向，使其诗文之境界提升至一定的哲学品格。再如李雷《纳兰性德与寒疾》（《文学遗产》，2002年第6期），认为寒疾加剧了纳兰性德忧郁气质的形成，而这种气质又使得诗风呈现出凄楚迷离之特色。

疾病隐喻与事象。美国学者苏珊·桑塔格在《疾病的隐喻》（上海译文出版社，2003）中通过讲述癌症、肺结核等疾病，如何在社会中被隐喻化的过程，指出身体的疾病实际上被赋予了政治的象征、道德的批判。这一观点的提出，使国内一些研究者着手从疾病隐喻这一视角出发来分析中国古典文学作品。然而，《疾病的隐喻》一书是在西方文化语境下的研究探讨，中国古典文学自有孕育其发生发展的文化土壤，因此对该书中所涉及的研究话题还需综合分析。

论文方面的研究成果主要有：王一杰《〈红楼梦〉中女性疾病的概念隐喻分析》（《安徽文学》，2010年第6期）认为《红楼梦》中的女性疾病不单是为情节需要而设计，还暗示了人物性格的变化及命运走向。安家琪《境遇体验与家国隐喻：唐诗中的疾病书写》（《贵州社会科学》，2018年第5期）认为疾病不仅是一种身体"非常态"的病理现象，也反映了个体与社会文化之间的双向互动。

中国人民大学李炳海教授相继发表的几篇论文，皆提到了疾病事象问题。《病态生命的文学表现及人生反思——先秦两汉文学的内热病症事象》（《北方论丛》，2004年第5期）一文根据发病原因将"内热症"分为"穷奢极欲型"和"恐惧愤怒型"。通过对这一疾症的分析，可以了解早期先民的生命意识和生存哲学在文学作品中的具体体现。《疾病状态中的贵族形象——先秦两汉文学的一个透视点》（《江苏行政学院学报》，2005年第6期）指出先秦两汉文学中所刻画的处于疾病状态中的贵族形象映射出人物性格的多重性和生命意识的复杂性，如理智型和迷狂型、反思型与放任型、稳定型与多变型等。《从贫困非病到不以病为病——先秦道家文学中的疾病事象》（《中国文学研究》，2005年第3期）阐释了先秦道家文学中的几种疾病事象，如着重展现社会上层阶级的病态，多数疾病是由心理因素引起。

第四，与文学治疗相关的论题。

国内关于文学治疗原理的实践主要见于叶舒宪先生的两篇论文。《文学治疗的原理及实践》（《文艺研究》，1998年第6期）以"文学治疗"这一术语来概括文学艺术具有维系人之精神生存与健康的功能。认为文学治疗的功能在于自我心理疗救与疗他。文学与医学的双向对话在弃医从文与以文为医两种模式中得以扩展。《文学与治疗——关于文学功能的人类学研究》（《中国比较文学》，1998年第2期）一文通过借鉴现代人类学、心理学等领域的成果，在比较文学的视野中找寻文学艺术对于人类生命的治疗功能。之后，在叶先生主编的《文学与治疗》（社会科学文献出版社，1999）一书中汇辑了几篇论文，如杨儒宾《儒家身体观》、余丰《倾诉与转移——医者眼中的文学治疗》、户晓辉《唐宋诗词与梦》等文章从不同文体、不同角度阐释出文学治疗的过程和功能。

2022年8月7日，在由凤凰网主办的"致敬国学：第五届华人国学大典"上，四川大学詹石窗教授发表了题为《道家人文医疗及其当代价值》的主旨演讲。詹教授回顾了道家人文医疗的历史脉络，阐释了原初道家的"斋心救治法"，以及古典道家的"三宝"法等，通过对"道医"的分析，由此拓展出以"道、德、静、善、安"为核心的道家文化价值观。詹教授认为，要充分发掘道家人文医疗的当代价值，以达到协调身心、协调人事的健康目的。实际上，这也属于人文医疗研究的一个部分。

第五，古典文学作品中的医者形象与医患关系。

对于古典文学作品中医者形象的分析，最早是关于元杂剧中"赛卢医"这一人物塑造的探讨，成果多集中于单篇论文。祝诚《元杂剧中的"赛卢医"》（《南京师范大学学报》，1981年第4期）认为剧作者的意图，正是欲通过"赛卢医"这一形象反映出当时社会的黑暗腐败。类似的还有王士君《一个被评论家忽略了的人物——〈窦娥冤〉中赛卢医形象简析》（《戏剧文学》，2004年第9期）；石永春《元杂剧中的"赛卢医"》

(《学理论》，2008年第18期）等论文，皆从这一形象名称之由来、形象对文学本身和时代意义等方面做出了阐释。

另外，也有相关研究将关注的视野置于特定时期内的小说作品，探讨其中的医者形象类别及其蕴含的社会文化。例如，李迎春的《明清小说中的医者形象研究》（辽宁师范大学硕士论文，2016）指出明清小说叙写中主要有普通医生、医官、游医、巫医、女医、法医、僧道几种医者类别。论文试图说明，明清小说中的医者形象更为立体丰满，突破了前代文学作品中呆板化、单一化的程式。从对医者形象的分析中亦可发现明清时期的疾病观念、医患关系及医疗体系中存在的弊端。

对于古代医患关系的论述。目前可查阅的有吉丽君《中国古典文学作品中的医患关系》（《医学与哲学》，2017年第8期），文章将中国古代的医患关系分为失语式、感悟式、质疑式，试图帮助当代医生寻求缓解医患矛盾的治医之道。

值得一提的是，林富士先生通过中医学的视角考察中国历史，并取得了一系列成果，虽属于历史学与中医学交叉的研究体系，但在对历史文献梳理的过程中，也涉及了诸多中国古典文学作品。相关研究资料翔实可考，能够提供一定数量的文献和具有启发性的观点及思路。林先生的论著《中国中古时期的宗教与医疗》（中华书局，2012）一书虽从史学角度进行分析，但书中引用的大量文献如古典小说、传记等皆属于文学范畴，亦是古典文学领域的涉医研究内容。如《头发、疾病与医疗——以中国汉唐之间的医学文献为主的初步探讨》（《历史语言研究所集刊》，1999年4月）一文收集了古典文献中有关头发及其治疗的大量史料文献，说明头发不仅是重要的生命元素，同时也具备医疗价值；《中国早期道士的医者形象：以〈神仙传〉为主的初步探讨》（《世界宗教学刊》，2003年第2期）主要阐释了早期道士因具备医疗知识和技能被赋予医者的称号，其治病救人的行为主要有两方面的目的，其一是积累功德以满足成仙的要求，其二是强化信徒对于教义的信仰。这些研究思路和体式均能被文学研究者所借鉴。

（二）对元代涉医文学研究的初步关注及思考

目前，关于元代涉医文学领域的探讨少见专人耕耘。未见对元代涉医文学文献进行搜集、整理并研讨的著作或文章。首次论及元代医文交融情况的成果是门岿老师的《论元代文学与医学相交融的文化景观》（《殷都学刊》，2002年第2期）。作者认为，处在中国历史发生大转折的金元时期，医者与文士因共同面临着社会动荡、自然灾害、战争频繁，医学技术进步等诸多现实状况，二者之间的联系日益紧密。文章从宏观视角提出了元代医文互通这一问题，对论文选题具有一定启发性，但受篇幅所限，针对一些具体的作家作品案例分析尚未深入，有待进一步挖掘探讨。

综合来看，当前的相关成果有两个显著特征：

一是以医史文献的角度考察，对史传典制中涉医文献的挖掘整理。高伟《金元医史类存》（兰州大学出版社，1999）一书对涉及金元时期各类史书、文集中的医官人物、医籍、制度等相关资料进行了爬梳，为元代涉医文献整理研究提供了可借鉴的资料和范式，但对于涉医文献的文学价值及特点还需进一步挖掘。论文方面有侯如艳《〈老乞大〉〈朴事通〉中的元代医药卫生风俗》（《中医文献杂志》，2015年第4期），席榕等《〈元典章〉元代医政制度举隅》（《中国卫生法制》，2017年第5期），席榕等《〈元典章〉医政史料管窥》（《中华中医药杂志》，2018年第2期）等。这类成果主要针对元代医事政令、药事管理、医患纠纷以及中医养生、临床治疗等方面，对于文学研究的参考价值不高，但可作为涉医文学研究的辅助性资料。

二是元杂剧中的医药管理、医学观念问题及医生形象辨析。相关论文有任冰心《由〈窦娥冤〉等杂剧管窥元代医药管理》（《史林》，2013年第3期），祝诚《元杂剧中的"赛卢医"》（《南京师范大学学报》，1981年第4期），王士君《一个被评论家忽略了的人物——〈窦娥冤〉中赛卢医形象简析》（《戏剧文学》，2004年第9期），李晓梅《元杂剧中医者形象之再讨论——试从元杂剧中医者形象看传统汉医学在元代的发展》(《中国古代小说戏剧研究丛刊》，第十四辑)。元杂剧中的庸医形象是颇受关注的话题，尤其是对以"赛卢医"为代表的这一充满讽刺意味的定型化角色的塑造，同时也暗示出元代医药管理体制存在的某些弊端。

总体来看，涉医文学研究经历了三个阶段。萌芽期，最早由宋代伊始的关于药名诗的辩论，是前人对这一领域的初步关注。二十世纪九十年代以前，相关论文篇目较少，呈现出关注视角单一，内容零碎，以感悟式结论为主的研究特点。发展期，自二十世纪九十年代以来，几部专门研讨古典文学与中医学关系之著作的诞生，导夫先路，奠定了涉医文学研究的基本范式及研究思路。高峰期，进入二十一世纪，涉医文学研究进入一个新的历史阶段，从研究内容和论文下载量来看，相继有诸多年轻研究者开始关注这一领域，提出了比较新颖的命题和方法。这一时期的研究趋势主要概括为两个层次，一是涉医文学的分期研究，相继有先秦两汉时期、魏晋南北朝时期、隋唐时期的涉医文学研究；二是中医学与古典文学的多维度研究，相关命题有古典文学与医药、古典文学与养生、古典文学与疾病、文学治疗、古典文学中的医者形象及医患关系。取得一定成果的同时，仍有待继续解决的问题，目前，涉医文学的断代研究主要还是集中于先秦两汉、魏晋南北朝及隋唐时期，至于中国历史进程中的其他环节，如宋、元时期则鲜有人提及。先贤对于古典文学作品里医学内容的探讨，多集中于整体概述，相对而言，欠缺全面细致的涉医文学文献收集、整理以及文本分析。因此，本书将基于先贤的成果，继续拓展研究视野和思路，展开进一步的研究工作。

### 三、概念界定及研究范畴

（一）对"涉医文学"的再认识

中国古典文学作品种类繁多、内容丰富，文学作品中对于医学内容之记述、描摹的现象难以胜计，历代文学作品也因特定的时代背景和文化氛围,以及自身的发展规律有所不同,涉医文学亦如此。因此,涉医文学之内涵的最终形成也随着时代环境之变迁及文学自身之发展而不断丰富和深化。

宋代学人引出关于药名诗的辩论,如蔡绦《西清诗话》云:"药名诗,世云起自陈亚,非也。"其中,明确提出"药名诗"这一概念,蔡绦的本意是欲为药名入诗的渊薮做一辩论,并非直接解释"药名诗"这一命题,但已初步显示出将其作为一种文学题材加以运用。"药名诗",顾名思义,即直接将药名嵌入其中,作为诗歌文本主要语汇的诗歌样式。药名诗起自南朝梁,这一创作首见于沈约、王融,相继有梁元帝、王徽、谢朓、郭璞等人争相模仿。如沈约的《丰和竟陵王药名》、王融的《药名诗》等。清人赵翼在《陔余丛考》中讲述药名入文,说道:"《战国策》苏秦曰:'人之所以不食乌啄者',注:即本草乌头也。《吕氏春秋》:仲夏之月,半夏也,又菟丝非无根也,茯苓是也……"[1] 依次举例《左传》《战国策》《庄子》《韩非子》《吕氏春秋》《招魂》《九怀》《九叹》《论衡》中药名入文的情况。如果说"药名诗"可以算作一种直接以本草名类为创作语汇的文学样式,那么以药名入文的情况则是一种散见于散文中的医学描写。实际上,两者或多或少皆涉及了医学内容,从较为宽泛的概念层面来讲,应当是最早属于涉医文学范畴的表达方式。

二十世纪九十年代初,由李良松、郭洪涛编著的《中国传统文化与医学》,首次提出"文史医学"这一概念,即从中国文化史的角度来研究文史典籍中的医学史料和医学思想。该书的目的是架起一座连接文史与医学的桥梁,其中,作者在分论环节对历代史书、文集、类书、政书、诗词曲赋,以及笔记小说中有关医学内容之载述的情况作了概述。是书主要从文史的角度对医学予以了观照,目的即挖掘出历代文史类书籍中的涉医内容。实际上,这些包含医学内容的各类文学样式,也属于涉医文学的范围。

---

[1] (清)赵翼著,栾保群、吕宗力校点:《陔余丛考》,394页,石家庄,河北人民出版社,1990。

陈庆元、陈贻庭《古典文学与中医学》（福建科学技术出版社，1996）一书中首次明确提出"涉医文学"的基本概念：那些创作内容或形式涉及中医药知识的古典文学作品，简称之"涉医文学"。它既包括以中医药为题材，或内容中包含中医药知识的作品，还包括用中医药名词术语为语汇创作的药名诗文等。① 这是目前较为明确全面的说法。之后，各类医药文化书籍中对此概念也有补充和解释，但大致还是沿着该书提出的概念。如在文学作品中反映的中医药的各类知识，包括医理、诊治、方药、针灸、养生、服食、医史人物、医林事件等。② 有些论著认为，涉医文学除了客观描述中药性能和功效的作品外，更多是借助中医的理念和思维方式来反映文学形象③，这是从较为宽泛的概念层面来说。而在一些涉医文学的分期研究中，论者又会根据特定的时代背景，以及文学自身的发展规律等情况，对此作出新的阐释。如王水香《先秦两汉涉医文学研究》（福建师范大学2016年博士论文）一文认为，先秦两汉时期的文学尚未完全自觉，现代意义上的纯文学概念还未明确提出。作者对"涉医文学"的界定，在先贤提出的基础上，又做了较为宽泛的框定，研究的对象包括经史子集中的各类著述，还将甲骨卜辞、金文，将一些具有文学意味的医学典籍也包括在内。此种界定是较为合理的，充分考虑到了时代背景及中国古代文学发展的实际情况。

综合现有研究成果和相关概念阐释，在充分考虑到时代背景、政治文化氛围、文学自身的发展演变规律及创作实践等情况后，并结合中医学的学科属性和研究对象，本书对元代"涉医文学"之内涵做出了补充完善。

在本书的研究视域下，认为对元代"涉医文学"的内涵阐释，应主要包含两个层面：一是在考察涉医内容时，对其所涵盖的文体类别的划分（本书主要针对诗、文、词、散曲、戏文、笔记小说进行考察）；二

---

① 陈庆元、陈贻庭：《古典文学与中医学》，2页，福州，福建科学技术出版社，1996。
② 林家虎编著：《医学生读经史子集》，237页，北京，中国中医药出版社，2016。
③ 杨柏灿主编：《药缘文化——中药与文化的交融》，142页，北京，中国中医药出版社，2014。

是对文学作品中"涉医内容"的界定。

由于涉医文学属于学科交叉研究领域,在概念辨析的过程中,首先需厘清文学作品中的"涉医内容"主要涵盖哪些范畴。

一方面,从中医学的自然科学属性及研究对象来看,严格意义上的中医学研究应主要包含三个系统。首先是中医基础理论,包括阴阳五行学说、藏象、经络、病因、病机、诊法、辨证施治、治则与治法、中药、方剂。其次是针灸系统,包括经络与俞穴、刺灸方法、针灸治疗,以及火罐、耳针、三棱针在内的其他疗法。最后是各类病症,包括内科病、儿科病、妇科病、外科病、急腹症等。中医学的研究体系是复杂而庞大的,当论及"涉医文学"这一概念时,应当尽可能对这一知识背景有一定程度的认知,这是从严格意义上的中医学学科的自然属性而言。

另一方面,中医学探讨的始终是人的生存和发展,人是社会发展的主体和推动力,故中医学必然具备社会科学属性。从意识形态领域而言,有关于元代统治者对医学发展之政策法令规定的记述;从空间和实物层面来说,有关于医学庙堂、药局、医用器械的描绘;从主体身份而论,有关于医者和病人的描摹以及医患关系的表达;从医学所要面对的具体对象来说,包括中草药、疾病、治疗、养生。因此,在探讨涉医文学时,谈及上述概念所包含的内容都不应忽略。

陈庆元先生在《古典文学与中医学》一书中具体将"涉医文学"包含的创作内容与实践分为四类,可谓清晰明确。本书将在此基础上,结合元代文学创作的实际,有所补充和拓展:

第一,医学政策条文、医学诏令、三皇庙碑文、医籍序跋。诏令是皇帝诏下之文,姚鼐《古文辞类纂·序目》就将包括诏令在内的十三种相似文体归于一类。诏令既是一种以皇帝名义发布的公文,具有史料价值,同时也具备一定的文学色彩,医学诏令就属于其中的一种样式。因此,也应将其纳入考察的范畴。散见于诸子文集中的各类有关医学的法令政策,也属于观照的对象。此外,还有三皇庙碑文,元代统治者重视医药事务，将三皇视为医药祖神予以奉祀。元代各路设有三皇庙，文人通常作文以记，说明庙宇修建的背景和过程，讲明修葺之缘由，并论述医理。医籍序跋是反映医籍编纂过程及目的的重要文体，亦不应忽视。

第二，以某种医学元素（包括本草、疾病、治疗、养生、医疗器具、医学庙堂或药局）为创作题材的作品。这些作品或描摹药草的生长形态，吟咏其性能和价值；或记述某种疾病的病症病状，阐述病因病理；或讲述有关治疗与养生的具体方法及过程；或介绍某种医用器械以及与医事有关的医学庙堂和药局。这类作品涉及的篇目比较多，主要见于诗歌和散文。

第三，不直接以某种医学元素作为主要表现对象和创作目的，但在作品中穿插了一些涉及医学的内容，将其作为辅助性的情节或内容补充。体现在具体的创作实践中，如散见于各体文学中的本草方剂或养生途径，对疾病治疗过程的叙写，以及医学典故和医林人物。还包括戏文中的庸医形象、笔记小说中的奇疾方术等。

第四，以医者为主要表现对象的诗文创作。首先是赠医、谢医类作品，这类作品当中的一部分本身并不直接记录或描述与医学有关的内容，多以塑造医者形象，弘扬医家人物的道德事迹，感念医者的愈疾之恩，或体现医者与文士交游往来的深厚情谊为主。其次是医家传记与医者墓志铭，多记述医者的生平事迹，赞誉其医德，其中还记录了医者在行医过程中的奇闻逸事。上述作品以诗歌及散文居多。

第五，专门阐释医理或以医药、医理取譬的说理散文。金元时期，以"金元四大医家"为首的医学门派形成，刘完素的"火热论"、张从正的"攻邪论"、李杲的"脾胃论"、朱震亨的"相火论"，各具特点，形成独立发展的门派。一些诗文专门以论述或补充医理为主，多体现医者或文士的医学素养。另外，一些说理散文还专以医学元素取譬，作为辅助性的论据对某种观点进行阐释。其中，需要引起重视的是诗文中"以医喻政"的文化现象，作者在阐述治国理政的观点时，多以疾病比喻政治衰象，以治病之理喻指治国之理。这种情况在散文中居多。

第六，因病抒情的作品。这类作品往往以"病中""病起""病后"等为题，以记录作者患病时的起居状态及描摹心理活动为主。如果严格从文本内容来看，上述情况并不直接呈现医学内容，但其中所描绘的病中生活状态及病中、病愈后的心理活动，亦是医学文化的一种反映。

总之，探究涉医文学，就是考察医学在文学作品中的具体呈现方式与艺术表现特色，以及医学元素的融入对文学创作的影响，并在此基础上，探讨两者之间的关系。

## （二）本书的研究范畴

本书的研究对象是文学作品中的涉医内容，所选取的历史阶段为元代。下文将论题所涉及的历史分期、作家作品选取标准，以及涉医文学研究所涵盖的文体类别等情况作一说明。

对于元代的历史分期，以元世祖至元十三年（1276）灭宋，迄元顺帝出亡、明朝建国（1368）为止。或从蒙古灭金（1234），统一北方算起，到至正二十八年（1368），明兵攻下大都，统一的元王朝宣告灭亡。有的学者则将其界定得更早，韩儒林先生的《元朝史》，以成吉思汗建蒙古国，迄元顺帝出亡、明朝建国（1206—1368）称元朝。从一般意义上来讲，元代的文学史以蒙古灭金（1234）为历史起点。但元代诗文发展的历史，则应上溯跟从成吉思汗西征的耶律楚材，1215年，金中都陷，自此至蒙古灭金，是元代诗文发展的早期。①

基于以上认识，本书所涉及的作者及相关作品，上承金和南宋，以元顺帝至正二十八年（1368）为下限。李修生先生主编的《全元文》对处于金元之交作者的选取，按1190年及以后出生者，一般入元。对于宋元之交作者的选取，1240年及以后出生者，或1300年仍在世者，一般入元。需要说明的是，丘处机（1148—1227）作为金元时期全真教的代表人物，曾于元太祖十五年（1220）应诏率众弟子西行，于西域谒见成吉思汗并受礼遇，后居于燕京太极宫（后改名长春宫）。其后期的宗

---

① 查洪德：《元代文学通论》，237页，上海，东方出版中心，2019。

教活动和文学创作对元代文学之发展影响深远，因此，也将其纳入考察的范围。再如元好问（1190—1257），按照年代分期，因将其归为金人，但元好问在金亡后不仕，以著述存史为业，其文学创作的活跃期主要在元代。通常而言，宋、金两朝的作者凡是入元，卒于元朝者均可列为元人。故本文对作者及其相关作品的选取将在上述划分标准下，另参照《元史》，各类元代文学史著述，《元文类》《全元诗》《全元文》及部分文人别集、选集、诗歌集笺注等。除了参考总集、选本等的归属并以其存诗写作时期为依据，同时也以作者的创作活跃期为主要参考范畴。

在"概念界定"中，已结合元代文学发展的实际情况，将"涉医文学"的基本概念做出了相关补充和界定。依照这一标准，将对涉医文学研究所涵盖的文体做一说明。

首先，传统的诗文。诗文创作仍然在元代文学中占据一定分量，诗文文献中的涉医内容是最为丰富且具备时代特色的，因此，诗文中的涉医内容是本文首先关注的重点。其次，词和散曲，词在宋代达到了创作的顶峰，元词继宋词之后成为余绪，散曲则兴起并鼎盛于元代。从所占篇目来看，词和散曲中的涉医内容虽不占据主导地位，但其中不乏关中医药及养生的内容。戏曲作为元代主流的叙事文学体裁，也是所要关注的对象，戏文中的医药描写主要包含对庸医形象的描摹、心理疾病的描绘，以及穿插其间的本草方药，这些内容多为人物形象塑造及剧情铺垫服务。最后，是笔记小说中对药物的实录和对疾病的描绘。以上是本书所要重点考察的文体，也是涉医文学文献的主要来源。

## 四、选题意义及研究方法

（一）研究目的及意义

先贤对历代文学作品、文学思想的发展及文学批评等相关研究已经做了大量工作。传统的古代文学研究强调立足于文学本身，主要按照作家、作品及艺术特性为既定模式的规范化研究。随着时代之变迁，社会之发展，学术理念的不断深化，研究范式及研究方法亦会相应嬗变。二十世纪九十年代以来，全球化趋势的逐渐形成，使得人们更加重视不同文化之间的互动交流，包括学科在内的交叉和比较研究。"打破文学史研究的、旧有的狭隘格局，开阔视野，把文化史、社会史的研究成果引入文学史的研究，打通与文学史相邻学科的间隔。"① 中国古典文学的多样性和独特性使其往往与哲学、历史、艺术等学科紧密相连，社会学、人类学、美学、心理学等都被用来作为解释文学现象的理论工具。对于古典文学研究的突破，可以从医学这一领域出发进行交叉研究，从历史的整体运动中重新审视它的价值与内涵。②

"东海西海，心理攸同；南学北学，道术未裂。"③ 每种学科必然有各自的学科属性和内容特点，但从某种程度上来说，它们又有内在共通的理论基础。这为不同学科之间的交叉比较研究提供了一定思路。前文已经论述了医、文在哲学起源、内在历史文化动因等方面的共通性，医学与文学所面对的共同研究对象是"人"，分别覆盖了人的外在与内在、生理与心灵，两种学科实际上属于对同一研究对象在不同视角下的观照。因此，医学与文学之间本身就具备进行交叉研究的前提和基础。在中国传统文化土壤中孕育形成的中国古典文学作品种类繁多，内容丰富。相应地，对于中国古典文学的研究亦是如此。

历代文学作品皆不同程度地蕴含着医学内容。二十世纪九十年代，已有先贤对此给予了初步关注。对于涉医文学的研究成果，已在"研究综述"部分进行了梳理，对此不作赘述。在对这一领域之断代研究的考察中获知，研究者主要将笔墨集中于先秦两汉、魏晋南北朝及隋唐（明清）时期，而对于中国历史发展的其他阶段，却少见有专人耕耘。同时，也为医文交融现象的研究留下了可待继续开垦的园地。

---

① 傅璇琮：《大文学史观丛书·序》，1页，北京，现代出版社，1990。
② 傅璇琮：《唐诗论学丛稿》，14页，北京，京华出版社，1999。著作提出，古典文学研究要有新的突破，其有效途径之一就是将古典文学视为一种社会意识形态，与其他亲缘学科，特别是与史学（还包括哲学、美学、心理学等）结合起来进行交叉与综合研究，从一个历史文化的整体运动中来审视它的价值和作用。
③ 钱锺书：《谈艺录》，1页，北京，生活·读书·新知三联书店，2008。

对涉医文学的研究并非脱离文学轨道，依旧以阐释文学现象、解决文学问题为旨归。从中医学的角度切入，主要是以此为研究手段及途径，并非最终的研究目的。学科交叉研究的最终旨归，也是为了扩大文学研究之视野，丰富文学研究之内容，深化文学研究之主题及内涵。因此，研究目的及欲达到的突破点主要有：

首先，对史传典制和文学作品（诗、文、词、散曲、戏文、笔记小说）中的涉医内容进行搜集、整理与分类，以明晰元代涉医文学文献之概貌，为后续的研究工作奠定基础。

其次，利用收集到的文献资料，进一步探求元代医学与文学相融合的途径、广度与深度。具体表现为：第一，以文学作品为主要考察点，并结合相关的医史文献，探讨元代医学之发展情况，以期为医文学科交叉研究奠定基础。第二，通过对医者的文学实践和文士的医学活动的探讨，明确元代医文交融的文化现象。第三，从具体作品出发，分别阐述疾病、医药及养生在文学中的呈现方式及特点，并结合个案分析，试论医学元素的融入对文学创作的影响。第四，结合元代医学与文学发展的实际情况，参照"文学治疗"之相关概念，阐释元代涉医文学的心理治疗功能。第五，从艺术表现特色的角度出发，说明医学内容在不同文体之下的表达风格。

总体而言，二十世纪九十年代以前，是涉医文学研究的萌芽期，这一时期的研究呈现出关注视角较为单一，内容零碎，以感悟式结论为主的特点。二十世纪九十年代以后，关于涉医文学的探讨呈逐年递增的趋势，研究成果丰富多样，产生了古典文学与中医药、古典文学与养生、古典文学与疾病、古典文学与治疗、文学作品中的医者形象与医患关系等相关命题。涉医文学内容丰富，将特定时期内分散于各类文体中的涉医内容进行系统的整合，无疑是论题值得推进的意义之一。在综合考虑历史、民族、社会、自然、医学发展情况等方面的因素后，选取元代这一特殊时期作为研究背景，还有以下几个方面的考量：

其一，从中医学角度来看，《四库全书总目·医家类总序》云："医之门户分于金元。"这一时期,医学理论和临证各科皆取得了重要进展。医家对脉学研究的重视,舌诊专著的出现,病因病机说的不断完善,内外科尤其是外科疾病治疗手段的迅速提升等相关领域的成果渐趋丰富。医学领域内学术争鸣之风大盛,涌现出"金元四大医家",其中,李杲的"脾胃论"、朱震亨的"相火论"都从不同角度和途径阐释了病因病理,推动了中医学理论和临床实践的发展。元代统治者重视医药事务,将三皇视为医药祖神予以奉祀。唐玄宗时期,在长安就设有三皇五帝庙,"至元代,下令郡国通祀三皇",尊为医家之祖。元代统治者较为重视实用型技术,忽必烈时期,将前代视为方技、杂流等的技术和人才给予了较高的社会地位。当时,参与政事的医者亦对医学发展具有促进作用。医学方面取得的进步则直接或间接地反映在文学作品中,不仅为元代涉医文学文献整理研究提供了可行性条件,同时也具备数量可观的原始文献。故而,选取元代文学中的涉医内容作为研究对象,在古代涉医文学研究中更具典型意义。

其二,从文学角度而言,有元一代,除传统的诗、文之外,元词继宋词的创作高峰后成为余绪,而新兴文体散曲的诞生,以及戏曲创作的大量涌现,皆为元代文学之繁荣创造了条件。文体的多样性,为涉医文学创作提供了较为丰厚的土壤。文士通医的现象,在中国古代社会尤其是宋代之后,成为一种较为普遍的现象。降至元代,一批文人如元好问、许衡、王恽、吴澄、蒋易、李存、贝琼、虞集等人以医药或疾病作为诗文创作的题材和内容,或在诗文中融入一定的医学理念。这一时期,医者与文士的交游往来尤甚,形成医文交融的文化现象。与此同时,文学作品中的医者形象、疾病、医药、养生等内容、对丰富创作内容,拓展创作题材、深化作品内涵等方面具有一定的推动作用。通过对上述内容的探究,试图为元代文学研究提供一条新的路径。

其三,从学科之间的互动交流出发,古典文学与中医学自诞生之日起便始终在交融中发展。从起源来看,二者都经历了巫术时期;就哲学思想而言,医学理论与文学理论皆受到《易》的影响。从文学创作的实践来看,古典文学作品中皆存在对医学内容描述的现象。上述皆为涉医文学研究的可行性提供了理论基础和现实依据。因此,通过对元代涉医文学文献的整理挖掘,一方面丰富了元代文学研究的内容,另一方面亦是对中医史料的挖掘、补充和完善,以文学为载体来呈现元代中医学的发展面貌。若能为医学研究者提供文史资料方面的支持,亦深感有所收获。

(二)研究思路及方法

第一,元代涉医文学文献的搜集整理。涉医文学研究开展的基础和前提,是对涉医文学文献的挖掘、整理和分类。对于这一领域,未见有专人耕耘。因此,首先将对元代涉医文学文献进行较为系统的搜集和整理工作。依据元代文学自身发展的实际情况,结合史传典制,着重对诗、文、词、散曲、笔记小说、戏文进行考察,挖掘、整理出其中的涉医文献篇目。

搜集涉医文学文献篇目时所使用的文本依据,主要参照由查洪德先生、李军编著的《元代文学文献学》(中国社会科学出版社2002年版)所列书目,该书分几个章节,将元代诗文文献、词曲文献、戏曲文献、笔记小说文献,以及与元代文学研究相关的包括史传典制、诸子著述等在内的多种文献,进行了梳理和罗列。基于该书所提供的线索书目,按照文体类别,采用文献泛读与精读相结合的方式,对涉医内容进行搜集、统计、整理并分类。

所使用的文本包括元代重点作家作品,包括与之相关的别集、今人点校本。在参照元代各体文学总集的基础上,主要以《全元诗》(中华书局2013年版)、《全元文》(江苏古籍出版社1999年版)、《全元词》(中华书局2019年版)、《全金元词》(中华书局1979年版)、《全元散曲》(中华书局2000年版)、《全元戏曲》(人民文学出版社1999年版)、《宋元笔记小说大观》(上海古籍出版社2001年版)为据,爬梳整理出其中的涉医篇目。

第二,研究方法。统计法。统计法是研究如何搜集、整理和分析统计资料，搜索数据内在的数量规律性，以达到对客观事物的科学认识的理论及方法。① 在文学研究领域，主要有词频统计、意象统计、专名统计。本书将按照"涉医文学"的概念界定，结合三种统计方法，通过对涉医文献史料及文学文献的收集、整理，明确各体文学下涉医作品的具体篇目，为后续的研究工作奠定文献资料方面的基础。

归纳与演绎。归纳是以若干特殊情况为前提，推断出一个一般原理，即是从个别或特殊的事物所作判断，扩大为同类、一般事物之判断的思维过程。演绎法则是从普遍性结论或一般性事理推导出个别性结论的论证方法。② 将所收集的涉医篇目进行分类和归纳，考察其主要内容与文学表现手段。通过演绎将具有典型性的案例进行分析阐述。

总体研究与个案研究相结合。在充分掌握文献资料的基础之上，从整体上考察元代医学与文学之相互融合的广度及深度之外，还要着重对典型个案和重点问题进行深入剖析。例如，除了综合呈现各体文学对中医药、疾病、养生的不同书写形式之外，还要选取具有代表性的文学样式及作家作品进行个案分析。

跨学科研究法。除了传统的文学领域的研究方法，如实证与理论结合，考据与批评相辅等方式外。还将结合历史学、中医学、心理学、文献学、人类学等领域，对研究对象进行较为全面的考察和分析。因本书涉及学科交叉研究领域，在文献搜集整理分类前，先对医学尤其是在中医领域内涉及与本书相关的知识进行了一个初步的认知和掌握。通过阅读医学史的相关著作，以及与医学领域相关的思想史、文化史著作，了解元代医学发展的大致脉络，希冀通过以上途径为医学与文学交叉研究的开展奠定基础。

---

① 李浩主编：《中国古代文学研究方法导论》，229 页，北京，高等教育出版社，2013。
② 李浩主编：《中国古代文学研究方法导论》，220—222 页，北京，高等教育出版社，2013。

# 第一章　文学视域下的元代医学

《四库全书总目·医家类总序》云："医之门户分于金元。"金元时期，医学领域内学术争鸣之风大盛，涌现出以"金元四大医家"为首的医学流派。元代统治者较为重视医药事务，将"三皇"视为医药祖神予以奉祀。医学领域的发展及弊端皆不同程度地在文学中有所反映。一方面，元人诗文集中的医学内容，可作为对正史或相关政书里医学史料的扩充；另一方面，对于元代医学发展的实际情况，文人作品与正史所载又具有一定程度的差异性与互补性。其中主要有三方面命题：一是医事体制的建立和完善，二是医学各领域的发展实况，三是医疗体系存在的弊端。本章主要从宏观层面，把握统治阶层的医学政策及民间的医事信仰，以期建立元代医学与文学交叉研究的历史文化背景。

## 第一节　医事体制的形成与完善

本节所探讨的元代医事体制，主要集中为两点，一是医政体系，二是医学教育。元代医政体系以太医院为核心，包括其下辖的医政管理机构及医药管理机构。医学教育方面，主要对医学教官及医学生员的选拔、考核等进行了规定。对于元代医事体制方面的问题，主要见于正史和相关的政书，通常情况下，研究者主要以此为依据进行探讨。然而，在元人诗文集中，蕴含有大量的医政文献资料，其中，对元代医政体系和医学教育的探讨亦有一些新的问题产生。

## 一、医政体系的形成及发展

### （一）太医院的成立及发展

太医院是元代医政的中心，其名称沿袭金代，始建于中统元年（1260）。关于太医院的成立，一般以中统元年为始，实际上，早在成吉思汗建立蒙古政权时期就已初具雏形。这在文人集中有所反映，据刘敏中《田氏孝敬堂记》：

> ……方国家肇造，汝祖安抚府君，以医得幸太祖圣武皇帝，实掌太医，尝以节行安抚事，征西域，战殁……汝父偶傥有气节，太祖爱之，因赐名阔阔……复，还领太医，而天下诸医隶焉。奏请郡国立惠民药局，以济病者。①

另据许有壬《大都三皇庙碑》，文曰："昔在壬辰，太宗皇帝虑人有札瘥夭死也，罗天下医，置太医大使，佩金符。"②

根据以上材料可知，太祖时期，就已有功能类似于太医院的组织。田氏的祖父田安抚具有"实掌太医"之权，相当于这一组织的负责人，田氏之父田阔阔之职是"还领太医"，"天下诸医隶焉"说明在当时具有统领机构的核心地位，这应是太医院最早的雏形。窝阔台统治时期，统治者更为重视医学人才，曾专门下令网罗医人，为其佩金符，其中，更是明确提及太医职官。

太医院在蒙古汗国初期形成的萌芽与元代建立的历史背景有关。由于长年征战所引发的战伤或疫病问题，统治集团内部亟需医学领域内的相关人才和技术，来应对军队医疗方面的需要。蒙古汗国初期，已有一

---

① （元）刘敏中著，邓瑞全、谢辉校点：《刘敏中集》，21页，长春，吉林文史出版社，2008。
② （元）许有壬著，傅瑛、雷近芳校点：《许有壬集》，521页，郑州，中州古籍出版社，1998。

批职能类似于军医的随行人员跟从成吉思汗出征,这批人员主要负责伤员的诊治。例如,曾跟随太祖出征西域六年的耶律楚材,据《元史·列传第三十三·耶律楚材》载:

> 丙戌冬,从下灵武,诸将争取子女金帛,楚材独收遗书及大黄药材。既而士卒病疫,得大黄辄愈。①

一方面,说明当时因战争、气候等诸方面因素,加之军队中人口聚集,极易引发各类瘟疫,这种状况亟需医学人才和相关的医药技术进行及时处理。另一方面,以"帝每征讨,必命楚材卜……尔后军国庶政,当悉委之"②的情形来看,太祖比较重视以耶律楚材为代表的医药技术实用型人才。

再如魏初《有元故京兆医学教授赵公墓志铭》云:"壬辰。崔立以汴降,公为军士所掠。天成万户纪侯知其为书生,且善医,遂加礼敬,与之北归,馆于其家。"③苏天爵《前卫新建三皇庙记》云:"方征江南时,制若曰,军前士卒有疾,即命良医治之。为将帅者,又当择人侍疾。"④同样说明了这种情况,这些在军中侍疾的医者为早期太医院模式的建立奠定了人才基础。

蒙古汗国早期由于战争的需要,而设立了相应的医学组织并网罗了一批医学人才。后期随着战争规模的扩大,战事局面的加剧,亟需将这些组织和人员进行统一的制度化管理,许有壬《大都三皇庙碑》中所载的"罗天下医,置太医大使,佩金符"便说明了这一问题。实际上,这些组织和人员,主要负责蒙古大汗和军队的医疗保障,还不具备真正意义上的太医院性质。但是这些相应的机构和成员,为元统一以后的太医院建立奠定了重要的基础。世祖中统元年(1260),太医院正式建立,

---

① (明)宋濂等:《元史》,3456 页,北京,中华书局,1976。
② (明)宋濂等:《元史》,3456 页,北京,中华书局,1976。
③ 李修生主编:《全元文》第 8 册,493 页,南京,江苏古籍出版社,1999。
④ 李修生主编:《全元文》第 40 册,142 页,南京,江苏古籍出版社,1999。

据《元史·百官四》：

> 太医院，秩正二品。掌医事，制奉御药物，领各属医职。中统元年，置宣差，提点太医院事，给银印。[1]

太医院在世祖时期，经历了一系列变革。至元三年（1266），太医院领诸路医户、惠民药局。[2] 至元五年（1268），以太医院隶宣徽院。[3] 至元十年（1273），定医官品从[4]，关于具体的官阶品秩，在《元史·百官志》及《元典章·吏部一·职品》中皆有详载。至元二十五年（1288），不再隶属宣徽院。宣徽院是掌管宴飨等事务的机构，将其从中划离，说明太医院本身的地位又有所提高。大德五年（1301），升太医院为二品，以平章政事、大都护、提点太医院事脱因纳为太医院使。[5] 张养浩在《济南路改建三皇庙记》一文中提及其地位和影响：

> 我元以好生有天下，世祖皇帝诏太医院视三品，寻登二品，无所于统。为其学者，不採诸民，而殊其籍。又例儒学官，置提举、教授、正录、教谕，俾理其户而训迪其生徒，岁上能者，不于铨曹，于太医院听差，其上而官之。于是任日专，学益盛，而三皇之祀遍天下矣。[6]

从中可以看出两点：一是升太医院为正二品，与史书所记相同，基本建立了元代后期太医院的独立地位及发展格局。二是将从一品高官之职的平章政事定为太医院大使，规定朝中重臣可担任这一职位。总体而言，自此以后，太医院成为元代医政体系之核心，统领各属医职。

---

[1] （明）宋濂等：《元史》，2220页，北京，中华书局，1976。
[2] （明）宋濂等：《元史》，110页，北京，中华书局，1976。
[3] （明）宋濂等：《元史》，118页，北京，中华书局，1976。
[4] （明）宋濂等：《元史》，128页，北京，中华书局，1976。
[5] （明）宋濂等：《元史》，436页，北京，中华书局，1976。
[6] （元）张养浩著，李鸣、马振奎校点：《张养浩集》，133页，长春，吉林文史出版社，2008。

### （二）分属太医院的医政机构

根据《元史·百官四》，太医院下辖的机构主要由两部分组成：一是医政管理机构，包括官医提举司、医学提举司；二是医药管理机构，有广惠司、惠民药局、回回药物院、惠民司等。陶宗仪在《南村辍耕录》中有相关条文的记录："太医院、御药局、回回药物院、御药局、大都惠民司、广惠司。"[1]

**官医提举司**

官医提举司，是太医院为保证对全国医户进行有效管理而专门设置的机构。据《元史·百官四》载："官医提举司，秩从五品。掌医户差役、词讼。"[2]

元代管理人口主要依据职业性质来编定户类。其中，医户是专指从事医药行业的人员。医户的构成较为复杂，既包括在医政体系任职的各类官员，也有来自诸路的医学生和民间医者。至元三年（1266）"敕太医院领诸路医户"，标志着太医院开始统一管理全国医户。随着各地医学从业者数量的增多，加之人员复杂，各地又有差异，为方便实现统一管理，于至元二十五年（1288）正式设立官医提举司。官医提举司所设的官职，主要有提举、同提举、副提举。对于官医提举司官员的选拔考核，据《元典章·礼部·试验医人》载："提领提举不在这里的，依体例除将去到任时限百日课将医义来的，替解由连将医义来。"[3] 对于不在京城的提举的考核，只需将赴任时百日之内阐释医义的试卷提交至太医院，由太医院统一评判即可。这样的考核形式虽然具有灵活性和宽泛性，但同时也存在某些弊端，意味着官员实际成绩的优劣，并非决定其是否继续当任的评价标准。

对于官医提举的选拔，实际上较为宽泛，如黄溍《成全郎江浙官医提举张公墓志铭》一文记载张氏被选为官医提举的过程，早先，张去

---

[1] 周光培编：《历代笔记小说集成·元代笔记小说》第 2 册，434 页，石家庄，河北教育出版社，1995。
[2] （明）宋濂等：《元史》，2222 页，北京，中华书局，1976。
[3] 陈高华等点校：《元典章》，1118 页，天津，天津古籍出版社，2011。

非因医术过人在当地小有名气，至元二十六年（1289），尚书左丞使公在督军讨伐大盗时染病，张氏当即授以一剂，立愈。而后张氏被计功行赏，授予官职，其不就，于是"署公本郡官医提领"。大德年间，左丞使公擢升，将张去非引荐给当时的太医院使李丞相，在此期间，张去非相继为楚王牙忽都、王孙医治，声名大振，后"太医剡上其名于中书以闻，擢江西等初官医提举"。再如《成全郎江浙官医提举葛公墓志铭》中也有类似的记述：

> 公无仕进意，若将终身焉。初，进义府君业儒，而于九流百家，靡所不通，尤工于医……大德十年，用荐者，补平江路医学教授……擢江浙处官医副提举，遂为其提举，阶自医愈郎升成全郎。①

通过以上两例事件，可以得知，官医提举的选拔任用并不局限于模式化的流程，亦可以通过择优引荐等方式完成。

### 医学提举司

医学提举司是针对元代医学教育的管理部门，"秩从五品。至元九年使置，十三年罢，十四年复置。"② 其职能主要有五：一是掌考校诸路医生课义；二是试验太医教官；三是校勘名医撰述文；四是辨验药材；五是训诲太医子弟，领各处医学。③ 设"提举""副提举"各一员，负责管理医学教育事务。许有壬《成全郎诸路医学提举部公墓志铭》中所载：

> 太医院知其贤，不使出而浮沉郡邑也，累升成全郎、诸路医学提举，秩第五品。太医院总天下医政，而考核课艺，荐择校职，提举实握其要，雍容其间，以称职闻。④

---

① （元）黄溍著，王颋点校：《黄溍全集》下册，554页，天津，天津古籍出版社，2008。
② （明）宋濂等：《元史》，2222页，北京，中华书局，1976。
③ （明）宋濂等：《元史》，2222页，北京，中华书局，1976。
④ （元）许有壬著，傅瑛、雷近芳校点：《许有壬集》，606页，郑州，中州古籍出版社，1998。

医学提举拥有医学教育管理体系中的最高权力，其首要职能在于选拔医学教授。此外，还负责统计医生籍贯、规定教授科目和经书讲义，据《元典章·医官·选医学教授》：

> 诸路官医人提举司或提领所，委正官一员专行提调……拟将见教医生籍贯、姓名、攻习是何科目经书、有无习课医义，开申尚医监。①

除了太医院下辖的医学提举司之外，地方上亦有一些类似的医学教育机构分管地方医学事务。如诸路设教授、学录、学正各一员；上州、中州各设教授一员，下州设学正一员；诸县设教谕一员。②这些职官的功能和职责相当于医学提举，由地方所设，分管所辖地内的医学教育事务。如贝琼《送方德玉序》一文提及方德玉就曾历任永嘉、天临、番阳、平江等地的医学教授。这些人员还负责"验医户多寡""催办差税""医户词讼"等相关事宜。

（三）医药机构的建立及设置

除了太医院下辖的医政机构外，还有专门负责具体医药及医疗事务的广惠司、回回药物院、御药院、御药局、惠民药局。

**广惠司和回回药物院**

广惠司，秩正三品，掌修制御用回回药物及和剂，以疗诸宿卫士及在京孤寒者。③广惠司建立的背景有特定的历史和文化渊源。随着蒙古西征打开了中国与波斯地区之间的文化交流格局，其中也包括医药方面的交流。蒙古军队在征战过程中，因气候、水土等因素，极易患发各类病症，尤其是骨伤和瘟疫。

---

① 陈高华等点校：《元典章》，313页，天津，天津古籍出版社，2011。
② 陈高华等点校：《元典章》，313页，天津，天津古籍出版社，2011。
③ （明）宋濂等：《元史》，2221页，北京，中华书局，1976。

> 爱薛,西域弗林人。通西域诸部语,工星历、医药……中统四年,命掌西域星历、医药二司事,后改广惠司,仍命领之。①

成吉思汗将西征途中的波斯医生纳入己部,而后又令其专门掌管民族医药机构,这些机构便是广惠司的前身。其特色在于掌管民族医药,许有壬《大元本草序》载:"西北之药,治疾皆良,而西域医术号精,药产实繁,朝廷为设官司之,广惠司是也。"②同时,从"疗诸宿卫士及在京孤寒者"可以看出,广惠司也具有慈善机构的性质。与广惠司关系密切的是回回药物院,据《元史·百官四》载,太医院曾分别在大都、上都两地设置回回药物院。

**御药院及尚医**

御药院,以御前药物管理为主。秩从五品,掌受各路乡贡、诸蕃进献珍贵药物,修造汤煎。至元六年始置。③在御药院中就职的医者被称为"尚医",如姚燧《医隐阎君阡表》:"时召诸道医,悉领于奉御,田阔将以君偕北,进尚医列。"④再如黄溍《江浙官医提举张公墓志铭》:"李叔丞相时领太医,奏用公为尚医奉御,食五品禄。"⑤苏天爵《资善大夫太医院使韩公行状》中也讲到,礼部尚书许国祯出示西域异药,旁人皆不得知,唯有韩氏一眼就辨认出其为何药,皇帝对其大加赞赏,即刻命其为尚医,侍奉左右。并多加赏赐貂裘、玉带等珍贵物品。可以看出,尚医相当于御前医生,其主要职责即伴驾在侧,随时听命,保障皇室一族的健康。忽思慧就是专门负责皇室一族的饮膳太医,其《饮膳正要》就是元代宫廷食谱,具有珍贵的食疗价值。属于"尚医之论著"。

---

① (明)宋濂等:《元史》,3249 页,北京,中华书局,1976。
② (元)许有壬著,傅瑛、雷近芳校点:《许有壬集》,402 页,郑州,中州古籍出版社,1998。
③ (明)宋濂等:《元史》,2221 页,北京,中华书局,1976。
④ 李修生主编:《全元文》第 9 册,780 页,南京,江苏古籍出版社,1999。
⑤ (元)黄溍著,王颋校注:《黄溍全集》,552 页,天津,天津古籍出版社,2008。

**惠民药局**

惠民药局建立于太宗皇帝九年（1237）。其前身与北宋时期的"熟药所"及"修合药所"有关，前者主要负责药品专卖，后者针对药物制作加工。而后，经过一系列变革，熟药所先后改名为"医药惠民局""太平惠民局"，直至最终命名为"惠民药局"。① 元代惠民药局的最大特点是"官给钞本，散诸药市，月取其息，以资制剂"（汤弥昌《平江路新建惠民药局记》）②，主要职责是"择良医主典，救疗贫民"。是专为救助贫民而设置的医药机构，具有慈善性质，惠民药局的设置是继《周官》设医师之意，《元史·食货四》云：

> 周官有医师，掌医之政令，凡邦有疾病疕疡者造焉，则使医分而治之，此民所以无夭折之患也。元立惠民药局，官给钞本，月营子钱，以备药物，仍择良医主之，以疗贫民。③

按照设置规模来说，惠民药局并非诸路仅有，各府、州、县等地皆有所设。疾病疠疫，虑其无医药也，则惠民有局（吴澄《建康路三皇庙记》）；大门、讲堂、庖舍、惠民局，计十余楹（蒲道源《洋州三皇庙记》）；复遵诏旨，为惠民药局（袁桷《昌国州三皇庙记》）；惠民有庐，校官有居（袁桷《衢州重修三皇庙碑》）就说明了这一现象。

---

① 武香兰：《元代医政研究》，暨南大学博士学位论文，2008。作者指出，北宋熙宁九年（1076），汴梁出现了中国历史上第一所官办药局，即"熟药所"，是官办制药、卖药机构，隶太医局管理。自此以后，全国各地相继增设熟药所。同年还在汴梁设置两所"修合药所"，专门负责药物的炮制加工。而后，制药业务从卖药所分离。随后，又将熟药所及修合药所遍设全国，将熟药所改名为"医药惠民局"，修合药所改为"医药合剂局"。而后相继重命名，将熟药所改为太平惠民局，直至为"惠民药局"。

② 李修生主编：《全元文》第37册，173页，南京，江苏古籍出版社，1999。

③ （明）宋濂等：《元史》，2467页，北京，中华书局，1976。

## 二、医学教育的建立及完善

"医学"是元代医学学校的统称,据《元史·选举一》:

> 世祖中统二年夏五月,太医院使王猷言:"医学久废,后进无所师授。窃恐朝廷一时取人,学非其传,为害甚大。"乃遣副使王安仁授以金牌,往诸路设立医学。①

《元典章·礼部·医学》载医学设于中统三年(1262),这与《元史》所记有一定出入。实际上,从太医院使王猷上言到皇帝正式下令设立之间存在一定的过渡期。按照这一情况,元代医学应当设立于中统三年,在医学正式设立之前,在一些地方上就已有相关的医学教育存在,如姚燧《南京路医学教授李君墓志铭》一文中就有"中统元年,制授南京路医学教授"之说。医学教授是医学教育体系中专门负责教授生员的人士,早在中统元年(1260)就已有这一说法,说明当时确实已存在类似医学校的教育机构。在官方统一设立医学以后,诸府、州、县皆相继成立医学校。随着办学规模的扩大和生员人数的增多,为方便进行统一管理,政府专设医学提举司,主要负责医学教授及生员的选拔、培养、考核等相关事宜。

(一)医学教授的选拔、考核及奖惩

医学教授专门负责医学生员的课程讲授和培养,其素质的高低和专业技能的好坏决定了医学教育的发展。元代对于医学教授的选拔,起初是通过"保举制"来完成的。据《元典章·礼部·医学》:

> 依旧来体例,就随路名医充教授职事,设立医学,训诲后

---

① (明)宋濂等:《元史》,2033页,北京,中华书局,1976。

进医生勾当等事。仍保举到随路名医人等充各路教授。①

保举制兼具灵活性和弊端。对于家族世代以医为业的医者来说，这种形式能最大程度发挥其优势，如牟巘《费茂卿方书序》一文载医学教授费氏一族就为世医，其"兼明诸科，博习诸经，而周知南北之俗，安分知足，志在济人"②。再如姚燧《南京路医学教授李君墓志铭》中说李氏"以儒业医，故思到精诣，为人诊治，疾辄已"③。苏天爵《元故河间路医学教授王府君墓表》中医学教授王氏一族居河间数世矣，皆以医业相传。这批医者原本就有良好的家学渊源，或以儒业医，相对优异的医术医技再加上"志在济人"的情怀，使保举制的优势得以最大程度地发挥。而弊端就在于，医学提举司并没有在医学教官的人数上加以限制，这就有可能导致医学教官群体鱼龙混杂，严重者干扰到教学秩序和质量。为避免此种情况的发生，至元二十二年（1285），元王朝又明确了较为严格的选拔程序和条件：候选人需精通业务且德高望重，即"医业精通，众医推服，堪充师范之人"。其次，需要亲笔写下曾经参与治疗的病案和经验，连同包括个人的姓名、籍贯、年龄等在内的资料一同交由太医院进行审查。最后经过统一考试，成绩合格者方可最终获选。对于医学教官的具体考试流程和科目亦规定在内：

> 已设医学去处，教授人员见教生徒，照依每年降去一十三科题目，令医生每月习课医义一道，年终置簿，申覆尚医监考较优劣，有无成绩。外，试问本学教授题目三道。④

严格的选拔和考核流程有利于培养一支素质较高、医术过硬的医学教官队伍。

---

① 陈高华等点校：《元典章》，1104页，天津，天津古籍出版社，2011。
② 李修生主编：《全元文》第7册，588页，南京，江苏古籍出版社，1999。
③ 李修生主编：《全元文》第9册，770页，南京，江苏古籍出版社，1999。
④ 陈高华等点校：《元典章》，312—313页，天津，天津古籍出版社，2011。

医学提举司还设定了对医学教官的奖惩措施，以监督讲授计划的严格实施。若教学过程中发生"有名无实"的状况，将对医学教官采取罚俸。各处学校的生员，若"训诲无法，课讲鲁莽"，同样以罚俸医学教官为举措。意味着对医学教官实施法制化的监察管理。

（二）医学生的培养与考核

据《元典章·医学》载，医学校学生的选拔方式主要有二：一是系籍医户并应有开张药铺、行医货药之家子孙弟侄；二是良家子弟才性可教训，愿就学者。学习的内容主要有《素问》《难经》，仲景、叔和《脉诀》之类，同时还要通习《四书》，规定不精通者，禁治不得行医。

医学教育首先重视的是儒家经典的通习。元人多提及"通医者必先通儒"之观念。例如何梦桂《柯通甫医药序》云："医书祖黄帝《内外经》，非通儒率不尽解，故太史公序儒家而下九流，医列其一，惟儒而后能攻于医。"① 胡炳文《赠医者程敏斋序》一文论及儒者不通医或医者不通儒的弊端：

> 儒不医，非通儒，医不儒，非良医。夫既谓之儒，未论物格知至，一身中十二经、十五络，自憬然莫之知。病卧于休，委之庸医，比之不慈不孝，此儒而不医之通患也。医而不儒，其患尤甚。《素问》《难经》犹吾儒孔、孟，或有至老未能习者。②

《素问》《难经》等医家经典晦涩难懂，若非有深厚儒学功底的人难以在短期内深刻领会其要义，这是由医学典籍本身的性质所决定的。家铉翁《中庵说》认为医道需"积功而后入，非巧力智计躐而得之"，儒

---

① （元）何梦桂著，赵敏、崔霞点校：《何梦桂集》，161页，杭州，浙江古籍出版社，2011。
② （元）胡炳文：《云峰集》，见《元人文集珍本丛刊》第4册，184页，台北，新文丰出版公司，1985。

道与医道的共同之处在于以"心运",前者达之于治,后者达之于疗。从医者需做到积功,方可后入,与长期接受儒学之熏陶是分不开的。

十三科题目是太医院设定的医学教学书目,亦是考查学生的主要范围。科目有:大方脉杂医科、小方脉科、风科、产科兼妇人杂病科、眼科、口齿兼咽喉科、正骨兼金疮科、疮肿科、针灸科、祝由禁书科。每一科下设有合试经书目录及卷册,以《素问》《难经》《神农本草经》《圣济总录》为主。具体考试形式为"每月试以疑难,以所对优劣,量加惩劝"。

## 第二节 官方与文人笔下的医学发展状况

以文学作品为考察点,探讨元代医学发展的实际情况,主要从以下三种文体切入。第一,医学诏令。医学诏令是具有一定权威性和法律效应的文书,从中可以得知元代统治者对医学发展的态度。第二,三皇庙碑文。元代将"三皇"作为专门的医药祖神予以奉祀,由此可见元代统治者对医学的重视程度。但在文人笔下的三皇庙制度具体包含哪方面内容,是否与当时医学发展的实际情况一致,是所要讨论的重点。第三,医籍序跋。宋元时期,官方多次命人编撰、刊刻医籍,大量医籍得以传世。医籍序跋作为一种揭示医籍的编纂缘由,反映医籍主要内容,记录医籍编纂过程的文体,从中亦可窥探元代医学之发展。

### 一、医学诏令——统治者对医学发展之态度及举措

医学诏令,是中国古代皇帝发布的关于医学政策和医学活动的最高命令与行遣文书,具有最高权威性、命令性和强制性的特点。[①] 通过医

---
① 韩毅:《宋代医学诏令及其对宋代医学的影响》,载《中医药文献杂志》,2008(1),4—7页。

学诏令，可以从中探究元代统治者对待医学之态度，以及为医学发展采取的具体措施。

（一）医学机构的设置与医事活动

从元人文集中的相关记载可以得知，蒙古汗国初期就已有功能类似太医院的机构存在。这些机构内部的人员，是蒙古军队早期在西征途中，为战争需要而虏获或收纳的医士。元代统治者重视以医学为代表的实用人才，也专门下令招纳天下医士，例如：

> 罗天下医，置太医大使，佩金符。①（许有壬《大都三皇庙碑》）
> 乙未，太宗诏都元帅塔海绀卜征蜀，病股，访名医……乃请于太宗，授以都元帅行军太医提领之职……②（蒲道源《讷庵处士任君行状》）

中统元年（1260），世祖皇帝下令正式设立太医院。随后，与之相应的是分属太医院的诸多机构的设置及管理：

> 世祖皇帝诏太医院视三品，寻登二品。③（张养浩《济南路改建三皇庙记》）
> 至元三年五月，庚子，敕太医院领诸路医户、惠民药局。④（《元史·世祖本纪三》）
> 大德三年，成宗皇帝临御天下，诏各路置惠民局，择良医主之，以疗贫民之病疾者，恩至渥也。⑤（孙华孙《重修惠民药局记》）

---

① （元）许有壬著，傅瑛、雷近芳校点：《许有壬集》，521页，郑州，中州古籍出版社，1998。
② 李修生主编：《全元文》第21册，292页，南京，江苏古籍出版社，1999。
③ （元）张养浩著，李鸣、马振奎校点：《张养浩集》，133页，长春，吉林文史出版社，2008。
④ （明）宋濂等：《元史》，110页，北京，中华书局，1976。
⑤ 李修生主编：《全元文》第51册，415页，南京，江苏古籍出版社，1999。

可以看出，由太宗时期形成的具有太医院雏形的机构和相关人员，基本在世祖时期得以确立。成宗时期，惠民药局遍设诸路，以"疗贫民"为主要目的，体现了其作为医疗慈善机构的特殊性质。

元代统治者亦重视与医药相关的对外交流活动。据《谕安南国王诏》载，成宗即位后，元朝与安南陈朝确立为藩属关系，这条诏令主要透露出两方面信息：一是统治者对医人的需求，"每三年一贡"，其中明确提及医人；二是从所列贡品来看，其中朱砂、沉香、犀角、玳瑁等皆是药材。如朱砂是治疗惊痫、祛除邪疟的良药；又如沉香，其味辛、苦，性微温，有行气止痛、温中止呕之效；而犀角、玳瑁等，又是原产自东南亚地区的名贵药材。

医籍的编订是医事活动的一部分。宋元时期，印刷术和造纸业的发展，为医籍的刊刻编定提供了便利。统治者亦重视对医籍的整理校定，据苏天爵《资善大夫太医院使韩公行状》：

> 初，世祖以《本草》为未完书，命征天下良医为书补之，公承命往，以罗天益等二十人应诏，又尝校定《圣济总录》，医者赖焉。[①]

《本草》即《大元本草》，据《元史·世祖十》："至元二十一年十二月，命翰林承旨撒里蛮（元朝宗王）、翰林集贤大学士许国祯，集诸路医学教授增修《本草》。"[②] 内容如下：

> 今《本草》中土物，且遗阙多，又略无四方之药，宜遍征天下医师夙学多闻者，议板增入。[③]

---

① 李修生主编：《全元文》第40册，197页，南京，江苏古籍出版社，1999。
② （明）宋濂等：《元史》，271页，北京，中华书局，1976。
③ 李修生主编：《全元文》第9册，770页，南京，江苏古籍出版社，1999。

《圣济总录》是北宋末年由政府编著的方书，含有丰富的历代方剂及民间验方。该书在撰成之际，正值金兵南侵，由此书稿被运往北方。金大定年间曾刻板刊行，而后才流传渐广。[①] 该书撰成于战乱之际，为书稿的编辑校对增加了困难。元初，世祖下令对其进行校定。其后，文宗又下令编修《承天仁惠局药方》，这部医方集含《和济局方》《御药院方》《伤寒论》《活人书》《济生方》等。

（二）医学教育及医户管理

中统三年（1262）九月，元世祖正式下令设立医学。据《设立医学诏》所载，诏令主要规定了几方面的内容：医学的设置范围为诸路皆有，医学教授的选拔采取择优保举的制度，教授人员免除丝线、包银等差发，医学生员的主要来源，医学生的培养及考核方式，以及医学校的房舍安排等。

元代医学又称"三皇庙学"，统治者重视对诸路庙宇的建设。元世祖曾多次下诏，阐释设立三皇庙之缘由，规定其设置的范围和规模。庙宇的建设为医学活动提供了相应的场所，也是统治阶层宣传医学政策方针、进行医事活动、培养医学人才的主要地点。

"医户"是指专门从事医学行业相关工作的人员。在《通制条格》中有"医户析居"一项，规定医户子弟世代为医，文曰：

> 至元八年十月初十日，太医院奏：本管的医人内，除户头作医户当差外，其余弟兄孩儿每省会医人的、不会医人的析居，收作协济民户……钦此。[②]

将一些原本属于医户之家但自身却没有从医的人员也纳入医户，且令其有义务服役。对于医户，亦有相应的管理措施及优惠政策，《免医

---

① 吴鸿洲等编：《中国医学史》，223 页，上海，上海中医学院出版社，1990。
② 黄时鉴点校：《通制条格》，30 页，杭州，浙江古籍出版社，1986。

人杂役诏》中规定了包括医人应缴纳的税种等条目：

  医人除丝绵颜色、种田纳税、买卖商税以外，其他杂税一律免交。
  诸路官员不得向本路医人勒索药物。
  每户照依年例科取，取包银三两，依例折纳无定交钞。①

依诏令本身来看，医人确实享有一定的权利及免于缴纳各种杂税的优待条件。结合前述中"医户析居"的具体规定可知，这是元代统治者为军役人员提供稳定保障而采取的强有力措施。这一点在《通制条格》卷三"太医差役"一节中得以印证，文书载有相关诏令，规定医户内若有从军有功而被免役的，其兄弟不可被免。

#### （三）医疗法规

元代在医疗法规方面的诏令，大致可以分为两个部分：一是对医人的考核及管理；二是药物使用规定。

首先是对医人的考核及管理。《元典章·吏部三·医官》中"考试医官教授"一则有关于李克让不通医药，用钱营干太医院札付一事。有诏云："一百个罪囚内疏放了当，今后合令太医院定夺敬试医官体例相应。"② 随后令各处医学教授于官降题目内出题，包含亲笔课义一道，治法一道。且依次交由本路总府、本道肃政廉访司、诸路医学提举司进行考察。这条诏令将重整医学教官队伍提上了议程，明确并严格了考核的标准及形式，主要目的在于提高教官的专业能力和职业素养。至元二十二年（1285），针对医学生员的来源和培养问题，下令将医户子弟及有才学且自愿学医者，都作为接收生源的途径。元世祖下诏云："拟

---

① 李修生主编：《全元文》第3册，282页，南京，江苏古籍出版社，1999。
② 陈高华等点校：《元典章》，315页，天津，天津古籍出版社，2011。

免本身检医杂泛，将来进学成就，别行定夺，钦此。"①明确了医学生需研习的具体课程和学习方式。

《通制条格》卷二十一有"试验太医"一节，通过这条由御史台上奏的公文里，可以发现三点主要信息：一是当前太医队伍中存在医学素养低劣的人员；二是统治者愈发迫切地意识到，需制订整顿太医队伍的措施；三是希冀皇帝效仿科举制，施行医学科举。当时，各地出现了一些误用药物，甚至医死人的行为，为加强太医队伍的整体素质，避免再次引发这种现象，延祐三年（1316），正式施行医学科举考试，进一步严格了医学教授的选拔及考核。

另外，还有规定军医职责及行为的相关诏令。《通制条格》卷七《军防·口粮医药》中载："至元十五年三月，钦奉圣旨条画内一款，军前若有病患军人，随令高手医工对症用药看治。"②令专人对患病将士轮番照看，且根据治愈伤员的多寡或验病死军人的实际情况，作为奖惩的重要指标。

其次是药物使用方面的规定。元代初期，多种毒药可以自由买卖，至元五年（1268）十二月，太医院上奏禁卖毒药等事宜，元世祖下令禁止：

> 禁约习医道诸色人等，不通医籍，不知药性，欺诳俚俗，假医为名，规圆财利，乱行针药，误人性命。钦此……如违，治罪施行。③

乌头、附子、巴豆、砒霜等皆是含有烈性剧毒成分的药物。早先，这些药物并没有被明文禁止，一些商贩以高价卖出获取暴利。除了禁卖毒药以外，还"禁假医游行货药"，当时，一些商贩"托迹往来"，假

---

① 陈高华等点校：《元典章》，1106 页，天津，天津古籍出版社，2011。
② 黄时鉴点校：《通制条格》，110 页，杭州，浙江古籍出版社，1986。
③ 陈高华等点校：《元典章》，1925 页，天津，天津古籍出版社，2011。

医为名。至元六年（1269），地方官还抓获高氏等贼人，以卖药打当为名，得便为盗。这种行为引起统治者重视，随即下令禁止。至元九年（1272）八月，禁"贷卖假药"，阿合马上奏以米麦等包裹毒药买卖一事。奉圣旨："您也好生出榜明白省谕者。如省谕已后，有违犯人呵，依着扎撒，教死者，钦此。"① 关于禁卖毒药一事，元世祖曾多次下令"出榜禁治"，违者便治罪施行。

## 二、三皇庙碑文——文人笔下的医药神祇奉祀

三皇庙学制度是元代在医学领域的创举。"三皇"即伏羲、神农、黄帝。设三皇五帝庙予以奉祀应始于唐。有元一代，专尊三皇为"医家之祖"，吴澄《抚州路重修三皇庙记》云：

> 自李唐以来至于今，天下遍立孔子庙于学，以表儒道之所宗。国朝继金、宋而兴，郡县各设医学，与儒学并，乃立三皇庙于医学，以昭医道之所祖。②

由此，三皇庙在元代成为了医家专祀的神祇，可谓创举，陆文圭《芹堂记》云："前代所无，创建也。"三皇作为医药祖神，具有一定的文化渊源。时人以为伏羲画八卦、神农尝百草、黄帝与岐伯等人论经脉，皆与医学有关，如魏初《重修怀州三皇庙记》云：

> 初窃为伏羲氏法象天地，画八卦以通神明之德，以类万物之情。神农氏教民五谷，尝百草木。黄帝与雷公、岐伯论讨经脉，旁通问难经方问说之书出焉。③

---

① 陈高华等点校：《元典章》，1926页，天津，天津古籍出版社，2011。
② （元）吴澄：《吴文正文集》，见《元人文集珍本丛刊》第3册，379页，台北，新文丰出版公司，1985。
③ 李修生主编：《全元文》第8册，462页，南京，江苏古籍出版社，1999。

相同记载在阎复《定兴县三皇庙记》、蒲道源《凤州新修三皇庙记》、柳贯《全宁路新建三皇庙记》、张养浩《济南路改建三皇庙记》等文中亦有提及。元人认为，医之本于三圣人，而三圣人又是万世之本。他们皆在医学领域有所建树，以救民生，补造化不及之功，尊称之"三皇"。中统三年（1262），元朝正式创立医学，随后，诸路皆陆续修建或整修庙宇。不少文人撰有三皇庙碑文，通过这些文章，可以获知当时庙宇修建的缘起、经过以及祭祀三皇的流程和仪式。与此同时，可以发现，三皇庙的实际修建情况及相关问题，与元代医学发展的情况存有差异，可作为对正史的补充。基于上述情况，下文将对这一问题进行探讨。

表1-1 元人所作三皇庙碑文一览表

| 作者 | 篇目 | 出处 |
| --- | --- | --- |
| 元好问 | 《三皇堂记》 | 《遗山先生文集》 |
| 何梦桂 | 《建德路新创三皇庙记》 | 《潜斋先生文集》 |
| 魏初 | 《重修怀州三皇庙记》 | 《青崖集》 |
| 刘勋 | 《丰郡三皇庙碑》 | 《水云村泯稿》 |
| 卢挚 | 《三皇庙碑》 | 《卢疏斋集》 |
| 梁栋 | 《三皇庙碑》 | 清光绪十年《潞城县志》 |
| 吴澄 | 《建康路三皇庙记》《抚州路重修三皇庙记》《宜黄县三皇庙记》 | 《吴文正文集》 |
| 程钜夫 | 《岳州路三皇庙记》 | 《雪楼集》 |
| 蒲道源 | 《三皇庙学记》《洋州三皇庙记》《凤州新修三皇庙记》 | 《闲居丛稿》 |
| 袁桷 | 《献州交河县三皇庙碑》《奉化州三皇庙碑》《衢州重修三皇庙碑》 | 《清容居士集》 |
| 张养浩 | 《济南路改建三皇庙记》《沂州三皇庙记》《莱芜县三皇庙记》 | 《归田类稿》 |
| 柳贯 | 《全宁路新建三皇庙记》 | 《柳待制文集》 |

续表

| 作者 | 篇目 | 出处 |
| --- | --- | --- |
| 虞集 | 《澧州路慈利州重修三皇庙记》<br>《抚州路崇仁县重修三皇庙记》<br>《抚州路乐安县新建三皇庙记》<br>《袁州路分宜县新建三皇庙记》<br>《吉安路三皇庙田记》 | 《道园学古录》 |
| 潘昂霄 | 《昆山州新建三皇庙记》 | 《江苏通志稿》 |
| 揭傒斯 | 《增城三皇庙记》 | 《揭文安公集》 |
| 楚惟善 | 《三皇庙记》 | 清乾隆二十一年（1756）《曹州府志》 |
| 林过 | 《三皇庙记》 | 清乾隆二十一年（1756）《曹州府志》 |
| 李良遇 | 《常熟州三皇庙记》 | 《琴川续志草》 |
| 苏天爵 | 《前卫新建三皇庙记》<br>《罗山县三皇庙记》<br>《庆都县新建三皇庙记》 | 《滋溪文稿》 |
| 贡师泰 | 《福州三皇庙学田记》 | 《玩斋集》 |
| 苏济 | 《三皇庙记》 | 民国三年（1914）《泾县志》 |
| 黄雷孙 | 《三皇庙记》 | 明嘉靖元年（1522）《湖广图经志书》 |
| 陈基 | 《重建三皇庙记》 | 《夷白斋稿》 |
| 孙华孙 | 《三皇庙记》 | 明崇祯三年（1630）《松江府志》 |
| 方德麟 | 《三皇庙记》 | 民国十一年（1924）《新登县志》 |
| 种世美 | 《三皇庙记》 | 明嘉靖《池州府志》 |
| 陆文圭 | 《三皇殿讲堂记》 | 《墙东类稿》 |
| 胡祗遹 | 《创建三皇庙记》 | 《紫山大全集》 |
| 王恽 | 《卫辉路创建三皇庙碑铭》 | 《秋涧先生大全文集》 |
| 刘岳申 | 《永丰县重修三皇庙碑》 | 《申斋集》 |
| 阎复 | 《定兴县三皇庙记》 | 《静轩集》 |
| 牟巘 | 《平江路新建三皇庙记》 | 明洪武《苏州府志》 |
| 元明善 | 《遂州三皇庙记》 | 《清河集》 |
| 黄溍 | 《海宁州三皇庙祭旧文》 | 《金华黄先生集》 |
| 郑玉 | 《绩溪县三皇庙记》 | 《师山集》 |
| 吴海 | 《潮州三皇庙记》 | 《闻过斋集》 |
| 王祎 | 《淳安县三皇庙碑》 | 《王忠文公文集》 |
| 危素 | 《三皇祭礼序》 | 《危太朴集》 |
| 刘诜 | 《吉安重修三皇殿》 | 《桂隐先生集》 |

依循碑文内容而言，主要有以下几个问题：第一，三皇庙的修建背景和时间；第二，官员和文人对三皇庙修建的实际态度；第三，三皇庙的民生实用功能与祭祀、民间信仰。

（一）三皇庙的修建背景和时间

三皇庙宇的修建自唐伊始，但当时庙宇的修建与医学并无直接关系，三皇五帝被尊为传统意义上的圣人被予以奉祀。如袁桷《衢州重修三皇庙碑》："自唐肇建三皇祠，世祖皇帝尊旧令，遍祠州郡。"① 揭傒斯《增城三皇庙记》："三皇古无庙，唐天宝中始置。"② 至元代开始奉行"庙学合一"，即三皇有庙，医者有学，其制虽见于前代，而合庙学为一（贡师泰《福州三皇庙学田记》）。三皇庙之于医学如同孔庙之于儒学，有"祭三皇，如祭孔子礼"（《元史·本纪·顺帝五》）之说。据《元史》《元典章》载，世祖中统三年（1262），正式下诏设立医学，但其中却没有明确规定何时修建三皇庙，以及如何进行奉祀等条文。根据元人文集，将对这一问题进行探讨。

对于专尊医药祖神的三皇庙，又是何时开始修建并进行奉祀？元好问在《三皇堂记》中有这样一段描述，写道：太原医师赵国器"家起大屋，立三圣人像事之"，并请作者为之作记。赵氏因"吾当有所本也"，而在自家宅院建造栋宇，祭祀三皇。可见，当时已有一些医者私祭的现象出现。马明达先生在《元朝三皇庙学考》一文中亦提及，这篇记文的创作时间为己酉初吉，是在蒙古灭金之初。③ 再如林过《三皇庙记》云："医学颛得祀之者，自宋崇宁始。"④ 推而论之，修建三皇祠的时间大约在蒙古汗国时期，但当时是否颁布过相应的诏令命诸路统一修建庙祠，由于史料的欠缺，无法获悉。但可以肯定的是，金末元初，已有修

---

① （元）袁桷著，杨亮校注：《袁桷集校注》，1237页，北京，中华书局，2012。
② （元）揭傒斯著，李梦生点校：《揭傒斯全集》，352页，上海，上海古籍出版社，2012。
③ 暨南大学中国文化史籍研究所等编：《暨南大学宋元明清史论集》，281页，广州，暨南大学出版社，1997。
④ 李修生主编：《全元文》第35册，154页，南京，江苏古籍出版社，1999。

建三皇庙宇且祀祭的现象，这种情形多出于医家个人行为。至于元朝是在何时开始正式下令立三皇庙，据《元史》："世祖中统二年夏五月……乃遣副使王安仁授以金牌，往诸路设立医学。"①《元典章》载："中统三年九月……就随路名医充教授职事，设立医学。"② 只是说明了医学设立的正式时间，但并未提及三皇庙修建的相关事宜。阎复《定兴县三皇庙记》云："圣朝自至元以来。诏立三皇祠。"③ 若如阎复所言，元代自至元以来，才开始在诸路修建三皇庙，这与当时中统年间下诏的时间所隔不远，应当是对政令的实施。

但也有不同情况，如诏令虽已下达，实际上在具体的执行中，各地的庙宇修建多有延迟。袁桷《昌国州医学记》："昌国为州，至元二十九年，始立三皇祠。"④ 李良遇《常熟州三皇庙记》载延祐四年（1317），常熟州才开始整修庙宇。据文人集中描述，昌国州直到至元二十九年（1292）才始立三皇庙，常熟州于延祐四年整修庙宇，通过这些文字，可以试想，地方上或因不够重视，或因资金匮乏等原因，并未及时实施政令。再如刘勋《丰郡三皇庙碑》："三皇于江南，故未有庙，至元混一，令郡邑俱建医学，始立庙。"⑤ 江南地区的庙宇修建则更晚。由上述大致可以判断，各地相继修建庙宇，大约集中在至元年间。这里所说的三皇庙，是指元代统治者将三皇专尊为医学祖神之后修造的。既包括重新修建的庙宇，也包含在前朝遗留下来的旧址基础之上的修葺、完善，这些旧址即唐开元年间以后陆续修建的庙宇，彼时，庙宇所奉祀的还是传统意义上的三皇五帝。

（二）朝廷、官员和文人对三皇庙修建的态度

张养浩《沂州三皇庙记》有云："三皇之祀遍天下。"通过元人所作

---

① （明）宋濂等：《元史》，2033页，北京，中华书局，1976。
② 陈高华等点校：《元典章》，1104页，天津，天津古籍出版社，2011。
③ 李修生主编：《全元文》第9册，238页，南京，江苏古籍出版社，1999。
④ （元）袁桷著，杨亮校注：《袁桷集校注》，961页，北京，中华书局，2012。
⑤ 李修生主编：《全元文》第10册，406页，南京，江苏古籍出版社，1999。

的诸路三皇庙碑文,可以看出,各地先后建立起了庙宇。结合史书相关记载,元世祖自中统年间下诏使诸路设立医学,多次颁发医事诏令,应当是对医学有所重视。而在政令实施的具体过程中,是否真正达到了所谓"自国都至于郡邑,无有远迩,守令有司之所在,皆得建庙通祀三皇"①?实际上各地庙宇的修建和维护并非如是说,存在着诸多的问题。

首先,庙宇的地理位置相对偏远,人烟稀少,远离城中心,阎复《定兴县三皇庙记》:"距城二十里而近……陋祠于野。"②蒲道源《凤州新修三皇庙记》:"民庶鲜少,地非夷旷。"③一些庙祠的地理位置十分狭迫,设置规模小,且毁坏比较严重,如王恽《大元国卫辉路创建三皇庙碑铭》:"位置迫隘,规则卑陋。"④魏初《重修怀州三皇庙记》:"庙貌圮毁疏漏如此。"⑤这些庙宇或属前朝遗留下的三皇五帝庙,入元以后,统治者统一诏立医学,而后才开始逐渐成为专祀医药祖神的场所。

其次,一些地方的庙宇选址是在原来的旧址之上,并未进行重新修葺。如刘勋《丰郡三皇庙碑》:"得主簿厅废址于州东北隅。"⑥揭傒斯《增城三皇庙记》:"而以旧学为三皇庙。"⑦很多地方是将庙宇选建在以前的旧址之上,并未进行实地考察和规划,一方面可能是由于资金匮乏导致,另一方面也可以体现出当地官府对庙宇的不够重视。

再次,庙宇年久失修,破败不堪,处于一直无人管理的状态。吴澄《宜黄县三皇庙记》中载,地方官上任之时,发现当地庙宇破败,慨然而叹:"是岂所以尊古圣,钦上制哉?"随即令人修葺庙宇。吴澄《建康路三皇庙记》云:"建康,大会府也,江南诸道行御史台在焉,而三皇庙庳陋弗修,将及倾圮。"⑧当时,因庙学地隘,没有区域可以拓展,监

---

① (元)虞集:《虞集全集》上册,629页,天津,天津古籍出版社,2007。
② 李修生主编:《全元文》第9册,237页,南京,江苏古籍出版社,1999。
③ 李修生主编:《全元文》第21册,269页,南京,江苏古籍出版社,1999。
④ (元)王恽著,杨亮、钟彦飞点校:《王恽全集汇校》,2597页,北京,中华书局,2013。
⑤ 李修生主编:《全元文》第8册,463页,南京,江苏古籍出版社,1999。
⑥ 李修生主编:《全元文》第10册,406页,南京,江苏古籍出版社,1999。
⑦ (元)揭傒斯,李梦生点校:《揭傒斯全集》,353页,上海,上海古籍出版社,2012。
⑧ (元)吴澄:《吴文正文集》,见《元人文集珍本丛刊》第3册,378页,台北,新文丰出版公司,1985。

察御史则在城西北隅的宋时公馆旧址辟地十余亩，重修庙宇。建康是五朝之都，经济、文化、人口汇集之地，有元一代，建康府先后改称建康路、集庆路。试想，即便在这样繁华的区域，三皇庙宇的修造都没有得到应有的重视，其他地区的庙宇修建可想而知。一些地方的庙祀只是摆设，不仅外部建筑毁坏严重，甚至出现了"师生散去，学业不讲"的情况。资金匮乏，不足以应对庙宇的修建，也是一大问题，贡师泰《福州三皇庙记》云：

> 福州三皇庙在城东北隅，向予廉问闽海时，顾瞻栋宇荒陋，俎豆狼藉，师生散去，学业不讲。语诸有司，则曰："无以赡也。"①

这些出自文人笔下的描述，应该是对当时实际状况的反映，具有一定的可信度。据上文引述，三皇庙宇在各地的实际修建情况，并非所谓"三皇之祀遍天下"，集中反映出的问题有位置偏远，选建在旧址，损坏严重，且长期处于年久未修、无人管理的局面。据相关作品记述，一些庙宇修建的资金来源由地方官或医者提供，魏初《重修怀州三皇庙记》："乃与本府官及医生辈相与重修之。"②袁桷《庆元路医学记》："隶于医籍者胥率钱以辅之。"③刘勋《丰郡三皇庙碑》："募匠市材，捐己俸，率医人致助。"④吴澄《建康路三皇庙记》中同样说道，当时庙宇的修建由御史公荣禄大夫、御史中丞资德赵公简等人各捐俸钱以助。当时，郡邑官吏、医家、士民，莫不捐俸。可见，官府对庙宇的修葺并未给予高度重视。

尽管如此，一些官员为做出一定的政绩，"不负盛朝好生之德"，依旧积极筹备庙宇的修建工事。蒲道源《三皇庙学记》中写道，兴元此前

---

① 李修生主编：《全元文》第 45 册，236 页，南京，江苏古籍出版社，1999。
② 李修生主编：《全元文》第 8 册，463 页，南京，江苏古籍出版社，1999。
③ （元）袁桷著，杨亮校注：《袁桷集校注》，951 页，北京，中华书局，2012。
④ 李修生主编：《全元文》第 10 册，406 页，南京，江苏古籍出版社，1999。

并无庙,至元壬辰(1292),由医学教授董绍昌以已赀得隙地于城内西南,请立庙于宪。而后一直处于无人整修的状态,而"蔽坏殊甚"。志顺年间,兴元路新推官上任,认为三皇有惠万世之功,不应使庙宇破败如此。当时,以医学教官为首的包括提领在内的众多人员进行商议,决定重新修葺庙宇。袁桷《昌国州医学记》讲述韩侯复莅医学,修葺庙宇,并将庙宇占地扩大至原来的两倍。使"廊庑有序,祠象俨赫",且复遵诏旨为惠民药局。

值得注意的是,文人笔下的医祀三皇,出现了两种不同的声音。一种是对三圣人之功的宣扬,譬如:

> 洪惟三皇继天立极,生民以来,君德最神圣者也。①(许有壬《大都三皇庙记》)
>
> 伏惟我国家诏郡邑庙祀三皇,设医学其中,以拯人之疾,德至渥也。②(张养浩《莱芜县三皇庙记》)

刘勋在《丰郡三皇庙碑》一文中感慨,世道以医为一技尔,却不知医具有济世之功。世间皆为凡人,就会有疾痛和生死,此时拜天祭地皆不可用,唯有求诸于医。因此,三圣人功不可没。揭傒斯在《增城三皇庙记》中提及,医家专祠三皇,可谓尊宠,若对祭祀之事有所怠慢,就是不关切民命。

另一方面,元代统治者将三皇专作为医药祖神予以奉祀,引起了一些儒者的不满,认为这削弱了三皇作为圣帝明王之尊的地位。如危素《三皇祭礼序》云:"议者谓三圣人之功、之德,含齿戴发者皆所当尊而事之,岂独医家所得专之耶?"③对将三皇只尊为医药祖神这一行为表示不满,并非意味着对三皇在医药方面的贡献有所质疑。很多文人在庙宇

---

① (元)许有壬著,傅瑛、雷近芳校点:《许有壬集》,521页,郑州,中州古籍出版社,1998。
② (元)张养浩著,李鸣、马振奎校点:《张养浩集》,134页,长春,吉林文史出版社,2008。
③ (元)危素:《危太朴集》,见《元人文集珍本丛刊》第7册,470页,台北,新文丰出版公司,1985。

碑文中皆有所提及医为仁术,如:刘诜《吉安重修三皇殿》云:"以医药济人为重";吴澄《宜黄县三皇庙记》:"为之医药,以济其夭死,其一事也。"医者救人于生死,其性质等同于施行仁义,具有济世利民之功。

反观第一种态度,一批文士宣扬三皇之功,称誉"圣天子好生之德同符天地",故海内遍置三皇庙。实际上,这是替统治者寻找医祀三皇在政治上的合法性。[①] 对于这一问题的探究,本质上衍生出两方面的命题,一是元代医祀三皇的原因,二是由此产生的医学与儒学在地位和名分上的斗争。有学者认为,元代医祀三皇的制度是蒙古文化和中原传统文化相结合的产物。[②] 如前所论,在蒙古汗国初期,就接收了一大批医学人才,忽必烈时期,又颁布了一系列发展医学的政令,同时实行了相应的措施,可以看出对医学的重视。但是,为提升医学之地位,将其视为与儒学平等,这又在一定程度上激发了一些儒士的抵触情绪。说到底,这是蒙古文化与中原传统文化在碰撞和交融之后的结果。

(三)三皇庙宇的民生实用功能与祭祀、民间信仰

"通祀三皇,而医者主之,盖为生民立命之至意也。"[③] 以民生实用和民间信仰的角度而言,疗伤祛疾与百姓生活密切相关。因此,元统治者将三皇奉为医药祖神予以祭祀的行为,一方面,满足了百姓对治病疗疾的基本生活需求,庙宇本身不仅作为医学教育场所而被设立,同时兼具制药、疗疾场所之功用。另一方面,对医药祖神的奉祀,蕴含着祈求和庇佑安康之意,反映了民众朴素的生命观和对医药神祇的崇拜与向往。起初,三皇被视为传统汉文化影响下的圣人,早在唐代就设立庙宇奉祀,原本在民间就具有较为广泛的影响力,这在一定程度上为元代医祀三皇提供了民间信仰的基础。

三皇庙宇不仅作为医学教育的场所,还兼具制药、疗疾场所之功

---

① 杜谆:《由圣到医:元代医祀三皇考》,载《江西社会科学》,2017(11),127—135页。
② 暨南大学中国文化史籍研究所等编:《暨南大学宋元明清史论集》,293页,广州,暨南大学出版社,1997。
③ (元)虞集:《虞集全集》,616页,天津,天津古籍出版社,2007。

用。"神农、黄帝，设五谷药石，为生民本。"① 当时，"命医官诸生，审究脉病证治"（刘勋《丰郡三皇庙碑》），"达脉病证治之因，审温凉寒热之用"②，以示百姓日用。医药亦是民生之本，元统治者重视实用之学，修建庙宇也是为了令百姓治病疗疾，这也是推行仁政的一部分，袁桷《衢州重修三皇庙碑》有云："世祖皇帝遵旧令，遍祠州郡，推仁济众。"③"圣上慈民爱物，与天地为一心，与三圣为一体。"④ 故而，碑文多记载医学济世之功用，一方面为庙宇的修建补充说明其合理性，彰显统治者仁政之思想；另一方面则在于充分肯定医学之地位，旨在突出其对民生实用方面的价值，正所谓"医之济世，功配天地"（刘勋《丰郡三皇庙碑》）。

从奉祀仪式来看，三皇庙的奉祀时间在每年的春秋两季，据《元典章·礼部·祭祀》中"配享三皇体例"和"三皇配享"载，祭祀时间为春、秋各一次。《礼记·月令》："春三月，其帝太皞，其神勾芒，夏三月，其帝炎帝，其神祝融。"⑤ 蒲道源《三皇庙学记》："春秋以三九阳月享祀，日亦如之。"至于为何选取为"三九"，有云："以阳主生，数盛于三，极于九，故祭之月日皆用三九。"⑥

庙宇的设置模式，居中为三皇殿，供奉有神农、伏羲及黄帝之像，三者均被供奉于正殿。据《史记》：黄帝得风后、力牧以治民，其配享座次宜东西相向，以勾芒、祝融居左，风后、力牧居右。⑦ 勾芒、祝融、风后、力牧，各附配享之位。所谓"四大名医"，比依文庙大儒从祀之例，例置两庑。虞集《抚州路崇仁县重建三皇庙记》亦有相关描述。

关于奉祀的仪式流程，在《元史》中所记录的有至正九年（1349）

---

① （元）袁桷著，杨亮校注：《袁桷集校注》，1233 页，北京，中华书局，2012。
② （元）吴澄：《吴文正文集》，见《元人文集珍本丛刊》第 3 册，台北，新文丰出版公司，1985，378—379 页。
③ （元）袁桷著，杨亮校注：《袁桷集校注》，1238 页，北京，中华书局，2012。
④ 李修生主编：《全元文》第 8 册，463 页，南京，江苏古籍出版社，1999。
⑤ 陈高华等点校：《元典章》，1074 页，天津，天津古籍出版社，2011。
⑥ 李修生主编：《全元文》第 21 册，269 页，南京，江苏古籍出版社，1999。
⑦ 陈高华等点校：《元典章》，1074 页，天津，天津古籍出版社，2011。

的三皇祭祀仪式准备流程。仪式由太医官主持，其模式与流程依照国子学、宣圣庙释奠。祭祀所需的各类祭器，分别由不同部门协助负责，如仪式由太常设定，祭器由工部规范，雅乐器则由江浙行省来制作。乐曲方面，由太常博士定乐曲名，翰林国史院撰乐章十有六曲。御药院大使负责教习乐工。其中，对于利馔、内酝、金帛、苇炬、牺牲、制币、肴核等在祀礼中所需的物品，均由相关的部门一一负责制备。元人文集中亦有记载，虞集《袁州路分宜县新建三皇庙记》云：

> 干羽舞蹈之容，律吕始终之奏，玉帛品物之节，醪醴牲杀之仪，笾豆鼎俎之实，升降进退之宜，鬼神享格之义，凡从事于斯者，莫不通习而具知焉。①

另外，医祀三皇具有民间信仰的基础。三皇作为中华民族人文始祖，早在唐代便修建庙宇以奉祀，原本就具有较为广泛的民众信仰基础，这也为元代医祀三皇奠定了群众基础。民众对医祀三皇普遍抱有崇拜心理，祈四时无疠疫之灾，每岁乐丰穰之兆，居民安庆，这反映了一种朴素的生命观。更何况"三圣人济民之功至大，而医之为用尤切"②（黄雷孙《三皇庙记》）。何梦桂《建德路新创三皇庙记》云："圣人上穷天纪，下极地理，取万物之精以佐佑生民，故民自遂古以至于今……"③这源自上古传说中伏羲氏观象于天，作八卦以通神明、以类万物，神农氏教民五谷、尝百草木，黄帝作宫室、耒耜、舟楫，与岐伯、雷公论说经脉，以济利天下。时人认为，三皇"以济利天下，将与天地同功"，如今，取以万物方术而救夫民，使世世庙飨，不可缺而不祀。

为称誉三皇之功，碑文多采用充满神秘意味的夸张手法进行描绘，将三皇奉为神人，将其功绩等同于天地之造化。神农氏作《本草经》以

---

① （元）虞集：《虞集全集》，632页，天津，天津古籍出版社，2007。
② 李修生主编：《全元文》第47册，405页，南京，江苏古籍出版社，1999。
③ （元）何梦桂著，赵敏、崔霞点校：《何梦桂集》，220页，杭州，浙江古籍出版社，2011。

辨药性，黄帝以《内经》探究医理，皆是活人疗疾之功，故称"三皇之有功于人之生，如天之大"（吴澄《抚州路重修三皇庙记》）。或称其"神灵在天，为四方之禋祀"（蒲道源《洋州三皇庙记》）。限于生产力条件与认知水平，时人面对未知，尤其是诸如生老病死，往往更易心生恐惧，三皇被誉为圣人，也与百姓的畏疾心理有关。人们认为三皇具有代天行道之功，"天之生民而不能自养，代天以养之者，三皇氏也"[1]（卢挚《三皇庙碑》）。故而，称"圣人功德与天同大，祀秩亦与天同尊"[2]（方德麟《三皇庙记》）。

## 三、医籍序跋——医籍的编刻与医学思想的传播

宋以前，医籍主要依靠手抄。宋元时期，印刷术和造纸业的发展，为医籍的刊刻编定提供了便利。宋嘉祐二年（1057），校正医籍局正式成立，专门负责组织人员对医籍进行校正。金元时期的医事制度主要延续宋之体例，统治者亦重视对医籍的校订、编纂和重新刊刻。元世祖曾以《本草》为未完书，命征天下良医为书补之，同时，令人校订《圣济总录》一书。金元时期，战争不断，疾疫肆虐，内外环境对当时的医者提出了更高的要求，此时，医学领域内流派分门别立，医者著书立说，各抒己见，这一系列因素为元代医籍的编刻创造了条件。

《尚书·序》云："书序，序所以为作者之意。"[3]据《辞学指南》："序者，序典籍之所以作。"[4]序跋，是指对某一著述进行说明的文字。古代医籍序跋是对医学典籍的说明性文字，属于古籍序跋的重要组成部分。作为一种独立且特殊的文体，医籍序跋中蕴含着医籍的著述缘起、著述经过、思想内容、编排体例以及医家生平等信息。同时，囊括其中的医学主张及观点，赋予其医学思想传播的功能，亦具有一定的医学史料价值。

---

[1] 李修生主编：《全元文》第11册，29页，南京，江苏古籍出版社，1999。
[2] 李修生主编：《全元文》第51册，418页，南京，江苏古籍出版社，1999。
[3] （南朝梁）萧统编：《文选》，638页，北京，中华书局，1977。
[4] （宋）王应麟：《玉海》第1册，340页，上海，上海古籍出版社，1992。

医籍序跋作为古籍序跋分类之下的一种文体，自有其发展演变的历史，且受时代氛围、社会环境、学术风尚和创作者自身的写作风格等因素影响，不同时期的序跋有各自不同的创作特点。以古籍序跋为例，先秦时期的序跋以评价人物、记载篇章目录为主。汉唐时期的序跋，主要用大篇幅叙述作者身世，类似于人物传记。宋代序跋呈现出叙述人物生平和阐发议论兼顾的特色。金元时期的序跋则更多转向作品评价或表达序作者的观点，对著者生平的介绍相对减少。[①] 同时，序跋作为对古籍进行说明的文字，具有重要的传播作用和在相关领域内的史料价值。古籍序跋亦包括医籍序跋，有元一代，医籍序跋不仅含有较为丰富的医学内容，亦具备自身的文学创作特色。另外，元代医籍序跋具有不可忽视的医学思想传播功能。

表 1-2　元人所作医籍序跋一览表

| 医籍 | 成书时间 | 著（编）者 | 序跋篇目 |
| --- | --- | --- | --- |
| 金匮要略 | 东汉 | 张仲景 | 邓珍敬《金匮要略序》 |
| 元刊本《脉经》 | 西晋 | 王叔和撰，泰定帝诏令刊刻 | 朵列秃《元刊本〈脉经〉移文》 |
| 肘后备急方 | 东晋 | 葛洪 | 段成己《肘后备急方序》 |
| 大德重校《圣济总录》 | 北宋 | 宋太医院编，元世祖诏令重校 | 陆心源《大德重校圣济总录序》 |
| 重修《证类本草》 | 北宋 | 唐慎微撰，元张存惠重修 | 麻革信《证类本草序》 |
| 寿亲养老新书 | 北宋 | 陈直撰，元邹铉续增 | 邹铉《寿亲养老新书序》 |
| 伤寒辨疑论 | 南宋 | 吴敏修 | 许衡《吴氏伤寒辨疑论序》 |
| 药注难经 | 金 | 张元素 | 王恽《洁古老人注〈难经〉序》 |
| 伤寒会要 | 金末元初 | 李杲 | 元好问《伤寒会要引》 |
| 元氏集验方 | 金末元初 | 元好问 | 元好问《元氏集验方序》 |
| 周氏卫生方 | 金末元初 | 周梦卿 | 元好问《周氏卫生方序》 |
| 李氏脾胃论 | 金末元初 | 李杲 | 元好问《李氏脾胃论序》 |
| 内外伤辨惑论 | 金末元初 | 李杲 | 李杲《内外伤辨惑论原序》 |
| 东恒先生试效方 | 金末元初 | 李杲 | 王博文《东恒先生试效方序》 |
| 卫生宝鉴 | 元 | 罗天益 | 王恽《卫生宝鉴序》 |

---

① 王国强：《中国古籍序跋史》，50—74页，武汉，武汉大学出版社，2015。

续表

| 医籍 | 成书时间 | 著（编）者 | 序跋篇目 |
|---|---|---|---|
| 费茂卿方书 | 元 | 费茂卿 | 牟巘《费茂卿方书序》 |
| 柯通甫医药 | 元 | 柯通甫 | 何梦桂《柯通甫医药序》 |
| 风科急验名方 | 元 | 赵大中 | 阎复《风科急验名方序》 |
| 刘氏集验方 | 元 | 刘氏 | 刘敏中《刘氏集验方序》 |
| 内经类编 | 元 | 罗天益 | 刘因《内经类编序》 |
| 伤寒生意 | 元 | 熊景先 | 吴澄《伤寒生意序》 |
| 诊脉指要 | 元 | 姚宜仲 | 吴澄《诊脉指要序》 |
| 内经指要 | 元 | 李季安 | 吴澄《内经指要序》 |
| 易简归一 | 元 | 徐若虚 | 吴澄《易简归一序》 |
| 活人书辨 | 元 | 戴启宗 | 吴澄《活人书辨序》 |
| 脉诀刊误集解 | 元 | 戴启宗 | 吴澄《脉诀刊误集解序》 |
| 医方大成 | 元 | 孙允贤 | 吴澄《医方大成序》 |
| 古今通变仁寿方 | 元 | 张道中 | 吴澄《古今通变仁寿方序》 |
| 瑞竹堂经验方 | 元 | 萨德弥实 | 吴澄《瑞竹堂经验方序》<br>王都中《瑞竹堂经验方序》 |
| 本草单方 | 元 | 王东野 | 吴澄《本草单方序》<br>刘岳申《本草单方序》 |
| 运气新书 | 元 | 邓炎景 | 吴澄《运气新书序》 |
| 饮膳正要 | 元 | 忽思慧 | 虞集《饮膳正要序》 |
| 承天仁惠局药方 | 元 | 文宗诏令太医院使编 | 虞集《承天仁惠局药方序》 |
| 医书集成 | 元 | 邓文彪 | 虞集《医书集成序》 |
| 饮食须知 | 元 | 贾铭 | 贾铭《饮食须知序》 |
| 医垒元戎 | 元 | 王好古 | 王好古《医垒元戎序》 |
| 此事难知 | 元 | 王好古 | 王好古《此事难知序》 |
| 汤液本草 | 元 | 王好古 | 王好古《汤液本草序》 |
| 阴症略例 | 元 | 王好古 | 王好古《阴症略例序》 |
| 济生拔萃方 | 元 | 杜思敬 | 杜思敬《济生拔萃方序》 |
| 格致余论 | 元 | 朱震亨 | 朱震亨《格致余论序》<br>陈基《朱氏格致余论序》 |
| 大元本草 | 元 | 朱辕 | 许有壬《大元本草序》 |
| 试效方 | 元 | 仲元君 | 许有壬《试效方序》 |
| 医籍十事 | 元 | 高一清 | 袁桷《高一清医籍十事序》 |

续表

| 医籍 | 成书时间 | 著（编）者 | 序跋篇目 |
|---|---|---|---|
| 苗氏备急活人方 | 元 | 苗仲通 | 杨维桢《苗氏备急活人方序》 |
| 三元延寿参赞书 | 元 | 李鹏飞 | 周天骥《三元延寿参赞书序》<br>李鹏飞《三元延寿参赞书序》 |
| 医镜密语 | 元 | 王镜潭 | 贝琼《医镜密语序》 |
| 集效方 | 元 | 金氏 | 贝琼《集效方序》 |
| 泰定养生主论 | 元 | 王中阳 | 段天祐《泰定养生主论序》 |
| 吴氏及幼方 | 元 | 吴恭甫 | 鲁贞《吴氏及幼方序》 |
| 脾胃后论 | 元 | 项彦昌 | 戴良《脾胃后论序》 |
| 钟氏仁存方论集 | 元 | 钟本存 | 刘楚《钟氏仁存方论集序》 |
| 义济方选 | 元 | 萧志通 | 王礼《义济方选序》 |
| 仙传外科集验方 | 元 | 杨清叟 | 赵宜真《仙传外科集验方序》<br>许有壬《仙传外科集验方序》 |
| 麻疹全书 | 元 | 滑寿 | 浮海道人《麻疹全书序》 |
| 十四经发挥 | 元 | 滑寿 | 滑寿《十四经发挥自序》 |
| 难经本义 | 元 | 滑寿 | 滑寿《难经本义自序》<br>刘仁本《难经本义序》 |
| 十药神书 | 元 | 葛可久 | 葛可久《十药神书序》 |
| 痈疽神秘灸经 | 元 | 胡元庆 | 杨子成《痈疽神秘灸经序》 |
| 伤寒纪玄妙用集 | 元 | 尚丛善 | 陆心源《伤寒纪玄妙用集序》 |
| 御药院方 | 元 | 太医提点荣禄许公等校订 | 陆心源《御药院方序》 |
| 针灸四书 | 元 | 窦桂芳 | 窦桂芳《针灸四书序》 |
| 针经指南 | 元 | 窦桂芳 | 窦桂芳《针经指南序》 |
| 大丹直指 | 元 | 丘处机 | 丘处机《大丹直指序》 |
| 活幼心书 | 元 | 曾世荣 | 和尼赤《活幼心书序》 |

依据可查阅的资料，上表所示的医籍序跋，包括医者自序和文人代序。元代名医如王好古、滑寿、李鹏飞、葛可久、戴启宗、李杲等皆著有医籍，自撰序跋，通过这些自序，可以了解其医学思想和主张。

由序跋可知，元代所刊刻、校订、著述之医籍涵盖面广、种类繁多。官方统一命人校定、刊刻的前朝医籍主要有：大德重校《圣济总录》，是书原先由北宋太医院编修，后元世祖诏令重校；《大元本草》，于至元二十一年（1284）由元世祖命翰林承旨撒里蛮、翰林集贤大学士许国祯，集诸路医学教授增修；元刊本《脉经》，成书于西晋，泰定年间命人刊刻。私人增修医著有：《寿亲养老新书》，是书由宋人陈直撰，元人邹铉续增；《证类本草》，由宋人唐慎微撰，元人张存惠重修；《大元本草》，是书区别于官修《大元本草》，由元人朱辕编著。

编著于元代的医籍，医经方面的代表作有《内经类编》《内经指要》《难经本义》；本草方面有《本草单方》《汤液本草》；食疗方面有《饮膳正要》《饮食须知》；诊法方面有《诊脉指要》《脉诀刊误集解》；养生方面有《三元参赞延寿书》《泰定养生主论》；医方有《济生拔萃方》《瑞竹堂经验方》《元氏集验方》；内科有《脾胃论》《脾胃后论》，外科有《痈疽神秘灸经》《麻疹全书》，儿科有《活幼心书》，伤寒类有《伤寒生意》《伤寒会要》《伤寒辨疑论》等。

（一）元代医籍序跋的创作特点

元代医籍序跋的创作可分为三种情况：一是医者为所著医籍作序；二是医者请文人为其医籍代作序跋；三是由医者或文人为前朝医籍之重新整理、校订、刊刻等相关著述作序。

1. 以阐发序作者观点为主，以介绍著者生平为次

这类序跋主要属于文人为医著作序。其中，对著者的生平或介绍几乎一笔带过，譬如：

> 明之幼岁好医药，时易州人张元素以医名燕赵间，明之捐千金从之学。不数年，尽传其业……①（元好问《伤寒会要引》）
> 
> 金氏自宋之南，由汴徙钱塘之东里，世业医，至橘隐先生而其医大显。②（贝琼《集效方序》）

---

① （金）元好问：《元好问全集》下册，56页，太原，山西人民出版社，1990。
② （元）贝琼著，杨叶点校：《贝琼集》，204页，杭州，浙江古籍出版社，2019。

一些序跋没有相应的人物生平，如刘敏中《刘氏集验方序》、吴澄《运气新书序》、杨子成《痈疽神秘灸经序》等。在这类序跋的开篇，序作者用较大篇幅直接阐释医学观点，包括具体的医学分科、医德行为、医学理论等。和尼赤《活幼心书序》开篇即云：

> 医家惟小儿科为尤难，盖自其能言而被病者，犹可以问而知之，而其未能言者，不可以问而知也……①

序作者阐释了儿科的难点，认为若精通于这门专科，便掌握了长久获利的途径。下文引出曾世荣的儿科学专著《活幼心书》，序跋始终围绕着作者对儿科学的认识及思考。再如刘岳申《本草单方序》：

> 人病疾多，医病道少。夫道少者，生道少也……不明理，不知书，于是庸医之病又有甚于病者……②

指出"庸医之病"的现象及后果。不明理、不知书，使得"庸医之病"远甚于"病者"。又指出庸医致患者死亡的行为并没有引起患者的怨恚，实质上还是不论及医理而造成的后果。

这类序跋还有贝琼《医镜密语序》，序跋开头阐明了《铜人经》中督脉、任脉、少阳、阳明、太阴、少阴等几种主要的人体经脉穴位的分布特点。吴澄《运气新书序》，全文皆阐述天地阴阳之运，六气相生之序，解释"气"之由来及其在各个时节的分布规律和变化特点。陆心源在《伤寒纪玄妙用集序》中抨击当下"窃学者瞟耳目"，"无术者肆胸臆"的现象，指出庸医之弊。

在这些医籍序跋中，几乎看不到著者生平的大段介绍，有的将此一笔带过，甚至无任何关于著者的讯息，全文直接以阐发医理为中心。一

---

① （元）曾世荣编撰：《活幼心书》，1页，北京，中国中医药出版社，2016。
② 李修生主编：《全元文》第21册，456页，南京，江苏古籍出版社，1999。

方面，反映了元代文人较高的医学素养，另一方面，文人为医籍代为作序的情况，通常由与医者较为熟悉或有一定交情的文人完成，他们在为医籍作序时，因自身与医者较为熟知，往往会自动忽略对其生平的详细描述。这种以阐释医理为主要创作途径的方式，类似于文人与医者之间的"互动"。

2. 医者与文人之间情谊的表达

元好问曾为李杲《伤寒会要》一书作序，文中称"壬辰之兵，明之与予同出汴梁，于聊城，于东平，与之游者，六年于今"①。元氏与医者李杲已有多年交情，为其作序再自然不过。戴良《脾胃后论序》一文中写道："彦昌与予交最厚，因携至海上，乞一言为叙引。"② 医者项彦昌将从医过程中习得之经验与医理，作为《脾胃后论》若干言，以补东垣之未备。书成之后，请作者为之作序，亦是因医者项氏与作者"交最厚"。

刘因《内经类编序》叙述了医者罗天益请作者为医籍作序的过程。文中叙写《内经类编》一书的创作缘起，罗氏向作者倾诉其先师的治病经验，以脚气为例，指出南北方因地理位置、气候等差异，使得脚气这一疾病的症状和治疗方法有所不同，应采取因地施治的原则。在讲述自己习医体会的同时，表明此书的编纂初衷和过程，请求作者为之作序。再如王恽《卫生宝鉴序》，作者谈及医者罗天益曾对自己讲述从医之经历、心得体会和编写《卫生宝鉴》的缘由、经过，并请作者为其作序。在这些以对话为主的序跋中，再现了当时医者撰写医籍的缘由经过和心路历程，其中所描述的话语之详细、感情之真挚。以日常对话为主的叙写方式，加强了序跋内容的真实性，也从侧面体现出当时医者与文士的交游状况。

再如鲁贞《吴氏及幼方序》中记述吴恭甫一家三代皆行医，作者自幼便与吴氏相识。其中有这样一段描述：

---

① （金）元好问：《元好问全集》下册，55—56页，太原，山西人民出版社，1990。
② （元）戴良著，李军、施贤明校点：《戴良集》，242页，长春，吉林文史出版社，2009。

> 余九岁时，读书家塾。有医者吴恭甫，年七十余，其身矮小，庞眉，白须发，手执桄榔杖，布衣而皂绦。见予，出对曰："俊杰今看鲁两生"，予应声曰："英雄昔传汉三杰"，恭甫喜。后三年，予出疹，父石溪翁夜往石井，请吴仲高，服其药而透。仲高，恭甫子也。余症未解，仲高命其子舜卿来治药，病愈。予得子又孙，遇病必服其药。①

文中呈现出对人物外貌的细节描摹以及人物对话，一位亲切和蔼的医者形象跃然纸上。在讲述吴氏之子孙皆以承父业，相继为作者及其子孙治病的经历中，亦反映出作者与医者之间深厚的交情。

### （二）医者自序与文人代序之比较

按创作主体划分，医籍序跋的创作主要有医者自序与文人代为作序。下文将对两种创作模式及其特点进行比较。

1. 医者自序

从内容来看，往往在序跋中穿插个人的从医经历，着重叙写著述此书的缘由和过程。朱震亨在《格致余论序》中讲述自己从医的主要原因与早年亲人患病有关，文曰：

> 震昌三十岁时，因母之患脾疼，众工束手，由是有志于医。遂取《素问》读之，三年似有所得。又二年母氏之疾，以药而安。因追念先子之内伤，伯考之瞽闷，叔考之鼻衄，幼弟之腿痛，室人之积痰，一皆殁于药之误也。心胆摧裂，痛不可追。②

作者三十岁时因亲人陆续患病，不得良医治之，心有所感，复取

---

① 李修生主编：《全元文》第 49 册，349 页，南京，江苏古籍出版社，1999。
② （元）朱震亨著，刘更生点校：《格致余论》，1 页，天津，天津科学技术出版社，2000。

《素问》读之，潜心钻研，后有所获。叙写著述过程中的心路历程是另一个方面，李杲《内外伤辨惑论原序》中有这样一段记述：

> 仆幼自受《难》《素》于易水张元素先生，讲诵既久，稍有所得；中年以来，更事颇多，诸所诊治，坦然不惑，曾撰《内外伤辨惑论》一篇，以证世人用药之误。陵谷变迁，忽成老境，神志既惰，懒于语言，此论束之高阁十六年矣……①

《内外伤辨惑论》被束之高阁十六载，如今受他人之托，又将此书重新校对完善。在解释此书被重新著述的同时，作者也将自己从早年至今的行医心路历程作出了回顾。

从写作特征而言，医者自序多以讲述医籍的编撰体例、阐释医理、论述治疗方法为主。以王好古的医籍序跋为例，医者王氏师从张元素，其在医学领域的主要成就在于阴证学说，著有《医垒元戎》《阴证略例》《汤液本草》等，《汤液本草序》解说其编撰体例，文曰：

> 予集是书，复以《本草》正条，各从三阴、三阳十二经为例，仍以主病者为元首，君佐使应次之，不必如编类者，先玉石，次草木，次虫鱼，以上中下三品为门也。②

《医垒元戎序》的编撰则与作者的亲身经历有关，是书"自河南与诸友将弟兵日从事于患难之场，随病察诊，逐脉定方"③。于是"开之效之，薄之发之"，使大纲小纪，经纬悉陈。总之，医者自序以叙写从医经历见长，着重阐释医理，辨证论方，从写作风格来看，具有真实性、科学性之特征。

---

① （元）李杲：《内外伤辨惑论》，1页，北京，人民卫生出版社，1959。
② （元）王好古：《汤液本草》，7页，北京，人民卫生出版社，1987。
③ （元）王好古撰，竹剑平等校注：《中国古医籍整理丛书·医垒元戎》，1页，北京，中医药出版社，2015。

从艺术手法来看,通过形象化的比喻、类比,完成对医学原理的阐释。罗天益在《卫生宝鉴》卷首中将用药之理与用兵之法进行类比,云:"驱驰药物,如孙吴之用兵;条派病源,若神禹之行水。"[1]王好古《医垒元戎序》云:

> 革车千乘,带甲十万,筹策沈机,神鬼猜泣,奇正万全,历古如是,况良医之用药,独不若临阵之用兵乎。奈何世人以平昔卤莽之浮学,应仓卒无穷之疾变,其不眩骇颠仆者寡矣。况患固多藏于细微,而发于人之所忽,由轻蹈危,疗之求当,苟无妙算深谋成法以统之,则倒戈败绩之不暇,尚何胜之可图哉?则前日门类品目之定尽,计不及之也。[2]

作者认为,医者用药就好比将军带兵打仗。用兵需要审时度势,牵一发而动全身,细微的隐患往往可能会导致重大的灾难,就好比很多严重的疾病多藏于细微,时常产生于人所忽略之处,若从一开始就没有及时采取相应的治疗手段,长此以往就会形成痼疾。医家经常提及"未病先防",说的正是这个道理。

总之,医者的医籍序跋创作以叙事兼议论为主,这与其特殊的身份不无关系。一方面,通过叙述自己从医的经历,来构建医籍撰写的背景。另一方面,基于医学原理的晦涩难懂,又善于借助一些通俗的事例,来实现对医学原理的阐释。

2. 文人代为作序

从内容来讲,主要赞誉医者仁心,突显其医术医技,肯定医籍之价值。王恽《卫生宝鉴序》中称誉医者罗天益"以道心济物,复能著书垂后,冀必然之用,其仁心普眼,当与彦伯同流"[3]。周天骥《三元延寿参

---

[1] (元)罗天益:《卫生宝鉴》,8页,北京,人民卫生出版社,1963。
[2] (元)王好古撰,竹剑平等校注:《中国古医籍整理丛书·医垒元戎》,1页,北京,中医药出版社,2015。
[3] (元)罗天益:《卫生宝鉴》,7页,北京,人民卫生出版社,1963。

赞书序》说明该书的编纂背景,医者李鹏飞在寻母过程中,道遇至人所授,得其养生之法,编撰成册。作者认为此事因"孝"而起,可谓"至仁",故在序跋中称李鹏飞"其用心犹恐未及于是仁矣哉",表彰医籍之价值是另一方面,如王博文《东垣先生试效方序》称誉此方"亦惠天下后学之士,俾获安全之利也"。

从表现手法而言,文人作序多注重细节刻画。以元好问的医籍序跋为例,其中含有大段的医案纪实,在《伤寒会要引》中,作者为突显医者李杲的医术,分别记载了七例医案,每一则病例都有相应的关于患者信息、症状及治疗手段的叙述。试举一例:

> 北京人王善甫为京兆酒官,病小便不利,目睛凸出,腹胀如鼓,膝以上坚硬欲裂,饮食且不下,甘淡渗泄之药皆不效。明之来,谓众医言:"疾深矣,非精思不能处。我归而思之。"夜参半,忽揽衣而起曰:"吾得之矣,《内经》有之:'膀胱者,津液之府,必气化乃出焉。'渠辈已用渗泄之药矣,而病益甚,是气不化也。启玄子云:'无阳者阴无以生,无阴者阳无以化。甘、淡、渗、泄皆阳药,独阳无阴,欲化,得乎?'明日以群阴之剂投,不再服而愈。"①

在这则医案中,有人物姓氏及身份的说明。其中,不仅有对患者的症状进行形象生动地刻画,如"目睛凸出、腹胀如鼓"等,还将李杲在医治过程中的行为动作、语言、心理进行了详细地描述,"夜参半,忽揽衣而起"等动作从侧面体现出一位关心患者、心怀仁义,始终秉持职业操守而夜不能寐的良医形象。作者还将李杲的心理活动用对话的形式记录了下来,治疗原理和具体方法皆一一呈现,不仅突显出医者良好的医术医技,还使得治疗事件更为真实可信。

再如,文中记录西台掾萧君瑞患伤寒发热的病例,描述患者时写

---

① (金)元好问:《元好问全集》下册,56页,太原,山西人民出版社,1990。

道:"病者面黑如墨……脉沉细,小便不禁";记录魏邦彦之夫人患病时的状态为"目翳暴生,从下而上,其色绿,肿痛不可忍"。作者通过比喻、夸张等细节表现手法,不仅反映出疾病给患者生理和精神上造成的痛苦,同时为李杲进行成功治疗而埋下伏笔。通过对治疗手段和方法的展现,也从侧面衬托出医者的医术和品德。

总之,医者自序往往在序跋中穿插个人的从医经历,着重叙写著述医籍的缘由和过程,多强调医籍的编纂体例或医学原理。而文人代序则主要赞誉医者仁心,突显其医术医技,肯定医籍之价值,从写作特征而言,则多以细节描写等艺术化手段来完成。

(三)医籍序跋的医学文献价值和医学思想传播功能

元代医籍序跋主要包含了两方面重要内容,其一是医籍编纂之缘起、过程及医籍体例和价值,作者或他人对医籍之评价等信息;其二是医学思想和观点。这两方面内容不仅对后世考证元代医籍之数量、版本,客观看待元代医学之成就及不足具有文献参考价值,还对今人了解当时不同的医学流派及其学术观点具有借鉴意义。

1. 名人效应——吴澄的医籍序跋创作

古籍序跋具有促进文献传播的作用,医籍序跋亦如此。医籍序跋之所以具有一定的文献传播价值,其中一个较为重要的因素是名人效应。由名人创作的序跋,具有两方面显著特征。一方面,对于著者而言,邀请名人为其医籍作序,不仅能够提高书籍的知名度,还可以有效获得大众的接受度。通常情况下,受众会更乐于接受由名人持笔作序的书籍,类似一种"权威"或"推荐"。另一方面,对于具有一定知名度的文人而言,由其亲自持笔作序的医籍,能够为大众所熟知,且当医籍被有效运用于医疗实践中,具备更高的医学价值后,文人本身的知名度亦会再次提高。这是一种"双赢"的互动,名人亦乐于为医籍作序。

吴澄为元朝大儒,在理学、经学及教育领域皆有建树。至大元年(1308),被征召任国子监丞。延祐年间,拜集贤直学士,授奉议大夫。

泰定元年（1324）为经筵讲官，敕修《英宗实录》。吴澄一生著述颇丰，有《吴文正集》四十九卷，为其孙吴当所编。另有《易纂言》十卷、《书纂言》四卷、《礼记纂言》三十六卷、《春秋纂言》十二卷。据所收集到的相关资料，吴澄曾为医籍作序达十余篇，居文人作序数量之首。从这些医籍序跋中，可以看出其序跋的创作特点、医学思想、对待医学之态度，以及对医籍传播等方面做出的贡献。

首先，是对著者"仁心"的赞誉以及对医籍的正面评价。如在《伤寒生意序》中，赞誉医者熊景先"脉理明，治法审，疗疾无不愈，进于工巧"的医术，认为医道与儒道等同，是实现济世利民的途径。《诊脉指要序》一文评价《诊脉指要》的价值及作用，称其医之理博考精究。

古代医籍往往辞古而旨深，若非深谙儒家典籍者，往往不易通读，在《内经指要序》中，讲述李季安博洽群书，纂事记言，融通医家六经，取《素问》二经纲提类别，名曰《内经指要》，使之一览可了。著作做到了使观者有径可寻，有门可入，读《内经》而得其奥，而得其源。

有些民间方书身处偏远之地，为一时救急而设，不为主流所熟知，由此导致其内容简陋，方剂和治法单一，《易简三十方》就是这类医籍的代表。在《易简归一序》中，作者介绍了徐若虚对原书的增补，取四《易简》而五之，名曰《易简归一》的过程，具有传播医籍价值的作用。

医籍亦存在版本真伪和质量优劣之分，一些广泛流传且受医者捧读的医著并非就是好的底本。吴澄在《脉诀刊误集解序》一文中指出，当下医流鲜读王氏《脉经》，而熟于《脉诀》，且不知《脉诀》为庸人所撰，其疏缪也。讲述医者戴启宗研读医籍，集古医经及诸家说为之解。对于此种现象，作者提出异议，认为《脉诀》为儿童之谣、俚俗之谚，使人一目了然，实在不足以花费精力援引高深玄奥者为之解。实际上，这里是从侧面展现戴启宗的医者仁心，正如作者所言，"盖仁人用心，如是而著书"。

其次，阐释医理，表述其医学思想。吴澄喜读医籍，且在医学领域颇有见地，这在医籍序跋中有所展现。如《诊脉指要序》云："余不治

医,而好既其文。"序跋阐释经脉之理:

> 脏腑之脉各六,三在手,三在足。医家所诊一寸九分,乃手太阴肺经一脉尔,于肺之一脉而并候五脏六腑之气。其部位也,《脉要精微论》言之,下部候两肾,中部左肝右脾,上部左心右肺。心包与心同位,所谓左内以候膻中是也,而不寄诸右尺命门之部。①

吴澄熟知人体经脉的分布规律和特点,他在《赠董起潜序》中也说道:"予虽不学医,而好观《内经》《难经》《脉经》等书,颇晓人身脉理大概。"②同时,对医籍的喜爱也转化为代医者作序的动力,《古今通变仁寿方序》云:"予最喜严氏《济生方》之药,不泛不繁,用之辄有功。"③对医学的浓厚兴趣使其在创作医籍序跋的同时,将自身习得的医学知识或理论融入其中,体现了一定的医学素养。

吴澄不仅喜读医籍,研习医理,也与多位医者有往来,创作了一定规模数量的医籍序跋。其中,有熊景先、姚宜仲、李季安、徐若虚、戴启宗、孙允贤、张道中、萨德弥实、邓炎景等。在为这些医者之著述作序的同时,也多表达自己的医学思想或观点,或赞誉著者的医术及仁心,或对医籍作出客观正面的评价,肯定其对医学领域的贡献。作为在多领域有所建树的元代大儒,吴澄的医籍序跋创作有效推动了医籍的文献传播价值之功能的实现,在一定程度上利于引起受众的接受心理,具有一定的"名人效应"。

2. 元代医籍序跋的医学思想传播功能

首先,是对疾病发生机制的介绍。如元好问《李氏脾胃论序》中阐

---

① (元)吴澄:《吴文正文集》,见《元人文集珍本丛刊》第3册,204页,台北,新文丰出版公司,1985。
② (元)吴澄:《吴文正文集》,见《元人文集珍本丛刊》第3册,284页,台北,新文丰出版公司,1985。
③ (元)吴澄:《吴文正文集》,见《元人文集珍本丛刊》第3册,258页,台北,新文丰出版公司,1985。

释引起胃病的原理及病因：

> 天之邪气，感则害人五脏。八风之邪，中人之高者也。水谷之寒热，感则害人六腑。谓水谷入胃，其精气上注于肺，浊留于肠胃，饮食不节而病者也。①

作者辩论道，通常人们认为，由于地气潮湿，因此百病或由足始。实际上，当形气两虚时，脾胃不足为百病之始，因此，对脾胃的保养愈发显得紧迫。金末元初，战乱频仍，民众遭受饥饿之苦，很多人因此丧命，作者亦提及"为饮食劳倦所伤而殁者，将百万人"。由此表明李杲撰写《脾胃论》的原因，且指出其中的主要观点即"补中益气汤、调中益气汤"等。这些治疗理念和方法，是针对当时客观环境和具体情况而提出的，对后世医者关于脾胃的疗法产生了深远影响。

其次，是治疗理念和方法的阐释。刘因《内经类编序》指出名医张元素的用药原则和治法："其用药，则本七方十剂而操纵之。其为法，自非暴卒，必先以养胃气为本，而不治病也。"② 对张氏的医术进行了客观评价。辨证施治是中医认识和治疗疾病的基本原则，文中还以脚气为例，指出同一疾病在不同地理环境之下的病因、症状、疗法相异，应根据不同情况采取不同的治疗措施。

再如，对养生之法的论述。贾铭《饮食须知序》云："饮食借以养生，而不知物性有相反相忌，丛然杂进，轻则五内不和，重则立兴祸患，是养生者亦未尝不害生也。"③ 此观点的提出，是针对"诸家本草疏注，各物皆损益相半，令人莫可适从"之情况。医籍的编撰目的在于"专选其反忌"，当下很多养生著作注重对食养的介绍，但作者却另辟蹊径，强调食物禁忌，指出食物相克之理。序文不仅指出医籍的这一创作

---

① （金）元好问：《元好问全集》下册，59—60页，太原，山西人民出版社，1990。
② （元）刘因：《静修先生文集》，29页，北京，商务印书馆，1936。
③ 李修生主编：《全元文》第28册，310页，南京，江苏古籍出版社，1999。

目的，且表明了作者对养生之法的独到诠释。

总之，元代医籍序跋作为一种特殊的文体，其中蕴含着关于著述编纂之缘起、过程、医籍体例等方面的内容，其中不乏鲜明独到的医学观点以及时人对医著的客观评价。序跋不仅有珍贵的医学文献价值，且具备医学思想传播之功能。

## 第三节 文学作品反映的医疗体系之弊端

文学作品可以体现一个时代之政治、经济、文化、军事、艺术，医学等领域的成就，同样，亦能反映出上述领域客观存在的缺陷。元代医学在取得一定发展的同时，也存在相应的问题，主要表现有三：一是医事制度方面存在的漏洞；二是巫术治疗及"卦股治病"等民间陋习；三是庸医问题及禁药的买卖。本节将从具体的文学作品入手，分别探讨上述几个方面的问题，以期更为客观地反映元代医学发展的实际情况。

### 一、医事制度方面存在的问题

前文通过对史书及文学作品的挖掘，已经梳理了元代在医事体制方面的建立和完善情况。与此同时，也暴露出医学管理体制中存在的一些问题。

（一）医学教育"有名无实"

元朝自中统三年（1262）正式设立医学以来，各地先后"立教官讲书会课"。然而，医学校中教官的设置、学生的培养等是否具有实效，是一个值得注意的问题。元人王恽曾在《便民三十五事·设学校》中揭示医学的设立和讲授中存在"有名无实"的现象：

> 今府州县道虽立教官讲书会课,止是虚名,皆无实效。其随处教官,冷署寒毡,糊口不给,奚暇治礼义而及人?①

并给予相应的措施:一方面,认为应当给予医学教官公正合理的俸禄,实际上是一种正面激励。另一方面,认为各地需选择成绩优异的生员来扩充医学队伍。最终目的是使随路医学不致虚请俸钱,有名无实。

元代医学校学生的选拔方式主要有两种。一是系籍医户并应有开张药铺、行医货药之家子孙弟侄;二是良家子弟才性可教训,愿就学者。在生源中,相比第二种有意愿从医且具才学的人员,第一种选拔方式则具有强制性,也由此衍生出一些弊端。虽然医户人家的子弟具有一定优势,但其本人是否真正有意愿从医,且在实际的教学过程中是否获得了良好的学习效果,均很难保证。赵凤仪在《医学记》一文中写道:

> 以之为师,坐童冠数辈,挟方脉小技,抱膝吾伊于堂上,视景早暮,规升斗以自濡,而曰:"我师也,而生也。"问其所以为医之赜,则曰:"我不知也。"异时挟鲁莽之术,以祸生人,其心病尚不自泰,况望拔尤于医科之选耶?立学之意岂其然乎!②

作者认为,医道如林,医理如海,况且医籍之晦涩深奥,若非经过长期研读和经验积累,是难以在短期内有所收获的。可现如今,在众多医学校中,坐童冠数辈,虽设有专门的医学教授,且接受专门的"十三科"训练,但对于这些尚且年幼又不具备一定人生阅历的孩童而言,实属不易。从"问其所以为医之赜,则曰:我不知也",可以看出,接受医学教育的学生可能并非出于其本意,抑或这种系统严苛的教学方式并

---

① (元)王恽著,杨亮、钟彦飞点校:《王恽全集汇校》,3708页,北京,中华书局,2013。
② 李修生主编:《全元文》第46册,8页,南京,江苏古籍出版社,1999。

非适用于所有医户子弟。

这段描述暴露出两个问题：一是医学生的选拔方式方面，使得一些医户凭借可以向医学校直接输送自家子弟接受教育的权利，导致大量尚年幼且不具有从医意愿的学生进入学校学习，影响了教学效率和教学质量。二是教官的素质问题及培养过程的模式化，元代医学教授的来源主要通过保举制，直至后期才开始施行医学科举。保举制的弊端就在于，教官人数并没有得到有效限制，这就有可能导致医学教官群体鱼龙混杂，甚至影响到正常的教学质量。正如作者的担忧"异时挟鲁莽之术，以祸生人"，试想，教学过程由一些没有经过严格选拔而混进教官队伍的人员进行，医学教育就更加"有名无实"了。

### （二）医药机构管理疏漏，资金短缺

以惠民药局的设立及管理为例。当时，惠民药局并非诸路仅有，各府、州、县等地皆有所设。随着设立范围和规模的增大，一些弊端也由此产生。

首先是管理问题。惠民药局规模的扩大，在一定程度上造成了太医院进行统一管理的障碍，出现了诸府、州、县的药局由当地官员统辖管理的局面。这样的管理形式可能会造成地方政府官员权力过大化的局面，甚至给某些官员提供了滥用私权、投机倒把的机会。周密《癸辛杂识》有"和剂药局"篇，陈述其弊端："往往为诸吏、药生盗窃，至以樟脑易片脑台附易川府囊为奸，朝廷莫知之，亦不能革。"[①]一些贪官竟擅自将名贵药物据为己有，可见，药局中营私舞弊之现象的严重性。

其次是资金方面。汤弥昌《平江路新建惠民药局记》一文所载，"而局设于医学，库陋逼仄，制药无所"，药局竟被设置在偏远鄙陋之处，以至于出现"制药无所"的状况，一方面说明官府的资金可能因为某种原因并没有落实到位，另一方面也不排除地方上私自挪用公款的情况。据孙华孙《重修惠民药局记》，"元统二年春，中宪大夫申公考察松江惠

---

① （宋）周密撰，王根林校点：《癸辛杂识》，127 页，上海，上海古籍出版社，2012。

民药局，鉴于岁益深，屋日益倾"。于是命人重修。文中记载："即出私帑，鸠工度材，命长医者职焉。"①照理来说，重新修筑惠民药局的资金当由官府出，但却出现了"土木之费，一出于公"的情况。上述所举之例主要说明了一些地方的惠民药局并没有得到官府下拨的款项。造成这种现象的原因大概有二：一是政府没有统一对资金划拨进行明确规定，使得资金下放不及时；二是对地方上惠民局管理的疏漏，使一些贪官有了擅自挪用公款的机会。

## 二、民间医疗中的陋习

远古时期，限于对世界的客观认知，先民往往将疾病与鬼神相联系。认为生病是由于冒犯了神灵，由其从中作祟的后果。因此，需通过具有象征意义的法术来告慰神灵或驱逐不祥的作祟者。其中，巫师是沟通人世间和神灵世界的"传媒者"，殷商时期的巫觋专为统治者占卜疾病之吉凶祸福。在甲骨卜辞中，相关记载较为丰富。《尚书·金縢》中记载的"周公祷武王之疾而瘳"一事，便是这一活动的反映，周公以自身性命为抵押，开辟祀祭场所，摆放祭坛，将祷告之词写在简策上，向太王、王季和文王祷告。

巫术治病主要利用了人对未知的恐惧心理和盲目心理。尽管从中国古代传统文化来看，医术与巫术常常相关联，《山海经·大荒经》中"大荒之中……有灵山，巫咸……从此升降，百药爱在"的记载，为后世"医源于巫"之说提供了某些证据，但随着医学本身的进步和后世研究者的关注，"医源于巫"这一说法无论从科学性还是真实性而言，都存在争议。对于医是否源于巫这一命题，并非本书主要的讨论点，每种学说的产生，自受到其所处具体环境、人们的认知程度等因素的影响。"巫术治病"亦是先民在一定时期对世界和自我认知的具体体现。尽管元代主张发展医学，于诸路修建医学校，通过正规的"十三科"教育来

---

① 李修生主编：《全元文》第51册，415页，南京，江苏古籍出版社，1999。

倡导中医的合理性,但仍难以根除民间的巫术治病现象。这也为一些打着巫医旗号,实质上并无医术的滥竽充数者提供了可乘之机。

元代文学作品中也有巫术治病的相关描述。揭傒斯《赠医者汤伯高序》一文指出,楚地多信巫医而摒弃医者。如有功则认为是巫医所为,如有过则是医师所为。深刻认识到巫医对人身心造成的伤害。再如元好问《扁鹊庙记》所记:

> 里之人事之惟谨,病者必来以药请。杯案间,有得香炮埃煤若丸剂然者,吞之,病良愈。闾里间相传以为神,斗酒豗肩,祷谢曰丰。积习既久,莫有能正之者。①

谢应芳的《自冬而春举家病疫,予幸独无恙,既而疾止,诗以自贺,并记里俗之陋》也记载了民间百姓深信"疫鬼致病"的俚俗。因持续干旱导致的饥疫,造成"甚者枕相藉,遗骸饱乌鸢"②的状况。诗人一家遭遇疫病,乡邻则认为这是由于疫鬼缠身而致,不敢接近患病之人。他在《赠医士吴中行序》中说道:

> 民间多俚俗,尤尚鬼神之说,当时族姻比闾,方煽乎妖巫之妄,疫鬼之害,迹不及门。③

有信鬼神致病者,为避免惹祸上身,竟出现抛妻弃子之行为。对于这种现象,谢应芳回应道"俚俗无足怪,妖巫肆讹传",表明在民间,这种行为并非个例。

"割肉疗亲"一般指将自己身体的某个部位割下来让患有疾病的父母或宗族长辈食用,从而达到疗效。这一做法受古代医学中"同类相

---

① 李修生主编:《全元文》第1册,356页,南京,江苏古籍出版社,1999。
② 杨镰主编:《全元诗》第38册,2页,北京,中华书局,2013。
③ 李修生主编:《全元文》第43册,163页,南京,江苏古籍出版社,1999。

补"之观念的影响,由于亲人之间本就有血缘关系,用晚辈身上的血肉作药引为长辈治病,起到所谓"血气相补"的作用。文学作品中多有相关记载,黄溍《梅孝子传》载:"母有疾,医不能疗,则剔股肉以食之,疾良已。"① 杨维桢《杨佛子传》载:"母病,革药罔功,即斋祷密室,刃股肉和饘粥以进,母食即起。"② 另外,黄溍《许村场盐司管勾谢君墓志铭》、释大昕《梅孝子序》、杨维桢《春晖堂记》、贡师泰《双孝传》、陈高《胡孝女传》等作品中皆有相关描述。实际上,这种表面上宣扬孝义的做法并无科学依据,甚至是对人身体和心灵的戕害。

而对于这一行为,官府既不加以制止,亦不旌赏,采取比较中立的态度:割股行孝一节,终是毁伤肢体,今后遇有割股之人,虽不在禁限,亦不须旌赏。③ 实质上是间接认可了这种做法。

### 三、庸医横行和禁药流通

元代医学教授的选拔最初是通过保举制完成的,而对医学教官的惩治也仅限于"罚俸"等较轻的方式。这种情况导致一些滥竽充数的人员混进医学队伍,元代文学作品尤其是戏曲中大量庸医的出现,就是对这一社会现状的反映。

《窦娥冤》中的赛卢医可谓众所周知,他一出场就说道:"行医有斟酌,下药依本草;死的医不活,活的医死了。"④ 赛卢医此前就医死过人,后又以卖老鼠药为生,也是他将毒药卖给张驴儿父子欲谋害窦娥的婆婆。再如刘唐卿《降桑椹蔡顺奉母》中写道,主人公蔡顺的母亲患疾,请大夫治病,却请了两位庸医,作品塑造了两位庸医糊突虫、宋了人不通医术、油嘴滑舌的形象:"我做太医最胎孩,深知方脉广文才。人家

---

① (元)黄溍著,王颋校注:《黄溍全集》,415页,天津,天津古籍出版社,2008。
② 李修生主编:《全元文》第42册,196页,南京,江苏古籍出版社,1999。
③ 陈高华等点校:《元典章》,1150页,北京,中华书局,2011。
④ (元)关汉卿著,蓝立蓂校注:《关汉卿集校注》,1061页,北京,中华书局,2018。

请我去看病,着他准备棺材往外抬。"①

在文人集中,也有对时下庸医现象的揭露。一些庸医以谋一己之利而不顾病人死活,释大昕《送台医冯善甫序》云:"世俗日降,庸医射利……致委毙不终其天年者有矣。"②赵汸的《医说》一文认为,古之君子有不少人通晓医术,其关乎人之性命,怎么能轻易委托于庸者,而医理又与格物致知的儒道相通。由古至今,百工之中唯有医学最为务实且难学,且文字深奥,通晓之人少之又少。现如今,却有很多庸人打着医者的旗号,却不通晓医理,为谋求一己之利而不顾病人安危,胡乱用药的行为已持续很久。

与庸医相关的另一问题是禁药,尤其是毒药的私藏与买卖,作品中亦有所描写。刘唐卿《降桑椹蔡顺奉母》中庸医糊突虫云:"我若吃了我自家的药呵,我这早晚,死了有两个时辰也。"③再如《窦娥冤》第四折中写赛卢医害怕被抓去官府,只得将一副毒药给了张驴儿。赛卢医不仅私藏毒药,还将其卖与张驴儿父子,造成间接行凶的行为。吴昌龄《张天师断风花雪月》中讲述陈世英因爱慕桂花仙子而一病不起,家人请一大夫为其治病,请来的却是庸医。这庸医说他有黑红两种药丸,红药丸是救命之药,黑药丸是毒药,将两种药丸皆给了病人吃,还调笑道"他都吃了,着他死又死不得,活又活不得",可谓荒唐至极。

元代戏文中所塑造的庸医及其伤人性命的情节,大多为衬托正面人物,或为剧情发展而服务,具有一定的夸张色彩。实际上,作者笔下的这些人物和情节亦从侧面反映出当时社会的真实状况,即庸医问题和毒药贩卖的严重性。尽管元朝廷在后期采取了一些措施来规范从医人员的选拔,如对医人的选拔及考核制度,但也是在至元二十二年(1285)后才开始正式施行的。这意味着当社会上庸医泛滥之时,官府才采取较为强有力的措施。《元典章·刑部》有"禁治庸医"一条。指出比年以来,

---

① 王季思主编:《全元戏曲》第2卷,577页,北京,人民文学出版社,1990。
② 李修生主编:《全元文》第35册,394页,南京,江苏古籍出版社,1999。
③ 王季思主编:《全元戏曲》第2卷,578页,北京,人民文学出版社,1990。

一些唯利是图者"妄投药剂，误插针穴"，对此做出如下规定：

> 各处路府州县既有所设提领、教授、学正、教谕、提举之官，今后医户以及编氓子弟愿学医者，必须期于精明济物。每遇旦、望，其提举、教授等官严立规程，课试诸生医籍、医义。若能明察脉理、深通修合者，方许行医看候。如有诊候不明、妄投药剂、误插针穴，致伤人命者，临事详其轻重追断。①

虽然对从医资格的获取作出了较为明确且严格的规定，而就具体的惩治措施却以"临事详其轻重追断"为准，并没有列出详细的惩治办法。虽然能在短期内控制庸医规模的扩大，但也为今后医者可能出现的不法行为埋下了一些隐患。

元初，官方并未对药物使用作出明确规定。据《元典章》："至元五年，太医院奏：开张药铺之家，内有不公法之人，往往将有毒药物如乌头、附子、巴豆、砒霜之类，寻常发卖与人……又有一等妇人专行堕胎药者，作弊多端，禁约事。"②此后，相继有"禁假医游行货药""禁贷卖假药""禁治买卖毒药"等相关规定。综合来看，明确了禁用毒药的具体种类，禁止了假医妄行针药的行为，对毒药买卖的双方做出了惩治措施。这些后期的举措，在一定程度上遏制了毒药的私售。同时也说明，元代初期，庸医问题和收售毒药的情况已经比较严重。

---

① 陈高华等点校：《元典章》，1117 页，北京，中华书局，2011。
② 陈高华等点校：《元典章》，1924 页，北京，中华书局，2011。

## 小　结

　　文学作品是时代发展的产物。特定历史时期内的文学创作，在一定程度上反映了当时政治、经济、军事、教育、医学、文化等方面的发展状况，因此可补正史之不足。从这个角度而言，元代医学取得的进步或不足则不同程度地在文学作品中有所反映。从文学视域来观照元代医学，是探讨元代涉医文学的一个重要方面，也是进入涉医文学研究的基础和前提。

　　由于长年征战的需要，元代统治者较为重视医学，早在蒙古汗国建立之初，就已有功能类似太医院的机构出现，可以说是早期太医院的雏形。统治集团内部对医学人才比较重视，这在随蒙古军队出征的随行人员中可以获知。元代医事体系结构规模完备，其中，对官医提举的选拔较为宽泛，并不局限于模式化的流程，亦可以通过择优引荐等方式完成。医药机构方面，有广惠司。尚医在御药院中具有较高地位，其职能类似于御前医生。当时，惠民药局的设立并非诸路仅有，几乎遍及各府、州、县，是为救助贫民所设的医药慈善机构。在医学教育方面，在正式设立"医学"之前，就已有相关的医学教育机构，对医学教授的选拔主要通过保举制完成，这一制度兼具灵活性和弊端。医学生的选拔、考核及培养，比较重视其对儒家经典的研习，专设"十三科"题目为教学书目。

　　通过医学诏令这一文体，可以获知元代统治者对医学发展之态度及举措。主要包括：一是在医学机构的设置及医事活动方面，元代统治者重视医学人才，成吉思汗曾在西征过程中下令招纳医士。随着太医院的正式设立，相应而来的是诸多医事机构的设置及管理。二是统治者重视与医药相关的对外交流和医籍的编订活动。在医学教育和医户管理方面，明确了医学教授的选拔考核及医学生的培养制度，并且对三皇庙宇的设置范围及规模做出了相应的规定。另外，规定了对医户的管理措施及优惠政策。在医疗法规方面，主要是对医人的考核及医药的管理。

元代正式设立医学后，文人撰写三皇庙碑文，来记载元代三皇庙修建的缘起和经过，以及祭祀三皇的民间信仰。三皇庙宇的修建始于唐代，但在当时与医学并无直接联系，至金末元初，有医家出于个人行为而修建庙宇。结合史料记载，自中统三年（1262）下令设立医学以来，陆续开始修建庙宇，其中既包括对前朝遗留下来的旧址的修葺，也包括元代统治者专将三皇奉为医学祖神而后的修建。根据文人笔下的三皇庙碑文所载，能够发现官府、各地官员及文人对三皇庙修建的实际态度，元代统治者虽大力要求各地修建完善三皇庙宇，但在政令的具体实施过程中又存在差异。例如，庙宇的修建位置较为偏远，一些庙宇长久无人管理，年久未修，破败不堪，这些现象暴露出官府对庙宇修建的实际态度，但地方官员为了政绩，也会配合积极修建，只是效果并未达到官府的预期。文人对于三皇庙宇的修建，持两种态度，一是对圣人之功的宣扬，替统治者寻求医祀三皇在政治上的合理性。二是反对专将三皇视为医家祖神予以奉祀，认为这触及儒学与医学的名位问题。与此同时，对三皇庙宇的修建，不仅满足了百姓对治病疗疾的基本生活需求，还蕴含着祈求和庇佑安康之意，反映了民众对医药神祇的崇拜与向往。

医籍序跋作为一种独立且特殊的文体，反映了元代医籍的编纂缘起、思想内容及作者生平等信息。元代医籍序跋具有较为鲜明的创作特点，表现为以阐发序作者观点为主，以介绍著者生平为次，以及医者和文人之间情谊的表达。其中，医者自序和文人代序又各具差异和特色。医者自序主要通过叙述自己从医的经历来构建医籍撰写的背景，或以阐释医学原理为主。文人代序多赞誉医者仁心，突显其医术医技，肯定医籍之价值，从表现手法而言，多注重对细节的刻画。医籍序跋具有医学文献价值和医学思想传播功能，以吴澄所作的医籍序跋为例，其序跋对于阐释元代医学思想，介绍治疗理念及方法，传播医者对元代医学之贡献等方面都具有重要作用。

  文学作品能够反映出元代医疗体系存在的弊端。一是医事制度，在医学教育方面，医学的设立和讲授中存在"有名无实"的现象。以保举制为主的医学教授选拔制度，无法全面保证医学教员队伍的整体素质，导致医学队伍参差不齐。在医药机构方面，以惠民药局的设置和管理为例，存在地方官员权力过大、营私舞弊之现象及资金管理漏洞等问题。二是民间的医药旧俗，在一些地区，百姓多信巫而摒弃医者，给群众的身心造成了一定伤害，另外，"割肉疗亲"的陋习依然普遍存在。三是庸医和禁药的盛行，元代戏曲中塑造的庸医形象并非纯属夸张虚构的艺术行为，在一定程度上反映了社会现实，文人亦在诗文中对庸医现象有所批判。禁药的流通亦说明了医疗管理的漏洞，起初，官府并未对药物使用做出明确规定，为禁药在民间的流通提供了机会。至元五年（1339），太医院明确了禁用毒药的种类。但总体而言，元代初期，庸医和收售假药、毒药的问题已较为严重。

# 第二章 元代医者与文士的身份互融及医文实践

元代医者与文士之间的联系较为紧密。为说明这一现象，本章主要从以下几个方面入手，拟解决以下问题。首先，挖掘出元代文学作品中所呈现的医林人物，分析文学作品对医者群像进行塑造的艺术手段。以道医丘处机的诗歌创作为例，展现医者的文学素养及创作，探究医者的从医经历对其文学创作的影响。其次，对元代的通医文士及其习医动机进行梳理，明确文士的医学活动及实践，并说明元代文士对中医学发展的贡献。最后，以医者与文士的身份互融及交游往来作为出发点，展现元代医文交融的文化现象。

## 第一节 文学中的医者形象

金元时期，医学领域内流派纷呈。以"金元四大医家"为首，涌现出众多医林人物。史书、诗、文、笔记小说等作品中皆记载或塑造了医史人物及医者形象。通过文人之笔勾勒而出的众多医林人物，一方面，反映了特定时期内医者群体的整体风貌；另一方面，就文学创作本身而言，以多样的艺术手段对医者群像的塑造描摹，丰富了元代文学所表现的领域。与此同时，医者的文学素养和文学创作，因受到从医经历的影响，呈现出鲜明的艺术特色。

## 一、文学作品中的医林人物

关于记载医史人物的文献资料,主要有《中医人物辞典》(李经纬,上海辞书出版社1988年版),是较早且全面整理记述医史人物的辞书,其中罗列有关医林人物之条目6281则,主要介绍其生平、医学思想及成就等。关于元代医学人物,有高伟先生的《金元医学人物》(兰州大学出版社1994年版),为金元时期医林人物列传,涉及包括金代人物、由金入元者、由宋入元者、元明之际者等1000多人。该书对于所收录的医事人物界定较为宽泛,除了专门从事医学工作的名医、医官及医者外,还包括一些通医文士,该书考订其生卒年及医学主要成就,是研讨元代医史人物的重要资料来源。以上两部著述,主要通过考察文史资料,挖掘梳理出其中涉及医学人物的部分,虽分别立足于中医学及史学角度,但仍具有重要的参考价值。

基于以上认识,下文将着重从文学角度出发,继续挖掘补充文学作品中的医学人物。因涉及资料庞杂零碎,笔力有限,主要从以下几个方面展开:医家传记、医者墓志铭、医籍序跋、赠医作品等,从上述文献中挖掘出相关的医学人物。

表 2-1　元代史料及文学作品所载主要医林人物一览表

| 医林人物 | 类别 | 医林人物所涉及的史料和文学作品 |
| --- | --- | --- |
| 李杲 | 名医 | 《元史》卷 203《方技传》;元好问《伤寒会要引》 |
| 丘处机 | 道医 | 《元史》卷 202《释老传》 |
| 窦默 | 针医 | 《元史》卷 158《窦默传》;王恽《祭侍讲学士窦公文》 |
| 爱薛 | 名医 | 《元史》卷 134《爱薛传》 |
| 许国祯 | 太医 | 《元史》卷 168《许国祯传》 |
| 刘哈剌八都鲁 | 太医 | 《元史》卷 169《刘哈剌八都鲁传》 |
| 李邦宁 | 侍医 | 《元史》卷 204《李邦宁传》 |
| 周贞 | 名医 | 戴良《周贞传》 |
| 朱震亨 | 名医 | 戴良《丹溪翁传》 |

续表

| 医林人物 | 类别 | 医林人物所涉及的史料和文学作品 |
|---|---|---|
| 项昕 | 名医 | 戴良《抱一翁传》 |
| 吕复 | 名医 | 戴良《沧洲翁传》 |
| 周原启 | 医者 | 戴良《赠医士周原启序》 |
| 朱碧山 | 太医 | 戴良《赠医师朱碧山序》 |
| 郑景贤 | 侍医 | 姚燧《郑龙冈先生挽诗序》 |
| 李纲 | 医学教授 | 姚燧《南京路医学教授李君墓志铭》 |
| 李浩 | 针医 | 王恽《跋针者李君玉诗卷》 |
| 韩仁 | 名医 | 王恽《大元故尚书省左右司员外郎韩公神道碣铭》 |
| 申仲康 | 儿医 | 王恽《大元朝列大夫秘书监丞汴梁申氏先德碑铭》 |
| 赵仲康 | 医学教授 | 王恽《医学教授赵公仲康真赞》 |
| 胡器之 | 太医 | 王恽《医说赠胡器之》 |
| 王贵和 | 医官 | 王恽《子孺腹疾良愈谢金、王二医官》 |
| 徐登 | 儒医 | 王恽《赠三衢儒医徐登、孙升伯》 |
| 杜金山 | 眼医 | 王恽《题眼科杜金山卷》 |
| 罗天益 | 太医 | 刘因《答医者罗谦父》 |
| 赵友 | 名医 | 魏初《有元故京兆医学教授赵公墓志铭》 |
| 房唐卿 | 太医 | 刘敏中《送王府太医房唐卿二首》 |
| 卫琼 | 医官 | 刘敏中《儒医卫君墓道铭》 |
| 刘舜臣 | 太医 | 刘敏中《与刘太医舜臣》 |
| 孙仲文 | 医者 | 刘敏中《赠医者孙仲文因以为寿》 |
| 白珪 | 名医 | 同恕《白君宝墓志铭》 |
| 常谦 | 侍医 | 同恕《太医常惟一墓志铭》 |
| 卢昶 | 太医 | 元好问《卢太医墓志铭》 |
| 张去非 | 医官 | 黄溍《成全郎江浙官医提举张公墓志铭》 |
| 葛应雷 | 医官 | 黄溍《成全郎江浙官医提举葛公墓志铭》 |
| 柳森 | 名医 | 黄溍《柳立夫传》 |
| 蒋景 | 医者 | 黄溍《养斋蒋君墓志铭》 |
| 窦行冲 | 名医 | 苏天爵《元故尚医窦君墓碣铭》 |
| 麻泽民 | 疡医 | 苏天爵《故权左司都事赵君墓铭》；王恽《崔公厉鬼事迹》 |
| 王宗 | 医官 | 苏天爵《元故河间路医学教授王府君墓表》 |
| 韩公麟 | 太医 | 苏天爵《资善大夫太医院使韩公行状》 |

续表

| 医林人物 | 类别 | 医林人物所涉及的史料和文学作品 |
|---|---|---|
| 申国瑞 | 医官 | 王旭《泰安申君墓碣铭》 |
| 韩子新 | 医官 | 王旭《送韩子新序》 |
| 何凤 | 医学教授 | 胡翰《何遁山墓志铭》 |
| 项子虚 | 道医 | 揭傒斯《大热疾势危甚,项君子虚视之,一药而起,为赋五言一首为谢》;揭傒斯《赠项炼师》 |
| 汤尧 | 医者 | 揭傒斯《赠医者汤伯高序》 |
| 王东野 | 太医 | 吴澄《送王东野序》;程钜夫《赠王太医序》 |
| 刘执中 | 针医 | 吴澄《元故少中大夫吉州路总管刘侯墓志铭》 |
| 杨用安 | 医学教授 | 吴澄《赠杨教授》 |
| 吴成 | 医学教授 | 吴澄《赠医学吴教授序》 |
| 范文孺 | 痔医 | 吴澄《送范文孺痔医》 |
| 吴杏林 | 医官 | 吴澄《赠杏林吴提领》 |
| 陈景咨 | 医者 | 吴澄《送陈景咨序》 |
| 董起潜 | 医者 | 吴澄《赠董起潜序》 |
| 王元直 | 医者 | 吴澄《送王元直序》 |
| 蔡可名 | 医士 | 吴澄《送医士蔡可名序》 |
| 陈良友 | 医者 | 吴澄《赠医人陈良友序》《赠医人陈良友》 |
| 方实翁 | 医者 | 吴澄《送方实翁序》 |
| 章晋 | 医士 | 吴澄《赠医士章伯明序》 |
| 邵志可 | 医者 | 吴澄《赠邵志可序》 |
| 王东野 | 医者 | 吴澄《送王东野序》 |
| 黄季卿 | 医者 | 吴澄《赠黄医跋》 |
| 张贵可 | 医者 | 吴澄《药说赠张贵可》 |
| 罗其仁 | 医者 | 吴澄《丹说赠罗其仁》 |
| 刘冀 | 医者 | 吴澄《丹说赠刘冀》 |
| 吴生 | 医者 | 吴澄《丹说赠吴生》 |
| 车杏隐 | 医者 | 吴澄《赠杏隐车省医》 |
| 陈与道 | 医者 | 吴澄《赠陈与道序》 |
| 王德元 | 医者 | 吴澄《赠王相士序》 |
| 吴一凤 | 医官 | 吴澄《赠建昌医学吴学录》 |
| 李芳 | 医学教授 | 邓文原《医学教授李君墓碣》 |
| 陈瑞孙 | 医官 | 袁桷《赠医者陈生》 |

续表

| 医林人物 | 类别 | 医林人物所涉及的史料和文学作品 |
| --- | --- | --- |
| 何大方 | 儒医 | 袁桷《赠儒医何大方归信州》 |
| 熊月湖 | 医士 | 王义山《赠医者熊月湖》 |
| 萧无为 | 道医 | 赵文《赠医道士萧无为序》 |
| 黄有翁 | 眼医 | 叶颙《赠医目黄有翁三首》 |
| 郭北溪 | 医者 | 叶颙《谢郭北溪治病》 |
| 姜明德 | 医官 | 叶颙《谢姜明德学录见医膏盲痼疾二首》 |
| 赵郭冼 | 医者 | 释宗衍《赠医者赵郭冼》 |
| 丘通甫 | 医士 | 方回《赠医士清溪居士丘通甫》 |
| 郭耕道 | 医者 | 方回《送医工郭耕道》 |
| 王仲明 | 名医 | 元明善《平章政事廉文正王神道碑》 |
| 张宗礼 | 医者 | 平显《谢张宗礼》 |
| 王宗行 | 医者 | 平显《谢王宗行先生》 |
| 陈光明 | 眼医 | 平显《武林春色卷为刘爱松题谢京城陈光明眼科者》 |
| 桑医山 | 医者 | 马臻《赠梓山桑医士三首》 |
| 宋和之 | 医者 | 胡祗遹《恒斋记为医者宋和之作》 |
| 王庭训 | 医者 | 胡祗遹《题医者王庭训素轩诗》 |
| 汪斌 | 医官 | 陈栎《太医院使汪公挽诗跋》 |
| 汪存耕 | 医官 | 陈栎《送汪存耕之建宁医序》 |
| 程尧叟 | 医士 | 陈栎《赠医士程尧叟序》 |
| 李克让 | 医学教授 | 许有壬《故济宁路医学教授李君墓碣名》 |
| 郜文忠 | 医学教授 | 许有壬《故成全郎诸路医学提举郜公墓志铭》 |
| 杜仲文 | 眼医 | 许有壬《赠眼医杜仲文》 |
| 许同金 | 疡医 | 许有壬《疡医许同金求诗》 |
| 王子厚 | 医者 | 程钜夫《送王子厚》 |
| 方实惠 | 医学教授 | 徐明善《送医教授方实惠序》 |
| 张景远 | 医师 | 贡师泰《送医师张景远归太平之黄池》 |
| 卢斌 | 医者 | 贡师泰《赠卢医》 |
| 王安重 | 医士 | 贡师泰《送医士王安重》 |
| 蔡德芳 | 儿医 | 贡师泰《赠医者蔡德芳序》 |
| 宋居仁 | 太医 | 贡师泰《题太医宋居仁万竹轩》 |
| 马肃 | 医学教授 | 贡师泰《送马叔敬赴江西医学提举》 |

续表

| 医林人物 | 类别 | 医林人物所涉及的史料和文学作品 |
| --- | --- | --- |
| 高彦述 | 医士 | 谢应芳《赠医士高彦述序》 |
| 张有成 | 医师 | 谢应芳《赠医师张有成》 |
| 钱伯祥 | 医士 | 谢应芳《赠医士钱伯祥》 |
| 顾彦文 | 医士 | 谢应芳《赠医士顾彦文序》 |
| 吴中行 | 医士 | 谢应芳《赠医士吴中行序》 |
| 张嘉甫 | 眼医 | 谢应芳《赠眼医张嘉甫》 |
| 单子达 | 医士 | 谢应芳《为源长老赠医士单子达》 |
| 张恒 | 医士 | 谢应芳《赠医士张恒斋序》 |
| 王彦德 | 医士 | 谢应芳《赠昆山医士王彦德诗序》 |
| 何子鉴 | 医官 | 蒲道源《跋何子鉴字说》 |
| 靳善长 | 医官 | 蒲道源《赠医官靳善长》 |
| 高敬文 | 眼医 | 蒲道源《赠目科高敬文诗序》 |
| 王国瑞 | 针医 | 贝琼《送王瑞庵序》 |
| 徐仲纯 | 儒医 | 贝琼《赠医者徐仲纯》 |
| 张仁齐 | 医师 | 贝琼《送医师张仁齐》 |
| 沈光明 | 医师 | 贝琼《赠医师沈光明序》 |
| 王德裕 | 医师 | 贝琼《赠医师王德裕序》 |
| 胡芳崖 | 医者 | 胡炳文《送医人胡芳崖序》 |
| 程敏 | 医者 | 胡炳文《赠医者程敏斋序》 |
| 叶可翁 | 名医 | 胡炳文《送医士叶可翁序》 |
| 李伯玉 | 医者 | 刘诜《李伯玉太素脉》 |
| 林性善 | 医官 | 刘诜《送医官林性善归故乡》 |
| 王宇春 | 医士 | 刘诜《赠医士王宇春序》 |
| 严寿逸 | 医学教授 | 危素《故天临路医学教授严君墓志铭》 |
| 陈仲达 | 医者 | 李存《赠陈仲达序》 |
| 饶孟性 | 儒医 | 李存《送饶孟性序》 |
| 王圣从 | 医者 | 李存《赠王圣从序》 |
| 赵冲远 | 医者 | 李存《书赵氏种杏堂后》 |
| 刘存诚 | 医者 | 李存《赠医者刘存诚岁晚归城中》 |
| 方养晦 | 针医 | 李存《赠养晦针灸序》 |
| 娄传道 | 医者 | 李继本《赠医士娄传道序》 |

续表

| 医林人物 | 类别 | 医林人物所涉及的史料和文学作品 |
| --- | --- | --- |
| 冯英伯 | 医者 | 陈镒《赠医人冯英伯》 |
| 简秋碧 | 医士 | 马祖常《赠医士简秋碧》 |
| 严存性 | 儒医 | 傅若金《赠儒医严存性序》 |
| 李宜卿 | 医者 | 傅若金《赠医者李宜卿序》 |
| 谢茂德 | 医士 | 傅若金《赠医士谢茂德》 |
| 甘明叔 | 医者 | 傅若金《鉴翁说为医者甘明叔作》 |
| 冯善甫 | 医者 | 释大欣《送台医冯善甫序》 |
| 王宜 | 医师 | 李孝光《送医师王宜往维扬》 |
| 月鲁帖木儿 | 医官 | 危素《故荣禄大夫江浙等处行中书省平章政事月鲁帖木儿公行状》 |
| 雍方叔 | 医者 | 危素《将医一首赠雍方叔》 |
| 滑寿 | 名医 | 朱右《撄宁生传》 |
| 沈伯新 | 医师 | 陈基《孝子行送医师沈伯新》 |
| 张元善 | 医学教授 | 陈基《赠医学提举张性之序》 |
| 罗知悌 | 名医 | 陈基《朱氏传授医学记》 |
| 宋伯亨 | 太医 | 陈基《赠宋太医序》 |
| 曾彦鲁 | 医者 | 陈基《赠曾彦鲁序》 |
| 葛子充 | 医者 | 陈基《送葛子充序》 |
| 付古民 | 医者 | 陈基《付古民传》 |
| 许仲举 | 医者 | 宋禧《赠许仲举序》 |
| 徐君采 | 医者 | 宋禧《赠徐君采序》 |
| 余益之 | 疡医 | 宋禧《赠余益之序》 |
| 章敬德 | 医者 | 宋禧《慈溪人求诗赠医者章敬德》 |
| 冯至刚 | 疡医 | 乌斯道《赠医者冯至刚序》 |
| 莫仲仁 | 医者 | 杨维桢《赠医士莫仲仁序》 |
| 黄中子 | 针医 | 杨维桢《艾师行，赠黄中子》 |
| 俞明远 | 儒医 | 陈高《赠医者俞明远》 |
| 孙仲诲 | 医者 | 陈高《种药轩为孙仲诲赋》 |
| 陈宗正 | 医士 | 陈高《赠医士陈宗正》 |
| 郭徵言 | 疡医 | 吴海《赠医师郭徵言序》 |
| 赵宜真 | 道医 | 张宇初《赵原阳传》 |
| 徐亨甫 | 医师 | 高启《赠医师徐亨甫》 |

续表

| 医林人物 | 类别 | 医林人物所涉及的史料和文学作品 |
| --- | --- | --- |
| 徐仲芳 | 儿医 | 高启《赠医士徐仲芳序》 |
| 王立方 | 医师 | 高启《赠医师王立方》 |
| 葛正蒙 | 医官 | 高启《葛仲正墓志铭》 |
| 李敬义 | 医者 | 蒋易《赠世医李敬义序》 |
| 邹文彦 | 医士 | 蒋易《送医士邹文彦序》 |
| 谢子厚 | 儒医 | 蒋易《赠儒医谢子厚序》 |
| 陈玉林 | 医师 | 蒋易《送医师陈玉林序》 |
| 潘仲延 | 医者 | 张庸《乐贫斋为医士潘仲延赋》 |
| 陈子云 | 医士 | 张庸《赠医士陈子云》 |
| 刘碧源 | 医者 | 胡天游《赠医士刘碧源》 |
| 马少游 | 医者 | 黄玠《医士马德正此山中》 |
| 张志行 | 医师 | 王祎《赠医师张君序》 |
| 葛仲正 | 医者 | 王祎《赠葛仲正序》 |
| 萧敬则 | 医士 | 梁寅《赠医士萧敬则》 |
| 邓文可 | 骨科医师 | 梁寅《赠医师邓文可序》 |
| 陆生 | 医者 | 吴师道《赠医者陆生》 |
| 刘良孟 | 医士 | 郭钰《赠医士刘良孟》 |
| 吴道中 | 医者 | 黄枢《赠医者吴道中》 |
| 胡仲酞 | 医者 | 黄枢《赠医者胡仲酞》 |
| 马则贤 | 医者 | 黄枢《送马则贤序》 |
| 罗梅村 | 医士 | 李祁《赠医士罗梅村》 |
| 刘仲宾 | 医士 | 李祁《和欧阳承旨赠医士刘仲宾》 |
| 颜一中 | 医士 | 李祁《赠医士颜一中序》 |
| 罗梅村 | 医士 | 李祁《赠医士罗梅村》 |
| 刘伯升 | 医者 | 丁鹤年《谢刘伯升愈疾》 |
| 乐孟杰 | 医士 | 丁鹤年《赠医士乐孟杰》 |
| 汤谦亨 | 医师 | 邓雅《赠医师汤谦亨》 |
| 李性善 | 医士 | 邓雅《寄医士李性善》 |
| 彭碧清 | 医士 | 邓雅《别医士彭碧清》 |
| 刘东樵 | 医士 | 邓雅《寄赠医士刘东樵》 |
| 李文中 | 医士 | 邓雅《送医士李文中归永丰》 |

续表

| 医林人物 | 类别 | 医林人物所涉及的史料和文学作品 |
| --- | --- | --- |
| 孙允道 | 医士 | 刘崧《赠医士孙允道》 |
| 刘允文 | 医士 | 刘崧《赠医士刘允文》 |
| 任光显 | 医师 | 刘崧《赠医师任光显》 |
| 钟本存 | 医者 | 刘崧《赠医钟本存因勉其归故乡》；刘楚《钟氏仁存方论集序》 |
| 余以谦 | 医师 | 王礼《赠医师余以谦诗序》 |
| 刘维行 | 医者 | 王礼《送刘维行序》 |
| 郭会可 | 医者 | 王礼《郭会可墓志铭》 |
| 李师昌 | 儒医 | 王礼《送李师昌序》 |
| 游从善 | 医者 | 王礼《游杏隐墓志铭》 |
| 潘仁仲 | 医者 | 倪瓒《写画赠潘仁仲医师》；王寋《赠太医提举潘仁仲先生》 |
| 陈復初 | 医学教授 | 徐履方《送医学正陈復初归安仁》 |
| 沈伯新 | 医士 | 顾瑛《沈孝子行送医士沈伯新》 |
| 郜士清 | 医士 | 胡奎《赠医士郜士清》 |
| 吕兰坡 | 医士 | 许恕《送医士吕兰坡还乡》 |
| 陈国宝 | 医者 | 赵孟俯《赠医者陈国宝》 |
| 沈士贞 | 医士 | 凌云翰《赠医士沈士贞》 |
| 张挥 | 医者 | 洪焱祖《张挥传》 |
| 吴源 | 医者 | 洪焱祖《南薰老人吴源传》 |
| 程约 | 医者 | 洪焱祖《程约传》 |
| 吴益谦 | 医者 | 虞集《送医士吴益谦序》 |
| 江仲谦 | 儒医 | 黄镇成《赠江仲谦序》 |
| 顾叔原 | 医士 | 朱德润《赠医士顾叔原序》 |
| 谢礼卿 | 医士 | 陈谟《赠医士谢礼卿序》 |
| 刘彦昭 | 医士 | 陈谟《赠医士刘彦昭序》 |
| 钟实可 | 医士 | 陈谟《书钟实可墓志铭》 |
| 王伯初 | 医者 | 刘楚《送王伯初序》 |
| 段復初 | 医者 | 刘楚《赠段復初序》 |
| 郭和卿 | 医士 | 刘楚《赠医士郭和卿序》 |

列表说明：表中所列人物的类别，除有相关史料明确记载的之外，主要根据诗题及诗歌内容来确定。如其中明确写为"医士"，则将类别标注为"医士"，无法确定身份者，标为"医者"，其他则根据临床各科分门别类。

　　从列表可知，就描写对象的职业身份而言，有包括太医、医官、针医、儿医、眼医、道医、外科医师等在内的诸种医事人物。

（一）太医与医官

作为中国古代医生中的一个特殊群体，太医担负着宫廷内部的医疗保健之职，对医术及品德具有极高的要求。根据文学作品所载，元代太医主要有许国祯、爱薛、王安仁、韩公麟、宋居仁、刘昶、房唐卿、罗天益、朱碧山、刘舜臣、刘公泰、刘哈剌八都鲁等。

元代太医群体的构成主要有三部分。一是在宫廷内部专门负责皇室的医疗保健事务，如《元史》卷一六八载《许国祯传》，述其祖上皆行医，其中提及许国祯为世祖治足疾一事，世祖因药苦而不服，许国祯以良药苦口之例劝谏。而后足疾复作，召其入视，世祖言："不听汝言，果困斯疾。"许国祯答："良药苦口既知之矣，忠言逆耳愿留意焉？"世祖大悦。二是王府中的太医，除负责王室成员的日常保健外，还为朝廷官员以及社会人士愈疾。房唐卿是元代梁王甘麻剌的王府太医，擅长治眼疾。文人刘敏中曾患有眼病，房唐卿赠予丸药，后眼疾消除，双目清明，刘敏中《送王府太医房唐卿》中写道："得子囊中一丸药，豁然还欲察秋毫。"① 三是行省内的太医。朱碧山曾任江浙行省太医，其主张"因地制宜"的治病方针，有戴良《赠医师朱碧山序》一文载其事迹。

据相关作品所载，元代医官主要有卫琼、张去非、葛应雷、靳善长、姜明德、月鲁帖木儿、申国瑞、林性善、何子鉴、汪存耕、陈瑞孙、韩子新等。第一种是家族世代为医，承袭家业，后为官。如翰林医官卫琼，其家族世代以医为业，据刘敏中《儒医卫君墓道铭》载，卫琼的曾祖父在金明昌年间大疫时，有"煮药以济危笃，裹饭以哺贫饿"之事迹。其祖父为人宽厚，长者以儒医称。其父显道资淳雅，识虑通明，尤邃于针刺，且兼长诸家。② 第二种为朝廷重臣幕下的医者，张去非曾隐身于医，因治愈尚书左丞史弼之病，被其留于幕下。后被任命为婺州路官医提领。黄溍《江浙官医提举张公墓志铭》赞誉张去非"性温厚，

---

① （元）刘敏中著，邓瑞全、谢辉校点：《刘敏中集》，1页，长春，吉林文史出版社，2008。
② （元）刘敏中著，邓瑞全、谢辉校点：《刘敏中集》，131页，长春，吉林文史出版社，2008。

家食之日，待乡邻有恩意。以疾来告者，赴其急无难色"①。医官中亦有一批人兼具医学教授之职，专门负责医学生的选拔、培养等事宜。如李纲、赵仲康、何凤、杨用安、吴成、李克让、方实惠、马肃、张元善、陈復初、严寿逸等。

侍医之职始于秦，属于御医的一个类别，其主要职责在于近身侍奉君主，专门负责皇帝的日常保健和医疗事务。窝阔台时期，已有专门照料大汗的侍医，郑景贤便是其中的一位。《元史》卷二〇四《宦者》中有关于侍医李邦宁的记载，成宗即位，进昭文馆大学士、太医院使。成宗寝疾，邦宁不离左右，侍奉有十余月。麻泽民亦是成宗时期的侍医，擅长疡科，王恽《崔公厉鬼事迹》一文曾记麻泽民为御史中丞领侍仪司崔公治愈脑疽一事。

（二）道医

金元时期，全真道教兴起。其中，丘处机是重要的代表人物，撰有《摄生消息论》《大丹直指》等，主要谈及内丹养生及气功修炼之法。《元史》卷二〇二《释老传》有记其事，丘处机以"清心寡欲"为养生之道，以"敬天爱民"为治国之要，向元太祖谏言。

项子虚亦是全真派道士，通岐黄之书，擅长于炼丹术。天历年间，揭傒斯等人于宫南史馆读书，因中暑引发晕厥，项子虚取一药而治愈。揭傒斯作《大驾既幸上都，率奎章诸生之留京者，读书宫南史馆中得大热，疾势危甚，项君子虚视之，一药而起，为赋五言一首为谢》一诗以表谢意，称誉其医术医德。

（三）其他诸科医者

1. 眼科医者

金元时期的眼科已独立发展成为一门专科，亦涌现出诸多眼科医者。杜金山是元代著名眼科医师，擅长治疗白内障，王恽《赠眼科杜金

---

① （元）黄溍著，王颋校注：《黄溍全集》，552页，天津，天津古籍出版社，2008。

山卷》称誉其医术云:"金篦一刮神光烂,此艺争传杜氏精。"① 金篦形似箭头,是古代医者专用于治疗眼病的器械,相传,以这种工具刮眼膜,可以治疗白内障。叶颙曾患有眼疾,由眼医黄有翁通过金篦刮眼膜的方式,得以治愈。再如平显《武林春色卷为刘爱松题谢京城陈光明眼科者》,叙写眼医陈光明的医术医技。此外,还有杜仲文、张嘉甫、高敬文等人。

2. 针医

针医主要指擅长针灸治疗术的医者,有李浩、窦默、李君玉、刘执中、王国瑞、方养晦、黄中子等。李浩是金元之际的名医,擅长针灸之术,李氏客居于淮南时,曾将铜人针法传与窦默,窦默之医术深受其影响。窦默是金元时期的针灸学家,《元史》卷一五八列其传。窦氏年少时以儒业为志向,后逢元兵南下,受其岳父影响,开始修习医术,作有《针经指南》《流注指要赋》《标幽赋》等。窦默之医术后由王国瑞发扬光大,王国瑞撰有《扁鹊神应针灸玉龙经》一卷,专论针灸之术。方养晦为元代道士,尤擅针灸,李存《赠养晦针灸序》云其:"辨经络之始终,论气血之盛衰。"② 另外,还有黄中子也是针医,杨维桢有《艾师行,赠黄中子》一诗。

3. 儿医

儿医有申仲康、蔡德芳、徐仲芳等。申仲康祖上三代为医,其祖父申天禄以婴儿科供奉内庭,据王恽《大元朝列大夫秘书监丞汴梁申氏先德碑铭》载,申氏曾治愈南阳孟氏夫妇之疾,孟氏欲以重金相赠,申仲康以"医以济物为任,不应贪图货利"为由谢绝。蔡德芳是福州地区著名的儿科医者,据贡师泰《赠医者蔡德芳序》,蔡氏曾为福建行省理问吴君之子治病,疾愈后,吴氏赠予蔡德芳钱财和束帛,相继被蔡氏拒绝。而后吴氏请求贡师泰为医者作序,一来称誉其医术医德,二来表示谢意。

---

① (元)王恽著,杨亮、钟彦飞点校:《王恽全集汇校》,1591 页,北京,中华书局,2013。
② 李修生主编:《全元文》第 33 册,354 页,南京,江苏古籍出版社,1999。

疡医有许同佥、麻泽民、余益之、冯至刚、郭徽言等。许同佥是著名的疡科医者，许氏曾隐居不仕，后为太医，许有壬有诗题为《疡医许同佥求诗》。据吴海《赠医师郭徽言序》，医者郭徽言对于疮疡的治疗颇有见地，提出"疡见于外，实发于内。必先去其本，然后施疡治，以五毒五药次第攻调之"①。

上文所梳理的医林人物中，既有从事医学活动的专业人士，亦不排除一些并不以医为主业，但由于诸多因素自学医理、施药救人的人士。为便于分析，下文在探讨相关问题时，"医者"是指专门研习医理并以医为主业的人生。与此相对的"通医文士"是指不以医为主业，由于自身兴趣或其他诸种因素而自学医理、研读医籍的医学活动参与者。

## 二、文人笔下的医者形象塑造

在早期的文字记载中，对医者形象的塑造，主要是通过对医德这一品质的展示来完成的。在对医者职业素养进行阐述的同时，蕴含了一种古老的医德评价体系的萌芽，据《周礼·天官·医师》：

> 医师，掌医之政令……岁终则稽其医事，以制其食，十全为上，十失一，次之，十失二，次之，十失三，次之，十失四，为下。②

春秋战国时期，儒家思想中的"仁"对医德观念的发展及形成具有关键性的影响。中医学又被称作"仁术"，遵循"仁者爱人"的核心观念，儒家要求医者秉持重视生命的理念。《内经·素问》中有"疏五过论"与"征四失论"，其中描述了医者的道德品行，大体包含了置人命

---

① （元）吴海：《闻过斋集》，见《元人文集珍本丛刊》第8册，233页，台北，新文丰出版公司，1985。
② 陈成国点校：《周礼》，12页，长沙，岳麓书社，1989。

于首位、博学谦虚、严谨求实等方面。这一时期，扁鹊成为良医的代名词，其事迹主要见于《史记·扁鹊传》，其中记载了扁鹊为齐桓公治病的过程，体现出其专业素养及仁者之心，其美德被后世称颂。

秦汉时期，名医辈出。以张仲景、华佗、淳于意为代表的医者，将道德理论付诸具体的医学实践中。张仲景在《伤寒杂病论》中反对"孜孜汲汲，唯名利是务"的风气，身为医者不应以贫富贵贱来区别对待患者，对医德的完善颇有助益。

魏晋南北朝时期，初步形成了中医医德的基本模式。这一时期，医者的社会使命感和道德水平相较以前都有所增强，形成了以审慎治疗、勤奋治学、淡泊名利、济世救人等为代表的医德观念。

对医德有全面准确阐释的是唐代医者孙思邈。他在《千金要方》中专设"大医精诚"来探讨医德，成为后世医者所遵循的基本原则，具体内容如下：

> 凡大医治病，必当安神定志，无欲无求，先发大慈恻隐之心，誓愿普救含灵之苦。若有疾厄来求救者，不得问其贵贱贫富，长幼妍媸，怨亲善友，华夷愚智，普同一等，皆如至亲之想，亦不得瞻前顾后，自虑吉凶，护惜身命。见彼苦恼，若己有之，深心凄怆，勿避险巇、昼夜、寒暑、饥渴、疲劳，一心赴救，无作工夫形迹之心。①

金元时期，一系列内外因素使这一时期的医德具有鲜明的时代特征。首先，社会动乱、战争频仍、疾疫流行等一系列社会因素与自然因素，向当时的医者提出了更高且更为迫切的要求。可以说，医者的职业素养与治疗水平，是在动乱中得以提高的。其次，医学流派之间的竞争促使新的医学思想及观点诞生，此时的医者们不囿于传统的教条和学说，比以往更具有勇于开拓创新的精神，敢于冲破因循守旧的模式。最

---

① （唐）孙思邈撰，刘清国等校：《千金方》，15页，北京，中国中医药出版社，1998。

后，由于目睹了社会动荡下的民生百态，更是激发了始终秉持着传统的医德准则，心怀济世救民理念的医者们的使命感与责任担当意识。概而言之，从金元时期的医德观所反映出的医者形象突出表现为：遵循实践，勇于创新，热心救治，不计名利，不图回报，始终将患者生命健康摆在首位①。

医德是建构医者形象的重要元素，在元代诗文中，对医德行为进行描摹的作品不计其数。从历史语境来看，反映出元代社会对医者群体的评价标准；从文学角度而言，以医德为核心的多维视域下的医者群像描摹，使元代医者形象更为丰满立体。在以诗文为代表的文学作品中，主要通过以下几种艺术形式来完成对医者形象的塑造。

第一，对医者的衣冠外貌，行为举止的刻画。

许有壬在《故济宁路医学教授李君墓碣铭》一文中，对医者李克让的外貌举止这样描写道："为人和易，颀而洁晳，冠服甚都，人望而敬，口无调谑，手绝奕弄。"②从李氏的外貌穿着、语言行为入手，塑造了一位谦谦君子的形象。同样，戴良《周贞传》云："贞长身美风仪，须髯秀整，器局清古，外谦和而内严峻，落落不与世俯仰。"③可以想见，名医周贞不仅具有玉树临风的外貌，还具备谦和冷峻且遗世独立的气质。鲁贞《吴氏及幼方序》中则塑造了一位与众不同的医者，写道：

> 医者吴恭甫，年七十余，其身矮小，庞眉，白须发，手执桄榔杖，布衣而皂绦。见予，出对曰："俊杰今看鲁两生"，予应声曰："英雄昔传汉三杰"，恭甫喜。④

这是作者儿时眼中的医者吴恭甫，一位庞眉须目，装扮朴素，略显滑稽又亲和的老者形象跃然纸上。对话的插入使叙述具备真实性与日常

---

① 何兆雄主编：《中国医德史》，140页，上海，上海医科大学出版社，1988。
② 李修生主编：《全元文》第38册，433页，南京，江苏古籍出版社，1999。
③ （元）戴良著，李军，施贤明校点：《戴良集》，220页，长春，吉林文史出版社，2009。
④ 李修生主编：《全元文》第49册，349页，南京，江苏古籍出版社，1999。

化，也突显出人物随和幽默的性格特质。

一些作品也刻意描摹医者的言行举止，或为患者诊疗时的状态。如黄溍《江浙官医提举张公墓志铭》一文叙写医官张去非为人治病的状态："公性温厚，家食之日，待乡邻有恩意。以疾来告者，赴其急无难色。"① 透过文字，可以想象一位秉性温厚，待人随和亲切的医者，始终秉持病人之利益高于一切的态度，替人诊治，毫无怨言。再如谢应芳在《赠医士高彦述序》中描述，高医师能承家学，志不自满，外无藻饰。常行医药于市，不夸张以炫其奇妙，不圭角以长其声价。

第二，借由医德人品的阐述，完成对医者人格的升华。

在一些题赠诗中，文人为感念医者的愈疾之恩，或赠诗以表谢意，或代他人而作。熊月湖是宋元之际的医者，王义山作《赠医士熊月湖》一诗，赞美其仁心："月湖镜样十分清，诊视还他指下明。那似月湖心地好，愿人常似兔长生。"② 吴澄在《赠杏林吴提领》中称誉医师吴提领时说道："一心恻恻生慈悯，万命悬悬正苦辛。"③ 再如陈景咨曾任吉水、新喻二州的医官，心仁而行廉，吴澄《送陈景咨序》一文写道："在职也，众医安之，去职也，众医思之。"④ 通过周围人的举动，反衬其高贵的人品及恪尽职守的道德操守。

医者不以获取酬劳为目的，"志在德物"构成了行医的基本追求。虽说从医是作为一种谋生手段，但只要能维持正常的生活所需即可，而不贪恋病人所给予的报酬。在诸多作品中，皆有类似的记述。试举几例以作说明：

如申仲康，王恽《大元朝列大夫秘书监丞汴梁申氏先德碑铭》云："过客病困逆旅及贫无资者，家置病寮，躬进汤剂靡粥"⑤，患者家属欲重

---

① （元）黄溍著，王颋校注：《黄溍全集》，552 页，天津，天津古籍出版社，2008。
② 杨镰主编：《全元诗》第 3 册，125 页，北京，中华书局，2013。
③ （元）吴澄：《吴文正集》，见《元人文集珍本丛刊》第 4 册，86 页，台北，新文丰出版公司，1985。
④ （元）吴澄：《吴文正集》，见《元人文集珍本丛刊》第 3 册，281 页，台北，新文丰出版公司，1985。
⑤ （元）王恽著，杨亮、钟彦飞点校：《王恽全集汇校》，2520 页，北京，中华书局，2013。

金酬谢，医者申氏以"医以济物为任"为由拒绝。

如余以谦，余氏曾在赣州一带行医，王礼《赠医士余以谦诗序》云："遇人有疾苦，不问贫富，即趋视之，虽震风凌雨不避。"[①] 当时，赣州地区的男女老幼，凡有人生病，皆得余氏的照料诊治。

如王东野，医术高明，为人仁义，且在文士之中具有良好的口碑。吴澄《送王东野序》提到他"东野所受赐赉不赀，悉以买田赡其乡之医学"[②]。程钜夫《永新州医学祭田记》中记述王医士曾任永新州官医提领期间，积极创建三皇庙，并将自身所得赏赐全部捐赠于庙学所用。

如陈良友，德行仁厚，他曾"医不择家之富贫，不计赀之有无"。吴澄《赠医人陈良友序》记其事迹，陈氏因曾被里中恶少推入沟中，摔坏两股，就此落下残疾，即使如此，他依然坚持以济物为己任，日理丹鼎药裹。

如高敬文，高氏为眼科医者，蒲道源《赠目科高敬文诗序》写道，高氏曾挟医术游于京师，病目者辐凑其门，日无虑百数。对于病患，皆能一一诊视，深究病因，悉心诊治。高氏为人诊治时曾"贫不持一钱者，亦殚其能，善其药，以疗之"[③]，由此而名喧都邑。

孝行亦是作者欲展现医者医德人品的一个方面。以李鹏飞为例，李氏可谓至孝之人，其从医的缘由和背景也与母亲有极大关联。相传，当年李鹏飞母亲改嫁，李氏在找寻生母的途中，遇一鹤发童颜的道人，此道人传授其养生秘诀。而后，李氏将其编撰为《三元延寿参赞书》五卷，是书希冀父母延寿。当时，有不少文人为此书作序，提及李鹏飞因寻母数百里外，适母家多难，以药活二十八人，如周天骥《三元延寿参赞书序》、姚辙《三元延寿参赞书跋》。

家族世代传承的优良医风，对某位医者个人品德的形成有着直接影响。卫琼祖上三代行医，其曾祖父在金明昌间大疫时，"煮药以济危笃，

---

① 李修生主编：《全元文》第60册，581页，南京，江苏古籍出版社，1999。
② 李修生主编：《全元文》第14册，214页，南京，江苏古籍出版社，1999。
③ 李修生主编：《全元文》第21册，207页，南京，江苏古籍出版社，1999。

裹饭以哺贫饿,赖以生全者甚众"①。其祖父为人宽厚,长者以儒医称。卫琼秉持家学,未冠之时,医经儒籍往往成诵,且视疾切脉必详,投剂必审。即使有丰厚的报酬,在未有十足把握前,也不轻易许诺替人治病,一旦为人诊治,必严审细问,可谓颇具责任感。

第三,是借助对治疗过程和治疗效果的呈现,以及医学观点、思想的罗列,从侧面烘托某位医者的医术医技及其独到的医学见解,进而实现对其形象的多元化塑造。

王恽之子患有腹疾,金立夫、王贵和两位医官尽心竭力为其治愈。王恽作诗《子孺腹疾良愈谢金、王二医官》一首,云:"调和脏气事为切,护养丹元论更高"②,反映两位医官在调养脏腑和护养元气方面的技术。"临机制变元多算"亦说明两位医者对医术掌握之熟能生巧,方可做到随机应变。

余登孙是著名的儿科医者。程钜夫的孙子三岁时患病,历经多方求医,均无疗效,经由余登孙诊治,认为是"伤暑",开出药方一剂,后病愈。经由余氏治愈的小儿不计其数。余登孙所居之处名曰"麓泉",程钜夫曾作《跋麓泉记后》。吴澄亦作《麓泉记》,以泉水的流通分布比喻经脉在人体中的分布和作用。作者认为幼儿如同初出之泉,处于混蒙之状,身体若有病又不能言语之,治疗稍有不慎就会为以后埋下隐患。因此,儿科医者尤为难,对儿医之医术的要求则更高。以上通过侧面描写突显了余登孙的医术。

有的作品完整叙写了诊治过程与疗效。以董起潜的事迹为例,董氏熟通经络之学,能够迅速分析脏腑经络,快速对症下药。吴澄在《赠董起潜序》一文中讲述董氏曾在至顺元年冬来自己家中拜访,预言他将会在明年夏秋之际患病,并承诺届时会来送药。不出所料,吴澄在第二年夏末沾染疾病,众医皆以为是疟疾,以治疟之法救之,无一所获。董起潜到来后,推翻了众医的观点,认为吴澄所患并非疟疾。在经过诊

---

① 李修生主编:《全元文》第 11 册,425 页,南京,江苏古籍出版社,1999。
② (元)王恽著,杨亮、钟彦飞点校:《王恽全集汇校》,967 页,北京,中华书局,2013。

脉后，认为"盖由肺气内伤"，应当先以"五膈宽中散畅导其气"，用"桂枝加附子汤温散表邪"，当表证消除后，再用"四柱散加姜桂以暖其下部"，继用"参香饮参苓，白术散相间饮之"。吴澄接连赞叹道："予生平服药，未有若是，其速效速验者也。"①

亦有重点突出对疾病疗效的阐述。余益之为疮疡科医生，尤其擅长治疗痈疽。宋禧《赠余益之序》记录其独到的治疗方法。如通常情况下，疡科医者大多采用灼艾之法，余氏则不然，他采用先辈所传蜀僧秘方，先将痈疽内部有毒的部分挖出，通过水谷导出，以减小对内脏的损害。而对于外部的皮肤，则将腐烂的部分敷上药物，使其慢慢恢复。这种技法在当时的疮疡治疗当中较为少见。作者正是通过展现治疗的细节，塑造了一位医术过人的疡科医者形象。

再如梁寅《赠儒医罗诚之序》写金陵某文士忽患痿痹之症，病势异常迅猛。罗氏诊视后赠予一秘方，疗效显著：

> 是夕，投以善剂，即少苏。次日，而腕可转移，三日，能坐立，五日，能杖而盘旋。旬有五日，能出入。一月，而复常。②

在一些诗歌当中，也多有表现医术医技的诗句。如王恽赞誉眼科医者杜金山的医术时说道："金篦一刮神光烂，此艺争传杜氏精。"③刘敏中《赠医者魏身斋》云："一技惊人众疾愈，身斋能事野斋心。"④吴澄《赠杨教授》写道："医业已三世，药功能十全。"⑤皆说明了这一点。

另外，对某种医学思想、观点的罗列，亦是说明医者医学素养的一

---

① （元）吴澄：《吴文正文集》，见《元人文集珍本丛刊》第3册，284—285页，台北，新文丰出版公司，1985。
② （元）梁寅：《石门集》，见《元人文集珍本丛刊》第7册，657页，台北，新文丰出版公司，1985。
③ （元）王恽著，杨亮、钟彦飞点校：《王恽全集汇校》，1591页，北京，中华书局，2013。
④ （元）刘敏中著，邓瑞全、谢辉校点：《刘敏中集》，265页，长春，吉林文史出版社，2008。
⑤ （元）吴澄：《吴文正文集》，见《元人文集珍本丛刊》第4册，69页，台北，新文丰出版公司，1985。

个方面，同时也能说明严谨审慎的职业操守。罗天益曾师从金末著名医家李杲，秉承其学，受李杲之托，为其"分经辨症而类之"，撰成《内经类编》。其中提及先师所言："夫古虽有方，而方则有所自出也"①，以脚气为例，指出南北方因地理位置、温度湿度等差异，表现出极大不同。故而在分析病因病证时，应综合考虑诸方条件，对症施治。罗天益秉承其学，日益精进，李杲亦将平生所学——传授，他将先师李氏的医学思想和治疗经验汇集为册，编为《东垣试验方》。

如赵文在《赠医道士萧无为序》中阐述道，萧无为对致病机理的分析有其独到的见解。认为凡病皆生于"有为"，由于人会产生饥食、渴饮、夙兴、夜寐等行为，这一系列"有为"，是造成疾病发生的内外因。即"既不谨于为，以至于病"。黄溍在《江浙官医提举葛公墓志铭》中叙写葛应雷重视"医当视时盛衰"，即要学会变通。以"金元四大医家"的行医准则为例，说明金朝正当强盛之际，以张元素等为代表的医者多用宣泄之法。而当金元战乱之际，民不聊生，此时应以李杲等人的疗法为准，采取守护元气的做法。吴澄在《赠邵志可序》中称邵医师"能因巧医切脉气之法究其一，而以类例通其三"②。吴澄认为邵氏于观物之学有传矣，可谓神圣工巧。

值得说明的是医家传记中的医者形象塑造。传记类文章，通常记载人物生平、功德事迹，兼及其家庭、子孙等相关情况，一般而言，较为重视传信。元代传记中则融入了较多传奇笔法，使传记具有小说的特性，增强了可读性。以医家传记为代表，在这类文章中，对医案的叙写占据了一定的分量，这使得元代医家传记同时具备真实性与传奇性。一方面，医案的真实性提高了传信程度，为人物形象的刻画起到了辅助作用。另一方面，传奇笔法的融入，也使得传记本身具有小说的张力，在一定程度上增强了作品的可读性和趣味性。由于传记文学中的虚构性问

---

① 李修生主编：《全元文》第13册，353页，南京，江苏古籍出版社，1999。
② （元）吴澄：《吴文正文集》，见《元人文集珍本丛刊》第3册，324页，台北，新文丰出版公司，1985。

题一直是备受争议和关注的焦点,若探讨其渊源及个中缘由并非易事,也非本节关注的重点。在此,只选取几则典型案例,试图说明元代医家传记对于医者形象塑造的艺术手法。

一方面,作品欲展现某位医者的医学主张,阐明其医学思想,或反映其医术医德,通常会借助一些客观案例来完成,从而为叙述者本身提供有力的证据,同时也能够加强事件的真实性。

如戴良《丹溪翁传》中对朱震亨形象的塑造,是通过医案的记录来完成的。《丹溪翁传》总共记载了13例医案。例如:

> 一男子病小便不通,医治以利药,益甚。翁诊之,右寸颇弦滑,曰:"此积痰病也。积痰在肺,肺为上焦,而膀胱为下焦,上焦闭则下焦塞,辟如滴水之器,必上窍通而后下窍之水出焉。"乃以法大吐之,吐已,病如失。①

其中既有对病情研判、诊治之法的详述,也有对病者大限之至的准确预测。

由于医案本身就具备一定的真实性和有效性,因此,通过对两则医案的选取、描写,从侧面凸显出医者的医术之高明。

同样,关于医者滑寿形象的塑造,主要见于朱右《撄宁生传》。其中记载了41则医案,详细记述了每位病患的身份、病因、症状,以及医者的诊断、用药等治疗过程。实际上,在对患者的病情由坏转好,最终达到良好的治愈效果这一过程的叙述行为中,就已从侧面刻画出滑寿的医术、医德及人品。

再如《抱一翁传》记载了15则医案,抱一翁指项昕。其中多叙写医者项昕能治愈他医所不能诊治之病,或当他医对某种疾病产生误判时,项氏亦能及时纠正、有效应对。如讲述越幕官费氏之子病甚,中医以为所患为瘵,皆对此手足无措,而经过项昕的诊治,发现这实际上是

---

① (元)戴良著,李军、施贤明校点:《戴良集》,119页,长春,吉林文史出版社,2009。

病暑，以白虎汤为药引饮之，即愈。再如里中一名钟姓的男子，病胁痛，众医以为痈疽，以姜、桂之属治疗，却愈发严重，项昕却否认此治法，认为应当"先温利而后竭之"。

另一方面，作传者又在真实的医案基础上，融入了神异叙事。借鉴小说的笔法，通过一些虚构化的情节，以及夸张、细节的描写，不仅增添了传记本身的传奇色彩，同时又将医者塑造成具有传奇性的人物，充满了神秘意味。

如戴良《沧洲翁传》中记载了这样一则医案。一女子病数月不起，经人诊治仍不得其名状。过了几个月却发现该女子未曾完婚却已有身孕，众人皆认为是神灵所附。女子偷偷告诉自己的贴身侍女，去年夏日梦中遇一男子，与之亲狎，由是感疾，而惭赧不敢以告人。侍女寻求吕复的帮助，吕复说道："女面色乍赤乍白者，鬼也，脉乍大乍小者，祟也。病因与脉色符，虽剧无苦。"① 然后便以桃仁煎，下血类豚肝者六七枚，而后病愈。这则医案的传奇意味就在于，由于融入了具有虚构性的神异叙事，与客观世界的真实性有所违背，使得主人公的病因实在匪夷所思，病因的神秘色彩导致医者的治疗过程更为奇特。根据上述记录，可以猜想，尽管事件本身的真实性仍有待商榷，但作者在众多具有真实性的医案中，加入这样一段具备神秘色彩和夸张意味的叙写，不排除有为突显医者的医术，将其塑造为传奇人物的目的。

为突出人物形象，采用小说的笔法，对细节的描摹和夸张手法的运用也是一个方面，这一现象多见于医案中对患者病状的描述。如朱右《撄宁生传》中，对病状的描摹："狂歌痛哭，裸裎妄骂，问之则瞪视默默"② 用细节刻画，透过一系列充满怪异的行为举止，足以想见当时患者的痛苦和疾病的严重程度。再如戴良《沧洲翁传》中对一患者失眠情形的描绘，将失眠者的心理活动以具有形象化的比喻突显出来，并交代了患者当时的行为状态。文曰：

---

① （元）戴良著，李军、施贤明校点：《戴良集》，307页，长春，吉林文史出版社，2009。
② 李修生主编：《全元文》第50册，657页，南京，江苏古籍出版社，1999。

> 睡则心悸神慑，如处孤垒而四面受敌兵，达旦目眣眣无所见，耳聩聩无所闻，虽坚卧密室，睫未尝交也。①

诸如此类的例子还有很多，实际上，作者对疾病症状的描摹越详细生动，越是说明了疾病的治疗难度。通常，案例最终多以成功治愈为结局，对各种奇疾怪病的治愈，既是对医者医技的肯定，也是作品欲凸显的要素。

在医家传记中，医案是具有一定分量的叙写方式，既有真实详尽的医案记录，其中又穿插着细节描摹与夸张手法的运用。小说笔法的代入，使得传记充满着传奇色彩。以上这些创作手法，实际上都为凸显人物形象，彰显人物价值提供了艺术氛围。究其缘由，元代正值乱世，是一个富有传奇色彩的时代，也就有一些传奇性的人物。② 金元时期，战争频仍，疾疫肆虐，当时的人们，无论是身体还是心灵上都遭受了一定的冲击。尤其是战乱、灾荒的发生使得人体的生理状态愈发脆弱，此时对医生的需求更为迫切。再加之古代民间多信仰鬼神之说，普通百姓对很多自然现象，尤其是疾病的发生大多一知半解，认为是鬼神作祟。此时，医者往往被认为是某种具有超能力的神圣化身，故而也就具有一定的传奇色彩。

与诗文当中以正面形象为主导的医者群像构成对立的，是戏曲中的庸医形象。主要表现为道德低下、行为不端、油嘴滑舌、坑蒙拐骗，以贩卖毒药、假药为生，甚至还伤人性命。如《窦娥冤》中的赛卢医，刘唐卿《降桑椹蔡顺奉母》中的糊突虫、宋了人，王仲文《救孝子贤母不认尸》中抢夺妻女、私藏毒药的庸医等。以上人物塑造具有两种功能：一方面，插科打诨，戏谑调笑，起到营造氛围和铺垫剧情的作用；另一方面，也在一定程度上反映出元代医疗管理体制存在的弊端。

---

① （元）戴良著，李军、施贤明校点：《戴良集》，307页，长春，吉林文史出版社，2009。
② 查洪德：《元代文学通论》，939页，上海，东方出版中心，2019。

## 第二节　文士的医学实践及其对元代医学之贡献

元代文士中习医、通医者众多，习医的动机和目的是多方面的，有个人兴趣使然，也有从中汲取养生保健功能之目的。文人通过多种途径参与医学活动，是一种有益于修身养性的健康生活方式，也可以通过施药救治等医学活动来实现救世济民之抱负。同时，元代文士的医学活动对普及中医药知识，传播医籍内容及价值，提高医者的社会公信力，引导人们建立起正确的疾病观等方面皆不无裨益。

### 一、文士的习医动机与医学素养

自秦汉伊始，就有不少知名文士或喜读医籍、研习医理，或种药采药，视养生为一种生活方式，如蔡邕、嵇康、刘禹锡、杜甫、苏轼、陆游等。

文人习医的原因较为复杂。首先，从文化传统来看，儒家思想对中医学的影响深远。李梴《医学入门·习医规格》认为"医出于儒"。其中，"仁"是核心要素，中医生命伦理学的核心即"仁"。明代医家王绍隆在《医灯续焰》中提出"医乃仁术"，行医之最终目的即救人。中医医德的形成与发展亦始终无法脱离"仁"这一旨归，孙思邈在《大医精诚》中明确指出"仁"即医之本义。古代医家将治病救人与济世利民视为一体，"上医医国"的观念最早出自《国语·晋语八》，认为上等医者能够治理国家的弊病。张仲景《伤寒杂病论·序》指出："上以疗君亲之疾，下以救贫贱之厄，中以保身长全，以养其生。"①这是对"上医医国"之说的继承和完善。这一说法表明中医学对社会及人生的实际价值

---

① （汉）张仲景著，刘世恩，毛绍芳点校：《伤寒杂病论》，1页，北京，华龄出版社，2000。

和功用，并且将行医目的与儒家传统思想中的忠君孝亲及济世利民，紧密地联系在一起。受这种观念的影响，"或为良相救国，或为良医救民"是古代士大夫追求的一种境界。据吴曾《能改斋漫录》载，范仲淹在祠堂求签的典故，道出"不为良相，愿为良医"之夙愿。

其次，受外部因素影响。一方面，一些文士因父母或其他亲友患疾，而对中医药格外关注，并自学医籍方药。《孝经》中记载孝子之事亲，病则致其忧是一项，中国古代社会历来重视孝道，因此，有不少名医是因为双亲患疾而无法及时予以诊治，欲立志从医，如元代著名医者朱震亨、李鹏飞、方实惠、萧志通、戴垚等。文士亦然，一些文士并不以医为业，但因父母或亲友身患疾病，而开始主动关注中医药方面的知识，自学医理。另一方面，有的文人因祖辈有习医之经历，自幼便受到家族遗风之熏陶，成年之后亦格外重视医籍方药，如元好问、耶律楚材等。

最后，是内部因素作用。一方面，中医典籍的晦涩难通和中医理论的复杂深奥，给研习医理造成一定的困难。文士大多受儒学熏陶，普遍拥有较为扎实的文化功底，这为研习玄奥的古典医籍创造了良好的条件，使得自学医理成为一种兴趣，如元代大儒吴澄、胡祗遹等。另一方面，一些文士因自身多病，而对医药方书格外留心，甚至还会付诸实践，亲自种药、采药等，促使修习中医学成为一种生活方式。

金元时期，文人中习医、通医的现象相较前代更为普遍，这与时代特殊性不无关系。首先，在战乱频仍，社会动荡，疾疫肆虐的时代背景下，很多文人过着颠沛流离的生活，极易导致身体各方面出现问题。这促使文士们主动留心于中医药，以保障自己的健康需要。其次，金元时期的医学领域流派纷争，名医众多。这一时期，文士与医者之间的交游往来成为一种趋势。文士或因身体多疾而向医者求助，或因自身兴趣主动与医者结交，研习医理，切磋医术。在这种医文互动的模式里，文士的医学素养得以提高，甚至将习医纳入日常生活。再者，宋亡后，元前期科举废置不行，阻拦了欲通过科举进身仕途的文人出路，行医成为文人生存方式转变的途径。

元好问是金末元初著名的文人及史学家，亦在医学领域颇有见地，撰有《元氏集验方》一卷，今佚。元好问的医事活动深受其家族背景与时代环境影响。元氏历经丧乱，金亡前后，曾先后奔波于济南、阳平、太原等地，再加之修史的需要，长期往来各地搜罗史料。长途奔波和战乱流离，使得体质逐年下降，身体抱恙，这在诗歌中多有提及，"病枕怯遥夜，破窗风露深"①（《九月初霖雨中感寒痹作》），"扰扰长街日往回，病中聊得避喧埃"②（《围城病中文举相过》）。金亡后，元氏以著述存史为业，闲暇之余亦对中医药产生兴趣。曾"亲验"药方数十首，编为《元氏集验方》一卷，其序云：

> 予家旧所藏多医籍，往往出于先世手泽。丧乱以来，宝惜固护，与身存亡，故卷帙独存。壬寅冬。闲居州里，因录予所亲验者为一编，目之曰《集验方》。③

元氏叙写道，其先人们"官无一廛之寄，而室乏百金之业，其所得者，此数十方而已"④。由于祖辈有搜集医方的传统，再加之自身因颠沛流离而导致身体抱恙，由此而产生亲验药方、编撰为册的想法。元好问还将习医实践付诸文学活动中，具体表现有：与当时的医者如赵国器、王泽民、武济川多有诗歌互答，作有《国医王泽民诗卷》《赠眼医武济川》等；为多部医籍作序，如《周氏卫生方序》《李氏脾胃论序》；同时也记录关于中医药的庙堂、史迹，如《三皇堂记》《扁鹊庙记》《少林药局记》等。

耶律楚材是契丹文士，又旁通天文、地理、律历、医术等。耶律楚材的八世祖耶律倍精通针砭术，受祖辈影响，其对医药亦颇有研习。耶律楚材的医学活动主要有三：其一，据《元史·列传第三十三耶律楚

---

① （金）元好问：《元好问全集》上册，59页，太原，山西人民出版社，1990。
② （金）元好问：《元好问全集》上册，219页，太原，山西人民出版社，1990。
③ （金）元好问：《元好问全集》下册，58页，太原，山西人民出版社，1990。
④ （金）元好问：《元好问全集》下册，59页，太原，山西人民出版社，1990。

材》，在跟随太祖出征西域六年的过程中，用大黄治愈军中疫病的事迹。其二，注重养生，耶律楚材曾以养生之由劝谏窝阔台节制饮酒，据《国朝文类》载，他以酒槽被酒侵蚀为例，说明酒会对人体五脏六腑有所损害。其三，与诸多医者进行医术交流，赠答酬唱，如高善长、郑景贤、丘处机等，并有《赠高善长一百韵》《寄景贤》等诗作。

除此之外，元代文士习医之动机还有以下几个方面：

第一，因自身或亲友多病，关注医理并自学方药。

刘因是元初官吏，刘氏身体多病，亦在闲暇之余种药、行药，作有《行药有感》《食菰白》《采野苣》等，叙写食物的食疗价值，表达出一种朴素的养生观。因身体多病，刘氏格外留心于各种医药书籍，且记录读后感。如《读药书漫记二条》解说人体吸收药物后，对各个部位的作用，认为"相错合以饮之，而亦各随其气类而之焉，盖其源一也"①。体现出个人的医学素养。

李存早年以诗文名于乡里，亦擅于医术。李氏学医与自身多病有关，在《赠陈仲达序》中说道：

> 余幼多疾，一尝从医师，涉神农、黄帝之书，下及张、陶、孙、许数十家言，欲以稍知疾疢之所由起，金石草木寒热温凉之所由用。②

由于自己幼时多病，李存曾专门拜师学医。不仅涉猎医籍方药，对基本的医学原理有所认知，还将其付诸实践，不计报酬为亲友邻里看病。李存还将所研习的医学理论融进诗文创作，叙写医理，阐释医道。如《赐养晦针灸序》一文阐释针灸治病的疗效相比饮用汤药更为便捷有效。再如《送饶孟性序》提到河间派的治法和主张，认为"善为医者，去其

---

① （元）刘因：《静修先生文集》，19页，北京，商务印书馆，1936。
② 李修生主编：《全元文》第33册，308页，南京，江苏古籍出版社，1999。

邪而已矣。邪去而真者固，自若也"①。医者因其职业的特殊性，在治疗时应考虑周到、广泛涉猎。另外，还作有《刘道士炼丹序》《赠王圣从序》《赠曾文哲行医序》《赠李志尧序》《赠姜永吉学医序》等阐说医理。

刘祁是太宗时期的儒生，撰有《归潜志》十四卷。刘氏常读岐黄之书，深究医家奥旨，认为古人学医是为施展济人利物之抱负。另外，他还为医籍《证类本草》作序。刘祁曾在《书证类本草序》中解释自己学医的缘由：

> 余自幼多病，数与医者语，故于医家书，颇尝涉猎。在淮阳时，尝手节本草一帙，辨药性大纲，以为是书。②

元代大儒许衡亦对医理颇有研究。许衡之子因郁证引发的心气不足而去世，此事对许氏的触动较大，在《与张仲谦二首》中，他详细阐明其子的病因、病状。

许衡在涉猎医籍的同时也时常与医者讨论病案，交流医理，甚至还为友人开出药方，切磋医术。如《与李才卿等论梁宽甫病症书》一文中对于梁宽甫肺病之病源、症状以及疗法作出阐释，且对刘完素和张元素两位医者的用药原则做出了评判。再如《与人四首》中记述朋友患有肺疾，他根据药物升降沉浮的原理为其开具药方，并解释治病机理和用药原则。

第二，个人喜好，乐于钻研。

元朝大儒吴澄一生著述颇丰，吴氏对于医学的研习主要出于浓厚的兴趣。《赠董起潜序》云："予虽不学医，而好观《内经》《难经》《脉经》等书，颇晓人身脉理大概。"③ 在《赠医士章伯明序》中也说道："予喜读医籍，以其书之比他书最古也，喜接医流，以其伎之比他伎最高也。"④

---

① 李修生主编：《全元文》第33册，341页，南京，江苏古籍出版社，1999。
② 李修生主编：《全元文》第2册，313页，南京，江苏古籍出版社，1999。
③ （元）吴澄：《吴文正文集》，见《元人文集珍本丛刊》第3册，284页，台北，新文丰出版公司，1985。
④ （元）吴澄：《吴文正文集》，见《元人文集珍本丛刊》第3册，310页，台北，新文丰出版公司，1985。

吴澄参与医事活动的途径主要有三个方面。

首先，涉猎医籍，广结医者为友，并作有大量医籍序跋和赠医诗文。吴氏曾为十一部医籍作序，其他各类赠医诗文多达二十五（首）篇。其中提及的医者有陈与道、陈景咨、董起潜、王元直、蔡可名、方实翁、章伯明、邵志可、王东野、陈景和等人。

其次，将中医药知识融入诗文创作，阐释医理，叙写学医心得。有的作品提及用药原则，《送王元直序》云："予尝谓医之用药不越二端：一则扶护真元，一则祛逐客邪而已。"①亦有对经络之学的见地，《赠邵志可序》云：

> 脉者，血之流派，气使然也。脉居五藏之上，气所出入之门户也。脉行始肺终肝，而复会于肺，故其经穴名曰气口，而为脉之大会，一身之气必于是占焉。②

再者，对医学庙堂、史迹的描写。三皇庙学制度是元代在医学领域的创举，当时，多地修建或翻修三皇庙宇，文人作文以记之，吴澄便是其中之一。如《建康路三皇庙记》《抚州路重修三皇庙记》《宜黄县三皇庙记》等，记录庙宇修建的过程，阐释对修建三皇庙宇的看法。

胡祗遹学出宋儒，著述颇丰，常研习深究医理，讨论致病机制。认为"人心本无病，致病皆人为。私欲生百疾，圣人乃良医"③。阐说患腹疾的主要原因是"胃廪良有限，口贪欲多有。多欲无所容，养生反招咎"④。《病说》一文详细阐释了致病机理和养生之法，认为自致之疾十九，天与之疾十一。心志、饮食、衣服、起居等皆是致病之由，人得父母之精气以生，精气聚盛则生，消散则死，指出养护精气的重要性和

---

① （元）吴澄：《吴文正文集》，见《元人文集珍本丛刊》第3册，287页，台北，新文丰出版公司，1985。
② （元）吴澄：《吴文正文集》，见《元人文集珍本丛刊》第3册，324页，台北，新文丰出版公司，1985。
③ （元）胡祗遹：《胡祗遹集》，5页，长春，吉林文史出版社，2008。
④ （元）胡祗遹：《胡祗遹集》，49页，长春，吉林文史出版社，2008。

途径。

另外，文士习医还受两种因素影响。一是受祖辈习医经历的熏陶，欲传承发扬其学。如元好问，因其家藏医籍往往出于先世手泽，先人未留百金之业，唯有数十方，故引发编撰医籍的动机。耶律楚材的八世祖耶律倍研习医药、精通针砭术，受祖辈影响，耶律楚材格外留心于养生之道。二是以舍药救济，施行仁义为目的。危永吉为元初潮州地区的盐司官吏，博学而有文，据黄溍《赠太常博士危府君墓志铭》，危永吉于学问之余，兼善于医，著有《医说》一卷。危氏为官期间，时常"出粟赈其邻里，为粥以济路人"，亦舍药相助乡邻，危氏行医是为实现济世救民之志。再如，夏应祥曾任杭州金玉总管府杂造局大使。据徐一夔《元故将仕郎金玉府军器提举司同提举夏君墓志铭》，夏氏以救人疾苦为己任，认为匹夫欲实现济人利物之抱负，行医是一种选择。

## 二、文士的医学实践

元代文士的医学实践归纳起来主要有五点。一是编撰医学著述，为医籍作序。二是记述医学庙堂、医学史迹。三是叙写医者的经历，宣扬医者的事迹。四是研习医理和养生之道，并将所学呈现于文学作品。五是种药、采药等活动。文士的医学活动不仅属于一种修身养性的健康生活方式，还对中医学的发展具有直接或间接的推动作用。

第一，编撰医学著述，为医籍作序。

文士编撰医籍的现象最早见于东汉。为蔡邕所编撰的《本草》虽已佚，但属现今已知最早的文士所编医籍。唐宋以来，有刘禹锡编撰的《传信方》、王勃编撰的《医语纂要》、张耒的《治风方》、司马光的《医问》，以及苏轼与沈括合编的《苏沈良方》等。

金元时期，医学流派纷争，诸多医学思想、观点在此交汇、碰撞，医籍的编写和校订便是突出的表现方面。再加之宋元以来，印刷术和造纸业的发展，为医籍的刊刻提供了便利。元代文士编撰医籍的案例首推元好问的《元氏集验方》。元氏受家族习医传统和自身健康状况之影响，开始主动研习医药，编撰医籍。他在序文中提到："予家旧所藏多医籍，往往出于先世手泽，闲居州里，因录予所亲验者为一编，目之曰《集验方》。"① 医籍序跋是医籍编撰情况的具体反映，据搜集到的相关资料，现有元代医籍序跋71篇，文人作序达53篇。如吴澄作有《伤寒生意序》《内经指要序》《活人书辨序》《医方大成序》等11篇；元好问作《周氏卫生方序》《李氏脾胃论序》；许有壬作有《大元本草序》《试效方序》；贝琼作《医镜密语序》《集效方序》；虞集作《饮膳正要序》《医书集成序》《承天仁惠局药方序》等。

第二，记述医学庙堂及史迹。

有元一代，专尊三皇为"医家之祖"。中统三年（1262），元朝正式创立医学，随后，诸路陆续修建或翻修庙宇。与此同时，有不少文人撰写三皇庙碑文，以记述庙宇修建的背景、缘由与经过。

文人作三皇庙碑文，主要透露出以下几点信息。首先，是将三皇奉为医家祖神的文化渊源，这在吴澄的《抚州路重修三皇庙记》、魏初的《重修怀州三皇庙碑》、刘勋的《丰郡三皇庙碑》中皆有解释。即以伏羲画八卦、神农尝百草、黄帝与岐伯等人论经脉，与医学相联系。其次，是三皇庙的修建缘起和具体过程。据元人文集所载，最早修建于唐朝的三皇庙，起初与医学并无直接关系，当时，三皇五帝仍被尊为传统意义上的圣人被予以奉祀。而专尊医药祖神的庙宇，应当始建于金末元初，但此时，庙宇的修筑和奉祀多为医家个人行为。据陆文圭《三皇殿讲堂记》可知，由统治阶层统一下令修筑庙宇，大致是在元世祖中统三年（1262）的诏书之后，与史书记载基本相符。实际上，诸路真正开始修建庙宇的时间和过程，由于受诸多因素影响，又有不同程度的延后。再次，透过碑文所述，可知具体的奉祀时间为每年的春秋两季，庙宇的设置规模和内部装饰，以及详细的奉祀仪式。如蒲道源《三皇庙学记》、刘勋《奉郡三皇庙碑》、吴澄《抚州重修三皇庙记》、虞集《袁州路分

---

① （金）元好问：《元好问全集》下册，58—59页，太原，山西人民出版社，1990。

宜县新建三皇庙记》等文中皆有相关描述。最后，亦可从中获知，官府及文人对三皇庙宇修建及奉祀的实际态度。如修建时间较晚，位置多为人烟稀少的偏僻之地，很多庙宇的修建是在原来的旧址之上，出现修葺时间长、无人管理等局面。而在文人群体中则出现了两种不同的态度，一种以宣扬三皇之功为主，支持统治者修建庙宇的举措，为统治者寻找医祀三皇在政治上的合法性。① 另一种则引发了一些儒生的不满，认为三皇被作为医家祖神而专享奉祀，实为不妥。

第三，叙写医者经历，宣扬医者事迹。

这一点突出体现在各类医家传记与医者墓志铭当中。如戴良《周贞传》《丹溪翁传》《抱一翁传》《沧洲翁传》，洪焱祖《张恽传》《南薰老人吴源传》《程约传》，黄溍《柳立夫传》，朱右《撄宁生传》，陈基《付古民传》，张宇初《赵原阳传》等。文士所作医者墓志铭数量多、涉及人数广，为医者立传或作墓志铭，一方面介绍医者生平，称誉医德人品。另一方面在于叙写其施药治病的具体过程，展现其医术医技。

第四，研习医理和养生之道，并将所学呈现于文学作品。

元代文士在习医过程中，将所研习的医理、养生之道以诗歌或散文的形式加以呈现。以散文创作为例，文士对金元四大医家之观点的研习、阐释是一个表现方面。如刘因对张元素和李杲的用药规则及治疗经验颇为熟悉，曾在《内经类编序》中辨析张氏用药的法则："其用药，则本七方十剂而操纵之。其为法，自非暴卒，必先以养胃气为本，而不治病也。"② 许衡在《与李才卿等论梁宽甫病症书》一文中论述了张元素和刘完素不同的用药法则，并指出各自的利弊：

> 张氏用药，依准四时阴阳升降而增损之，正《内经》四气调神之义，医而不知，妄行也。刘氏用药，务在推陈致新。③

---

① 杜谆：《由圣到医：元代医祀三皇考》，载《江西社会科学》，2017（11），127—135页。
② （元）刘因：《静修先生文集》，29页，北京，商务印书馆，1936。
③ 李修生主编：《全元文》第2册，497页，南京，江苏古籍出版社，1999。

许衡认为，对于当时知名的河间派和易州派，世人只知模仿，并不深究其中的道理，更不了解其中的优劣，只有客观看待两种医学主张，互相取长补短，发挥优势，才能获得最佳的疗效。又如戴良在《赠医士周原启序》一文中，将医者所处的时代环境与用药准则联系起来，认为张元素身处金朝正强盛之时，再加之北地风气坚劲而禀受雄浑，此时用药应当以"泻法"为主。而李杲身处金末元初，国势逐渐走向衰微，认为应当以"补法"为主。这种说法虽然带有很大的主观因素，其真实性有待商榷，但仍可见文士对医理的诠释和创见。

文士对用药规则和养生之道的阐释，是又一表现方面。蒋易在《送医士邹文彦序》一文指出"五气均调而六府和，则人自无病"，故医者进行治疗的原理应当是"平其大过而助其不及，使无偏胜，则气血调和，而病自愈"①。再如戴良《赠医师朱碧山序》论及南北方因地域、环境、气候、饮食和风俗习惯等诸多因素的不同，都有可能致使人体的健康状况及相应的治疗方法有所差异。因此，同一种药物使用在不同地区、不同人体之上，会引起不同程度的反应，故要结合诸种因素，采取相应的措施。这符合中医学"因地制宜"的治疗准则。

对养生之道的阐释，亦是文士所要关注的方面，胡祗遹的几篇散文呈现了他对养生的看法。《病说》一文总结出两点养生之法，一是"当闭藏培植于秋冬，使精气有余，以待春夏之散缓施发，庶几乎康强而少疾矣"。二是"薄滋味，味薄则欲寡，欲寡则神清体强"②。《敬祝仲容病说》一文认为养生当顺应自然之势，亦当无疾言遽色，暴喜暴怒。文人专作养生论文者有梁寅《养生论》、刘勋《养生赋》等。

第五，种药、采药等医学活动。

文士进行种药、采药等活动，一方面与自身多病有关，另一方面也将这种活动视为隐居生活的一种状态。元代儒生刘因早年对医方颇有兴趣，曾为《内经类编》一书作序。至元十九年（1282），刘氏以母

---

① 李修生主编：《全元文》第 48 册，90 页，南京，江苏古籍出版社，1999。
② 李修生主编：《全元文》第 5 册，306 页，南京，江苏古籍出版社，1999。

病辞官。刘因晚年身体抱恙，有诗云："多病年来放尽慵，一龛坚坐避深冬"①；"无病不服药，此怀清更嘉"②。疾病的困扰使其寻医问药，但因生活拮据，再加之当地缺少药物，不得不自行栽种药物来治病。《采药》写道："黄精著雨宜深劚，柏子经霜可烂收。"③刘氏还亲自修筑起药圃，栽种有枸杞、地黄、甘菊、黄精、山药等。这些具有丰富药用价值的植物，既能成为日常的辅食，亦能作为治病的良方，有诗题为《学东坡小圃五咏》。刘氏将种药、采药视为一种生活方式，融入其晚年生活的点滴，即使在睡梦中也时常感受到，《梦采松脂及甘菊》一诗云：

> 栖迟负松菊，梦寐得甘馨。隐逸喜同臭，流膏味独青。人谁借三径，天欲制颓龄。毛骨清犹在，枕边霜露零。④

除此之外，还有方回《早起煮药》、马治《煮药》、周砥《煮药》、唐肃《四明山人采药歌》、韩奕《采苍术》、赵文《采芝》、方夔《药圃五咏》等，皆反映了文士与医药相关的活动。

## 三、文士的医学活动对元代医学之贡献

第一，宣传医籍内容及医学思想。

古籍序跋具有促进文献传播的作用，医籍序跋亦如此。医籍序跋主要包含了两方面重要内容。其一是医籍编纂之缘起、过程及体例，以及医籍的学术价值和时人对该书的评价；其二是医学思想和观点。医籍序跋不仅在当时起到了传播医学文献的价值，也为后世了解元代医籍种类、刊刻情况以及元代医学发展程度，提供了可以参考的重要途径。文士为医籍作序，一方面受托于医者的邀请，另一方面亦是兴趣使然。因

---

① （元）刘因：《静修先生文集》，159 页，北京，商务印书馆，1936。
② （元）刘因：《静修先生文集》，149 页，北京，商务印书馆，1936。
③ （元）刘因：《静修先生文集》，213 页，北京，商务印书馆，1936。
④ （元）刘因：《静修先生文集》，149 页，北京，商务印书馆，1936。

此，文士在宣传医籍价值，提高医籍知名度等方面，起到了重要作用。试举几例以作说明。

元好问在《伤寒会要引》中叙述该书的价值：

> 《会要》推明仲景、朱奉议、张元素以来备矣。见证得药，见药识证，以类相从，指掌皆在。仓猝之际，虽使粗工用之，荡然如载司南以适四方，而无问津之惑。①

王恽《卫生宝鉴序》写道，由罗天益编撰的《卫生宝鉴》，其主要内容与价值有三：一曰辩误，二曰择方，三曰纪验。再如许衡归纳吴敏修的《吴氏伤寒辨疑论》时说道："是书辨析疑似，类括药证，至发先贤之未发，悟后人之未悟。"② 刘岳申对医者王东野的《本草单方》评价较高，在《本草单方序》中，先是以"人病疾多，医病道少"来说明当下社会存在的弊病，如庸医不明理、不知书，不学无术，严重者造成病者的无辜死亡。归根结底，是不明理、不论理造成的弊端。

该书在用药指导及疾病治疗方面，具备"有专攻、有速效"的参考价值。

世医往往忽视小方，认为其内容少、作用小。谭景星在《小方医经序》中对此进行纠正。他以小学之于大学的重要性，来比拟小方之于大方的作用，以此凸显其价值。说道："如有成其大者，未始不由于小也"，世间万物的规律皆是积少成多、由小变大。无以为之小，孰能为之大？指出医者不应对小方抱以偏见。谭景星通过众多类比和说理，说明小方的功用与价值，试图宣扬以一种公正合理的态度来看待各类医籍。

一些医籍往往由于诸种缘由而未能刊行，此时，文人序跋成为了解医籍概貌的主要途径。元代曾编有两部《大元本草》，其中一部于至

---

① （金）元好问著：《元好问全集》下册，56页，太原，山西人民出版社，1990。
② （元）许衡著，王成儒点校：《许衡集》，195页，北京，东方出版社，2007。

元二十一年（1284），由元世祖命翰林承旨撒里蛮、翰林集贤大学士许国祯，集诸路医学教授增修。另一部由元末士大夫朱辕编撰，后不知所终。从许有壬的《大元本草序》中，可以得知朱辕编撰医籍的具体背景，以及该书的体例与特点。序文先指出元朝疆域辽阔、交通的便捷和商贸的发达，使得每年都有来自西域等地的医药输入中原地区。因此，朝廷专门设立了以广惠司为代表的医药机构，来管理西域药物。许有壬指出，这正是编纂本草类医籍的最好时机。序文写道朱氏《本草》的基本体例：

> 书有三纲九目，其明部属，谓旧本始玉石，人部居草木后为失次。万物人最灵，乃始人部，余各有次，而终以鬼瘥。人部首列内外，景图详疏，其下举元命之秘，生死之关，昭揭诸世……①

朱氏《大元本草》的特殊之处，就在于打破了以往本草著述中，将人部列于草木部之后的传统，凸显"万物人最贵"的观念。在此基础上，还详细描绘了人体五脏六腑的示意图。许有壬认为，该书的核心价值在于，列出了西域地区的稀有药物。虽然朱氏并没有对这些药物进行详细考证，但是对性状、疗效的初步介绍，可为后人继续研究此类药物打下基础。朱辕编撰此书的目的在于"将奉此书上之朝廷"，但由于诸种因素，该书并未流传后世，不可不谓遗憾。而在许氏的序文中，才得知该书对于本草学领域的重要意义和开拓价值。

第二，塑造良好的医者形象，由此提高医者的声望，增强医者的社会公信力。

一方面，文人借助对医者行医事迹的叙写，反映其高尚的医德人品，从而完成对其良好形象的塑造。如称誉医者的医德人品，展现其不谋私利的初心。许有壬《试效方序》提及医者仲元君在行医过程中的作

---

① （元）许有壬著，傅瑛，雷近芳校点：《许有壬集》，402页，郑州，中州古籍出版社，1998。

风，文曰：

> 视人疴痒如己惨舒，遇病者夜半扣门，辄与治，善药不少靳。王公贵人，往往屈致，其全活殆不可偻数。至酬以金币，辄拂袖迳取。①

再如吴澄在《送王东野序》中叙述王东野医术高明，几近提拔，屡受恩荣。后朝廷废除广惠局，东野卸任归乡，淡泊名利，买田用来支持当地医学发展。不谋私利，家藏医方授予所需之人。又如虞集《赠何明之序》云："以病缓急为先后，不徇贵富，不弃贫贱，与药当病，不计其赀之高下"②，国子伴读李生病寒热，经久不愈，众人皆推荐何氏诊治，经由其诊视，病愈，李生数次给予重酬，都被何氏谢绝。

类似的作品很多，如蒲道源《赠目科高敬文诗序》、李存《赠王圣从序》、朱德润《赠医士顾叔原序》、杨维桢《赠医士莫仲仁序》、谢应芳《赠医士顾彦文序》、虞集《赠何明之序》等。

另一方面，宣扬其行医事迹，提高医者的知名度，扩大其社会影响力。这在一些赠医作品中有明显反映。通常情况下，在医者治病救人后，文士会以作品相赠，或代他人而作，以表谢意。这个过程本身就具有宣传医者声名的价值，尤其当文士具有较高的社会地位和影响力时，这种作用便更为突出。

以吴澄的几篇赠医作品为例。医者陈景咨曾任吉水、新喻二州的医官，吴澄《送陈景咨序》一文写道："在职也，众医安之，去职也，众医思之。"③通过周围人的举动，反衬其高贵的人品及恪尽职守的道德操守。吴澄说道，陈景咨通儒勤学，为人宽厚仁德。受百姓拥戴信任，却难以得到上层的提拔任用，显然有替陈氏鸣不平之意，间接指出医官选

---

① 李修生主编：《全元文》第38册，135页，南京，江苏古籍出版社，1999。
② （元）虞集：《虞集全集》，568页，天津，天津古籍出版社，2007。
③ （元）吴澄：《吴文正文集》，见《元人文集珍本丛刊本》第3册，282页，台北，新文丰出版公司，1985。

拔任用制度的弊端。

董起潜和章伯明皆是吴澄的同乡，二人涉猎儒术，精究医方。吴澄在《赠医士章伯明序》中说道，晚年身体抱恙，因体内寒气而数日无法进食，董氏与章氏先后诊治，两位医者对经络之学颇有深究，但遗憾之处在于时人并未对此有所了解。吴氏得两位医者之恩惠，深知其医术之高明，时人却知之者甚少，希冀"傥病者人人得此医，则世岂有难愈之疾哉"。虽不免有过誉之辞，但在叙述这一事件的过程中，传播了医者的声誉。

第三，引导民众树立正确的医疗观，主动求医，积极配合治疗。

传统中医学与巫紧密相连，巫医信仰自古有之，巫医治疗是一种信仰也是一种手段，但这容易被一些信仰缺失的装神弄鬼者趁虚而入，违背了巫医治疗的原始机制。民间多信巫不信医，很多百姓生病后往往寻求巫医帮助，不愿主动寻医问药，这些被民众所求助的巫医，并非都是有一定底蕴的医者，真假难辨，容易导致病急乱投医的行为。面对此种现状，一些具有社会责任感的文士便针对这一现象，阐发观点，引导民众能正确面对疾病，积极求医，采取有效的治疗方式。

揭傒斯在《赠医者汤伯高序》中提及楚地百姓信巫的风俗，作者深感痛惜，认为医之道既久不胜于巫，虽有良医且不得施其用。文曰：

> 楚俗信巫不信医，自三代以来为然，今为甚。凡疾不计久近浅深，药一入口不效，即屏去。至于巫，反覆十数不效，不悔，且引咎痛自责，殚其财，竭其力，卒不效，且死，乃交责之日，是医之误，而用巫之晚也，终不一语加咎巫。故功恒归于巫，败恒归于医。①

元代疾疫肆虐，对于疫病，百姓深信是由鬼神作祟。谢应芳的《自冬而春举家病疫，予幸独无恙，既而疾止，诗以自贺，并记里俗之陋》

---

① （元）揭傒斯著，李梦生点校：《揭傒斯全集》，319—320 页，上海，上海古籍出版社，2012。

就记载了这一事实。去岁因持续干旱导致饥疫，诗人举家遭遇疫病，乡邻则认为这是由于疫鬼缠身而致。谢氏坚决反对这一做法，认为"俚俗无足怪，妖巫肆讹传"。

谢应芳曾在《辩惑编》中专设"疾疠"一篇讨论疫病。认为时人经常将疫病归咎为鬼神作祟，并通过施展法术等行为来祛除或防治疫病。在现实中，百姓对疫病避之不及而见死不救，作者撰写此文以劝诫。并客观分析了疫病产生的原因，防治的措施，希望百姓能够积极寻医问药。

如果文士借由作品来展示自身对疾病的认识，希冀民众能够树立正确的疾病观，是一种价值观念的引导。那么通过对疾病治疗过程的详细描写，尤其是举医案中大量成功治疗的例子，则印证了这种观念的合理性，亦更具说服力。

如吴澄《赠董起潜序》讲述医者董氏来家中拜访，并准确预言吴澄将于明年春夏之交沾染疾病的事迹。这一案例说明董氏熟通经络之学，能够对疾病有快速准确的研判，并且依据病情来分析脏腑经络，对症下药。

对疗效的描写，一方面说明了药物治疗的合理性，另一方面亦突出了医者高明的医术。

医案中成功的典例则更具说服力。元好问《伤寒会要引》中例举6例，戴良《丹溪翁传》中载有13例，《抱一翁传》录有15例，朱古《樱宁生传》中有41例。在这些案例中，不仅有关于患者姓名、身份、住址的详细记载，还有具体的病因、病状以及医者采取的相应治疗手段，使得传记的真实性得以增强。

在诗文作品中，此类例子较多。归纳之，可集中概括为三个方面：一是对患者病状的描述，往往借助夸张和细节描述，来说明病情的严重程度；二是对医者治疗手段的记录，包括具体的用药剂量、治疗方法等，以此展现医者的医术水平；三是对患者病情好转的叙述，文人对治疗过程的叙写，旨在说明疾病是一种可防可治的客观存在，倡导正确求医问药、未病先防之观念。由此，引导并帮助人们建立起正确的医疗观。

## 第三节　医者与文士的互融互动

有元一代，医者与文士之间的联系较为紧密，构成医文交融的文化现象。这一文化现象主要有两层意蕴。首先，是兼具医者与文士的身份属性，元代儒生从医，与北宋以来儒医的形成具有一定延续性，同时受到时代环境之影响，呈现出其普遍性与特殊性。其次，是医者与文士之间的互动往来，根据数量可观的赠医作品，亦可考察元代医者与文士之间交游互动的规模及方式。本节主要基于以上两点，对此现象进行论述。

### 一、古代医者的社会地位变迁及"儒医"的形成

儒医是对医者的褒美之称，在医生群体中具有较高的地位。显然，这与儒学有紧密的关系，而医与儒产生联系，是在宋代以后。宋以前，中国古代医者的社会地位跟随当时的社会制度、经济水平与文化思想而发生相应的变化。

以殷商时期为代表的人类社会初期，限于较低的生产力水平和先民原始的思维模式及认知，在原始宗教意识引导下诞生的巫术，是孕育巫医的土壤。巫掌管着祭祀，在当时具有较高的社会地位。其中，一些巫掌握着丰富的医药知识及经验，通过某种神秘的方式参与医事活动，形成巫与医一体的模式。"巫医"即以画符、念咒等方式，兼用药物，以驱除鬼神作祟为治病手段的医者。①《说文解字》云"巫彭初作医"，《尚书·金縢》载有"周公祷武王之疾而瘳"一事，《周礼·大聚》有"乡立巫医，具百药，以备疾灾"之说，《抱朴子》中的禁咒之法，皆说明

---

① 高希言、朱平生、田力主编：《中医大辞典》，548页，太原，山西科学技术出版社，2017。

了当时巫医的普遍性。巫医具有沟通神灵和医药救治的双重职能，但从本质属性来讲，他们的社会身份主要为巫，能够在占卜祭祀之余，将原始的医疗活动加以初步的归类整合，并且将其赋予神秘化。巫医由于掌握着优于常人的文化知识和医疗经验，可以说是早期医生的雏形。

春秋战国时期，随着社会生产力的发展和文化领域内的变革，以及药物知识和治疗经验的积累，巫医一体的模式逐渐瓦解，为专职医生的出现奠定了基础。医生职业化发展的趋向，需要更多具备一定理论素养和知识的人才，如名医扁鹊，在《史记》《韩非子》《战国策》《说苑》中皆有相关事迹的记载。再如秦国医生医和、医缓，这些人大多属于士阶层，普遍能受到各诸侯国的礼遇。

医者地位的下降发生于汉代。《汉书·艺文志》中医经、经方、房中、神仙等被划归为方技一类。相应地，医者的地位实际上属于"工"的阶层，这与汉武帝时期的重农抑商政策和儒家独尊地位的确立有关。行医不再是受到礼遇和重视的职业，知识分子耻于学医、行医，将其视为"小道""方技"。这种情形一直延续至唐代，主要有两点表现：

一是从历史评价机制而言，据《三国志·方技传》："游学徐土，兼通数经……佗之绝技，凡此类也。然本作士人，以医见业，意常自悔。"[①] 华佗作为东汉时期的名医，却为自己从医的行为感到后悔，可见，这受制于当时整体的时代氛围。另外，在一些正史中，也少见名医的相关记载，如张仲景，在《后汉书》《三国志》中均无传。至唐代，此种情形并无大的改观，《新唐书》载："凡推步、卜、相、医、巧，皆技也……故前圣不以为教。"[②] 依旧能说明当时医者的地位。

二是从社会评价来看，韩愈《师说》中"巫医乐师百工之人，君子不齿"的说法，就是此种情形的体现。以唐代医者孙思邈为例，孙氏除了精研医理，还博通"五经""三史""庄老"，唐太宗曾屡次请之为官，孙氏均不受。即便如此，正史中依然将其归为"方技"。对此朱熹深感

---

① （晋）陈寿：《三国志》，802 页，北京，中华书局，1982。
② （宋）欧阳修、宋祁：《新唐书》，5797 页，北京，中华书局，1975。

不平,《小学笺注》云:"思邈为唐名进士,因知医贬为伎流,惜哉。"①

结合历史变迁和社会评价,医者的整体地位大致经历了如下过程。起初是由上古时期处于核心阶层的巫医,至春秋时期的巫与医逐步解体成为有职业性质的医者。汉武帝时期,受儒家大一统思想的影响,医术被视为"方技"或"小道",医生的社会地位随之下降,成为不入主流的职业。这种情形一直延续至唐代,从正史中罕见的医生记载和社会评价可见一斑。

医生社会地位的第二次转折发生于北宋,这一时期,出现了"儒医"之称,据《宋会要辑稿·崇儒三·二十》载:

> (政和七年)八月十日臣僚言:伏观朝廷兴建医学,教养士类,使习儒术者通黄素、明诊疗,而施于疾病,谓之"儒医",其大惠也。②

可以看出,当时朝廷设立医学的主要目的在于"教养士类",而以"儒医"来指称在此学习的士人。实际上,"儒医"的出现,与宋朝在建立医学过程中,欲增加有德行人才的措施有关。据《宋会要辑稿·崇儒三·十一》载:

> 所有医工,未有奖进之法,盖其流品不高,士人所耻,故无高识清流习尚其事。今欲别置医学,教养上医……③

讲义司认为,医学真正要培养的是高识清流之士,目的是教养上医。可如今,出自太医局的学生也多是从事医工之流的工作,且为士人所耻。实际上,这条奏文反映的是宋代对医学教育人才培养的探索。

---

① (明)李梴:《医学入门》,19页,南昌,江西科学技术出版社,1988。
② 王云海、苗书梅等点校:《宋会要辑稿》,2217页,郑州,河南大学出版社,2001。
③ 王云海、苗书梅等点校:《宋会要辑稿》,2213页,郑州,河南大学出版社,2001。

假设上述材料从朝廷的决策角度，来阐说儒医产生的历史背景，那么在这种决策产生前，就已有一定的社会基础使之孕育而生。返观上述材料中"盖其流品不高，士人所耻"可知，讲义司希望以"教养上医"为医学生的培养目标，很大程度上与士人群体的态度有关。前文提及，宋代以前，尤其自汉代以来，医生的社会地位比较低下。宋代伊始，士人阶层中开始流行尚医风气，据石韫玉《重刊宋本洪氏集验方》序文：

> 宋祖宗之朝，君相以爱民为务，官设惠济局，以医药施舍贫人，故士大夫亦多留心方书，如世所传《苏沈良方》《许学士本事方》之类，盖一时风尚始然。①

士大夫尚医风气的形成与官方设置惠济局，以医药施舍贫人的方针有一定的关联。这种上行下效的现象，是否是士人尚医的决定性因素，还有待进一步论证。但不容否认的是，结合序文中医籍产生的时代背景，石韫玉的确是描述了一种现象，即宋代士人尚医的客观存在性。

至宋一代，以太宗、徽宗为代表的统治者尤为偏好医学，其间多次组织大规模的官刻医籍活动。神宗时期，王安石推广"三舍法"，一系列措施推动了医学教育的发展，提高了医学的地位。与此同时，至宋代，儒教的正统地位愈加得以巩固，儒家思想中较为典型的格物致知理念，以主张实际应用为价值取向。此时，医学正是实现儒家理想的途径。② 北宋以后，儒士习医成为风尚，而后有"儒医"之称。不论从社会地位还是文化素养，儒医的身份明显要高于前代，这与《宋会要辑稿》中所举之例，讲义司欲"教养上医"的目的不谋而合，从小的角度来说，是为医学教育培养更具素质的人才，从大的方面而言，实质上也是欲借助儒学来提升医学的地位。当然，从医德角度出发，医学乃仁术

---

① ［日］冈西为人编：《宋以前医籍考》，869 页，北京，人民卫生出版社，1958。
② 马伯英：《中国医学文化史》，上海，上海人民出版社，1994。著者认为宋代儒医传统的形成主要有两方面因素。一是皇帝对医学的偏重；二是儒家思想中格物致知的理念。

的观念自春秋就已初步呈现萌芽，直至唐代孙思邈在《大医精诚》中的论述而达到高峰，可以说，这是儒学对医学的影响体现。降至宋代，由于统治阶级对医学之重视，加之儒家正统观念的进一步巩固，促使儒学与医学的相互渗透逐渐深入。因此，"儒医"的形成既是特定时代下一种特殊的文化现象，也是医学在漫长的历史变迁中自然演进的结果。

结合上文所阐述的医者社会地位的变迁及儒医的形成，与《四库全书总目·医家类》总序中"儒之门户分于宋，医之门户分于金元"这一论断。可以推测三点讯息：一是从儒学角度来看，宋儒突破汉唐训诂束缚，形成学派纷涌的局面。二是从医学领域而言，医生职业的属性及地位自北宋起发生了重要变化，由被视为"小道"的草泽医生向儒家士大夫转变。在此基础上，各家医学论说的碰撞、交融与发展，自北宋起至金元形成高峰。三是正是基于儒学与医学革新，儒学思想向医学领域的渗透，使得儒医的形成具备前提。

前文阐述，儒医的形成与北宋朝廷的医学教育政策，以及士大夫群体中的尚医风气不无关联。据《宋会要辑稿》"儒医"一词起初多出现于朝廷发布的政令中，其主要作为官方用语。而后则相继出现于笔记小说、方志中，如洪迈《夷坚志》中有"蕲人谢与权，世为儒医"（《甲志卷二·谢与权医》）的记载。再如温大明在《隐居助道方服药须知》中的记载：

> 余家世南京，高祖因宦游，寄跡四明。所谓医籍奥旨，初得医师王承宣心传妙旨，更历三世，至先君制乾，随侍魏丞相入都城，遂以儒医名于时。①

尤其是南宋以后，儒医之称逐渐深入民间。此时儒医背后的文化内涵主要包含两点：其一，是对北宋年间医学教育政策的落实，即通过"教养上医"，改变医学教育的性质，提高医生的整体素质。其二，儒医

---

① ［日］冈西为人编：《宋以前医籍考》，920页，北京，人民卫生出版社，1958。

背后所指设的范围更广，从某种程度上反映出根植于中国古代传统社会的一种文化概念。宋以来的知识分子，不仅将医学视为一门可研讨的学问，同时，他们希冀能以医学的实际功用，来践行儒家济世利民的想法更为迫切。

自此，儒医的形成、发展以及内涵便得以明确，它是儒家文化与中医学在特定时期内融合而成的一种文化载体。具体指拥有一定文化素养的医者，即习儒且通于医术的人士。儒医是一种对医者进行社会价值评判的标准，从某种程度上标志着医者社会地位的提升。自南宋以后，儒医的指涉更为宽泛，在下文中探讨元代儒医的相关情况时，也将这几类人群纳入其中加以考察。如尚医士人中的医学精通者，弃仕为医者，以及身份虽是专业医者，但行止却有类儒流的个人或家族成员。① 著者认为，儒医之称谓自北宋伊始发展至南宋，总体而言包含了尚医士人中的精通医学者，弃仕为医者（也需要精通医学），以及身为专业医者，但行止却有类儒流的个人或医者家族成员。以上均有被称为儒医的可能。我们认为，儒医是儒家文化与中医学交融发展演变的结果，是一种文化概念，因此，在探讨元代儒医的发展情况时，也将上述几种类别纳入其中。本书将参照这一概念，根据元代历史发展的实际情况，重点阐述尚医士人与弃儒从医者。

## 二、医文身份的重叠——元代儒医及文士从医现象考察

有研究者曾对元代儒生从医的情况做出相关统计，认为有元一代，原本身份为儒生的医者达 93 人，其中南方 67 人，北方 26 人。② 并依照地域和时期，分别考察了南北方具有典型性的代表人物，进行了列表说明。该文主要是从史学角度而论，突出说明元代儒生从医相较于前代的

---

① 陈元朋：《两宋的尚医士人与儒医——兼论其在金元的流变》，290 页，台北，台湾大学出版委员会，1997。
② 铁佳鑫：《元代儒士从医研究》，内蒙古大学硕士学位论文，2019。

普遍性，其统计数据具有一定的参考价值。考查元代的儒医数量、地域分布及规律并非本节的重点，只是作为基本的研究背景，且上述成果中已详细列举了元代儒医的基本情况，故不作赘述。下文将试图通过相关的文史资料和作品，结合元代政治、文化的实际情况，来说明元代儒生从医的几种主要原因和现状。并在此基础上，反映元代儒生行医的某种普遍性，展现这一由医者与儒生两种身份并存的特殊群体。

儒生行医的情况是多方面的，结合上文对儒医之内涵的剖析，若再加以细分，主要有两种情况。一是学儒而攻医者；二是原先为儒生，后因诸种原因弃儒从医者。将试举几例以作说明。

（一）学儒而攻医者

窦默，年少时研习儒业，后遭逢元兵南下被俘，家庭亦遭遇变故。窦氏被医者王翁召为婿，王翁使其业医，认为"世方多难，能业医术，则可以济人而善身"[①]。于是开始学医，并钻研铜人针法。窦默与许衡、姚枢等人一同讲习儒学，行医治病。

李纲，李氏年少时，以诗歌名于乡里。年岁渐长，一边学儒一边攻习医术，成为当地小有名气的医者。元中统年间，李氏被授予南京路医学教授。

徐益，徐氏之父曾以医为业。徐益学儒且精通医术，胡炳文《伯裕字说》云："徐君业儒，而医之术益精。为医，而儒之道益行。"[②]（刘敏中《河南谷氏昭先碑铭》）

谷杲，谷氏年少时贯通诗书，颇有才气。自言"古人以良医比良相，吾其为医乎？"[③] 谷氏自学方书，研习各类治病之法，在京师享有盛名。后被授予广平路总管，在任期间，十分重视儒学及医学教育。

张恒斋，元末提领常州路惠民药局事，张氏早年间研习儒学，且对

---

① （元）苏天爵辑撰，姚景安点校：《元朝名臣事略》，151页，北京，中华书局，1996。
② 李修生主编：《全元文》第17册，137页，南京，江苏古籍出版社，1999。
③ （元）刘敏中著，邓瑞全、谢辉校点：《刘敏中集》，110页，长春，吉林文史出版社，2008。

医籍方书颇有研究，同时也热心于救治贫病者。

张元善，张氏祖上以医为业，张元善亦通儒学且精于医道，曾任江浙医官提举。张氏曾数次救治贫病者，不以报酬为目的，获"医名儒行之君子"的赞誉。

戴启宗，以读书习儒为主业，曾任龙兴路儒学教授。专攻儒术之余，也研习医理，撰有《活人书辨》。

张景山，年少博学多才，曾任武昌儒学正、松江儒学教授。同时精于医学，为人诊治而不计报酬，以儒医称名于一时。

（二）弃儒从医者

其次是弃儒从医者，弃儒从医又包含两种情形。

第一种情况是由于父母亲友或自身多疾，行医之目的在于为亲友疗疾，或为保障自身健康的现实需求。如名医朱震亨，位列"金元四大医家"之一，著有《格致余论》《局方发挥》等医学论著。据戴良《丹溪翁传》，朱氏祖上世代为儒，朱震亨自幼通读诗文，后举乡试不利而放弃。而立之年时，其母患脾病，多方求医无效，朱氏立志学医为母治病。再如医者方实惠，据徐明善《送医教授方实惠序》："方君家故儒，至君，以亲病故，兼读岐黄之书，乃深入微奥。"[①]可以看出，这批士人原本家族世代为儒，受其家风熏陶而学儒，或自幼喜读诗书，善于诗文，从医的内在动因则为救治患疾的父母亲友，或为奉养双亲，或因自身患疾，由此开始研习医理，并以行医为主业。

第二种情况则是在某种外力的驱使下，以行医为手段来实现生存境遇的转变。罗天益是金末元初的医学家，据砚坚《东垣老人传》，罗氏年少时勤读诗书，稍至成年遭遇金末战乱，开始潜心学医，以此谋生。亦有因仕途不畅转为习医者，据杨维桢《仁医赠刘生》，河间医师刘本仁曾"壮负远志，北上京师"，后不得志，于是放游名山，行至庐阜时，

---

① （元）梁寅：《梁石门集》，见《元人文集珍本丛刊》第7册，657页，台北，新文丰出版公司，1985。

遇一至人，授以肘后书，于是便洞究医家之微，以治病救人为己任。再如熊景先，其祖辈皆为大儒且通医术，熊氏勤读诗书，欲以科举为志。但因屡次应试不中，立志转为习医，著有《伤寒生意》一书。又有成廷珪的《河南陆思颜两举不第，隐于南浔以医卜治生，作诗赠之》，陆氏科场不顺，选择以医隐为生。亦有梁寅《赠儒医罗诚之序》所载："诚之，庐陵之儒者也，尝以明经三试有司，不一得，遂绝意名禄而隐于医。"①

需要说明的是，元代儒生行医与当时科举不兴有一定关联。自金亡至元仁宗年间，科举被废止近八十年，使得一批希冀通过科考进入仕途的儒生，在参与国家治理方面失去了优势。王恽曾直言"干禄无阶，入仕无门"（《吏解》），这是当时大部分儒生的境遇，行医成为儒生为探寻新的生存方式而做出的转变。据黄溍《成全郎江浙官医提举葛公墓志铭》："公少从季父某受《周礼》，为举子业。国朝取宋，场屋事废。公无仕进意……退而取家庭所闻《灵枢》《素问》诸书之说，研穷精核。"②再如傅若金《赠儒医严存性序》："里人严存性，年少而力学，博涉经史，旁及医药百家之言。方将以儒术取进士第，以见用于世，而科举废矣。于是益取医家之书而读之，求尽其术，以游四方，而行其志焉。"③

由此可观，有元一代，"儒医"所包含的概念与文化内涵更为丰富。学儒而攻医者，具体指富有文化素养与道德内涵的尚医士人，他们兼习医药之理，不计报酬为亲友乡邻疗疾，将行医视为一种生活方式。弃儒从医者，在面临生存危机的境遇中，将行医视为一种生存方式的转变途径，这亦是元代儒士从医所反映出的一种较为特殊的文化现象。

影响元代儒士从医的因素是多方面的。其一，宋代以来，医学文化发达，宋人尚医风气浓厚，尤其是"儒医"之称在北宋的形成，总体上提升了医者的身份认同及社会地位。士人不仅将学医视为一种生活方

---

① 李修生主编：《全元文》第49册，400页，南京，江苏古籍出版社，1999。
② （元）黄溍著，王颋校注：《黄溍全集》，554页，天津，天津古籍出版社，2008。
③ （元）傅若金著，史杰鹏、赵彧校点：《元代别集丛刊 傅若金集》，247页，长春，吉林文史出版社，2010。

式,还希冀通过行医来实现儒家济世利民之理想,这在元代仍是一种延续。其二,从社会环境和现实层面来论,元代科举废止近八十年,儒士从医是士人在面临生存困境时,为寻求新的人生道路而做出的选择。其三,元代统治者重视以医学为代表的实用之学,专门将三皇视为医家祖神予以奉祀。不论从医学政策的制定还是医生的选拔培养方面,都为儒士选择以医为业提供了一定便利。

### 三、医文主体的互动——元代医文交游之风

元代医者与文士之间的联系颇为紧密,这是医文交融现象的又一体现。下文将从三个层面分别讨论。首先,通过数量可观的赠医作品,来查看文学作品所体现的医文交游的广度。其次,从医者与文士交游往来的方式而言,谈及医文交游的深度。最后,从元代文士对医学的态度出发,辨析医文交游的思想基础,并总结分析医文交游之目的和意义。

#### (一)医文交游概况

医者与文士的交集,最为直观地反映在相关的文学作品中。根据元人别集、总集,择取整理出医家传记17篇,医者墓志铭27篇,由文人代笔的医籍序跋53篇,赠医作品182篇,共计279篇,涉及84位作者。若按照平均值计算,每位作者有3篇之多。从这些作品中,可较为直观地获知医者与文士交游往来的具体情形。

首先,从创作类别和内容来看,值得关注的主要有以下两个方面,从中可以考察文士与医者交往的途径与情形。

一是文人赠予医者的作品,以诗歌居多。描写内容主要有:文人以答谢医者赠药、愈疾之恩为初衷的诗作,如丁鹤年《谢刘伯升愈疾》、周闻孙《谢郭北溪治病》、刘崧《赠医师任光显》等;赞美医者的品德涵养,记述文士与医者友情的抒怀之作,如贡师泰《送医士张景远归太平之黄池》、陈镒《赠医人冯英伯》、许恕《送医士吕兰坡还乡》等;

通过直接或间接地对治疗过程的描写，展现医者的医术技能与职业素养，如谢应芳《赠眼医张嘉甫》、杨维桢《艾师行，赠黄中子》《医师行，赠袁炼师》等。

二是由文人代笔的医籍序跋。文人为医籍作序，通常有两种情况。其一，医者邀请文人为其医籍作序，如医者罗谦甫就曾分别请刘因和王恽为其两部医著作序，分别为《内经类编序》和《卫生宝鉴序》，在两篇序文中，都详细交代了医者邀请其为之作序的缘由、目的和经过。其二，文人主动为医籍作序，这种情况一般基于文士与医者之间较为熟络，有比较深厚的交情。如戴良就曾为医者项彦昌的著作《脾胃后论》作序，其中写道："彦昌与予交最厚，因携至海上，乞一言为叙引。"[1] 医者项彦昌将平日从医过程中习得之经验与医理，作为《脾胃后论》若干言，以补东垣之未备。书成之后，请作者为之作序，亦是因医者项氏与作者"交最厚"。再如元好问与医者李杲曾有将近六年的交情，元氏在《伤寒会要引》中称："壬辰之兵，明之与予同出汴梁，于聊城，于东平，与之游者，六年于今。"[2] 类似的例子比较多，皆可反映出元代医者与文士之间的情谊。

其次，从创作主体出发，可以获知当时与文士有交集的医者数量和规模。创作赠医作品数量较多的有元好问、吴澄、王恽、谢应芳、贡师泰、蒋易、邓雅等人。吴澄曾为医籍作序达11篇，赠予医者的各类诗文有25篇。王恽也为8位医者创作诗文，含有墓志铭和各类赠医诗作，例如，针医李浩（《跋针者李君玉诗卷》），眼医杜金山（《题眼科杜金山卷》），太医胡器之（《医说赠胡器之》），儿医申仲康（《大元朝列大夫秘书监丞汴梁申氏先德碑铭》）等。这可以从侧面反映出文士结识医者的广泛度。

---

[1] （元）戴良著，李军、施贤明校点：《戴良集》，242页，长春，吉林文史出版社，2009。
[2] （金）元好问：《元好问全集》下册，55—56页，太原，山西人民出版社，1990。

(二)互动中的"双赢"——医文交游之方式及目的

医者与文士之间的交往方式,很大程度上带有各自的职业属性及特点。对于医者来说,其职责在于治病救人,这决定了医者实现社会交往是在行医治病的过程中完成的,其中亦包括众多文士及其亲友。对于文士来说,诗文创作不仅是一种生活方式,亦能作为一种社交手段。在医文互动的文学语境中,诗歌常被用来作为酬答的"礼物",这从数量较多的赠医作品中即可反映。

文士作诗相赠分为两种情况。一方面,感谢医者为自己愈疾,如揭傒斯《大热疾势危甚,项君子虚视之,一药而起,为赋五言一首为谢》,唐桂芳《病中谢陆和夫馈药》,叶颙《赠医目黄有翁三首》,周闻孙《谢郭北溪治病》,刘崧《赠医师任光显》,刘敏中《送王府太医房唐卿》,郭钰《赠戴医》等。另一方面,也为乡邻或亲友代笔,文人为他人代笔,一种为受人之托,如胡奎《谢杜医士为叶百户赠》,宋禧《慈溪人求诗赠医者章敬德》,平显《武林春色卷为刘爱松题谢京城陈光明眼科者》,张庸《赠医士陈子云为倪仲权谢》等。还有一种是出于对医者的敬仰赞慕,主动作诗以赠,例如释宗衍在《赠医者赵郭冼》中交代赠诗的初衷,文曰:

> 赵郭冼,儒而医者也,凡遇疾之不可为者,辄能起之。万户玉泉公得奇证,冼药之,即差愈,其报不受。余闻而喜也,乃赋以赠之。①

作者并非受人之托,作诗相赠也是出于"闻而喜",是一种因仰慕医者的医德人品后,自发主动的行为。

如果上述所举之例中体现的医文交游,是出于文士对于医者愈疾之恩的感谢与"回馈",属于一种基本的礼节。还有一种情况不容忽视,

---
① 杨镰主编:《全元诗》第47册,322页,北京,中华书局,2013。

即那些反映医者与文士深厚情谊的诗作。一些文士因长年患疾,经常寻医问药,在这个过程中也结识了一些人品端正、医德高尚的医者,自此便结下了深厚情谊。如贡奎《赠杨医士》:

> 卖药都市久,买车上开平。病躯偶相依,远别动离情。居庸五十里,度关极修程。烈风九夏寒,日落边马鸣。野鼠味穷甘,初食心稍惊……①

诗人得知医者杨氏将要远行,赋诗相赠。"病躯偶相依,远别动离情"反映出不忍离别的深情厚谊。诗人担心旅途遥远,杨氏此去必将遭受一番辛苦,字里行间尽是一番殷勤嘱咐。

再如胡奎《赠医士郜士清》:"前年别我朝天去,药笼参苓随所寓。归来卜筑两山间,绕屋杏花春满树。"②诗人与医者曾有往来,自郜医士前年一别,直至归来,诗人看到其屋前已被杏花围绕,这些应当都是曾经的患者为答谢其愈疾之恩而栽种的。可想而知,郜医士的医术与人品已被大众所认可,亦是诗人所敬仰的。"一水相望五十里,峡云江树思悠悠"二句反映出两人的深厚情谊。又如陈镒《赠医人冯英伯》:"一别冯君今十载,重来犹带旧行囊。"③李祁《赠安城王本立序》中说道,医者王氏"喜结交当时之士君子,相与为诗章倡和,以道其志"④。

在人际交往中,双方经过一定的信息交流行为,以达到预期某种利益需求的满足,这种人际交往的过程被称为双赢。⑤不可否认的是,医者与文士之间的交往亦存在这种趋势。若从现实利益考量,对于文士而言,能够结识几位医者,可以在一定程度上获取医疗资源的便利。对于医者来说,当为某位文士及其亲友愈疾之后,时常不求报酬,此时文士

---

① (元)贡奎:《贡奎集》,见《元代别集丛刊》,42页,长春,吉林文史出版社,2010。
② (元)胡奎著,徐永明点校:《胡奎诗集》,271页,杭州,浙江古籍出版社,2012。
③ 杨镰主编:《全元诗》第51册,583页,北京,中华书局,2013。
④ 杨镰主编:《全元诗》第45册,394页,北京,中华书局,2013。
⑤ 邱丽莉:《双赢心理与双赢技巧》,4页,合肥,安徽人民出版社,2000。

便以诗作为答谢之礼。一方面,这种不直接以物质为代表的答谢方式,符合一批以济世利民为己任的医者的内心诉求;另一方面,诗歌因本身具备可传唱的特性,而赠医诗作在当时具有类似广告宣传的作用。文士通过诗歌的形式来记述医者的愈疾之功,赞誉其医德人品,这在某种程度上可以提高医者的知名度。不仅使医者的声誉得到了良好的传播,也能够为其带来源源不断的就医机会。

不少赠医作品中,对医术医技、医德人品的赞誉,便是这一现象的具体体现。如王义山《赠医士熊月湖》云:"那似月湖心地好,愿人常似兔长生"①,刘敏中《赠医者魏身斋二首》:"一技惊人众疾愈,身斋能事野斋心"②,吴澄《赠杏林吴提领》:"一心恻恻生慈悯,万命悬悬正苦辛。"③此类案例很多,亦有专门描写医者的医术医技,记录疾病治疗过程的诗作,如方回《赠医士清溪居士丘通甫》、谢应芳《赠眼医张嘉甫》、杨维桢《艾师行赠黄中子》等。这些作品不论是展现医者对疾病的治疗全程,还是赞誉医者的医德人品,实际上都能成为医者最好的"名片"。

### (三)元代医文交游之风形成的潜在因素

医者与文士之间互动交流的现象,在元代更为突出和频繁,试分析主要有以下几种因素:

首先,就客观因素来说,元代统治者较为重视医学,认为其属于实用之学。从外部环境来说,一方面,金元时期,战争频繁,社会动乱,战备或战后都亟需大量的医学人才。窝阔台统治时期,就极为重视医学人才,统治者曾专门下令网罗医人,为其佩金符。成吉思汗征战时,已有一批职能类似于军医的随行人员跟从作战,负责军中伤员的诊治。例如苏天爵《前卫新建三皇庙记》云:"方征江南时,制若曰,军前士卒

---

① 杨镰主编:《全元诗》第 3 册,125 页,北京,中华书局,2013。
② (元)刘敏中著,邓瑞全、谢辉校点:《刘敏中集》,265 页,长春,吉林文史出版社,2008。
③ (元)吴澄:《吴文正集》,见《元人文集珍本丛刊》第 4 册,86 页,台北,新文丰出版公司,1985。

有疾，即命良医治之。为将帅者，又当择人侍疾。"①姚燧《南京路医学教授李君墓志铭》中说李氏早年随太祖"战淅川"。元统一后，这批随军人员逐渐成为了官方医学组织的主力，或回到当地成为职业医者。而设立于各地的三皇庙宇，也需要大量的医学人员。另一方面，战争造成的伤亡、瘟疫以及灾荒等问题，也亟需更多医学资源来解决。正因如此，结合一切外部环境因素及医学自身的发展进步，金元时期，众多医学流派林立，各家思想交汇碰撞。

外部环境的影响，使得社会对于医学人才的需求更为紧迫。值得注意的是，前文提到，元代前八十年间废止科举，为转变生存困境，不少儒生开始以医为业，这在历史上属于较为罕见的情形。儒生因本身具备良好的知识储备和道德素养，在行医过程中，能获取更多的信任与敬慕，其中不乏文士。再加之很多文士因自身多病或亲友患疾，这使得他们能够主动关注医籍方书。可以说，此时医者与文士之间的交往，具有三重关系：一是医患之间本身所具有的治疗与被治疗的双向关系；二是因仰慕对方人品、才华为动力的日常交往；三是以一定利益需求为预期的"双赢"互动。这些因素皆使得医文互动较前代更为频繁。

其次，从元代文士对医学乃至医者的态度，也能窥探一二。据所收集的相关文献资料，可以看到大量关于对儒学与医学关系的观点论述。从这些观点能够透露出元代文士对于医学的态度。

一种观点认为，医籍往往博奥深晦，没有一定知识积累与文化素养者不能通读，因此对于医者而言，儒学功底尤为重要。如何梦桂《柯通甫医药序》云："医籍祖黄帝《内外经》，非通儒率不尽解，故太史公序儒家而下九流，医列其一，惟儒而后能攻于医。"②作者批判当今一些庸医，无法理解医家典籍的精义奥旨，甚至不懂得如何句读，如何能够具备医者该有的医术技能。

另一种观点认为，医学是一门近于儒学的学问，二者皆以仁为本，

---

① 李修生主编：《全元文》第40册，142页，南京，江苏古籍出版社，1999。
② （元）何梦桂著，赵敏、崔霞点校：《何梦桂集》，161页，杭州，浙江古籍出版社，2011。

儒者与医者的初心亦同源，都以济世利民为己任。家铉翁《中庵说》云：

> 盖儒以心运，医亦以心运，儒者之学本之心，推而致之，达之于治，如种之必生，炊之必熟者，道学功用也。而医之学，其学亦本之一心，推而致之，达之于疗……事虽殊，而理有相似者耳。是故医可为儒，医之为学，可以进于道。①

显然，作者将儒学与医学视为殊途同归，二者虽指代的具体行为不同，但本质道理是相似的。若将医学推而论之，其根本目的在于使惫者起之，使瘤者疗之，这亟需医者的仁义之心。再如吴澄《赠医家吴教授序》云：

> 儒之道无所不通，医之道，一伎尔，而于儒之道为近。何也？儒之道，仁而已。爱者，仁之用，而爱之所先，爱亲、爱身最大。亲者，身之本也。不知爱亲，则忘其本。身者，亲之枝也。不知爱身，则伤其枝。爱亲、爱身而使之寿且康，非医其孰能？②

对于儒生从医的现象，很多文士也采取支持的态度。吴澄在《赠建昌医学吴学录序》中提到，如今一些儒生以医为业，依然能够修行孝悌、敦睦及忠信之义，这难道不是以医之名行儒之实吗，为何有人讥讽之。且说道："予谓医、儒一道也。儒以仁济天下之民，医之伎独非济人之仁乎？"③胡炳文《赠医者程敏斋序》一文认为"儒不医，非通儒，医不儒，非良医"，若医者不通儒，不具备一定的知识储备与文化素养，

---

① 李修生主编：《全元文》第11册，772页，南京，江苏古籍出版社，1999。
② （元）吴澄：《吴文正集》，见《元人文集珍本丛刊》第3册，282页，台北，新文丰出版公司，1985。
③ （元）吴澄：《吴文正集》，见《元人文集珍本丛刊》第3册，320页，台北，新文丰出版公司，1985。

则无法辨通十二经、十五络，亦无从谈起格物致知。若儒者不通医，若病卧于休，委之庸医，犹比之不慈不孝。

从元代文士对于儒道与医道以及儒者与医者关系的论述，可以看出文士对于医学乃至医者本身的态度。在本节第一部分就已阐述了儒医称谓的形成，实际上，自北宋伊始，儒医形成的过程也反映了医者社会地位的上升，儒医所蕴含的亦是一种传统的文化概念。因此，不得不考虑的是，元代文士仍然秉承了这一观念，所以在不少文人作品中，可以看到对此现象的论述。也正因如此，从思想层面出发，这亦是文士与医者交游往来的核心基础。再者，回到对赠医作品的考察，亦能发现，不少文士主动为医者赋诗相赠，或为其医籍代笔作序，亦是出于一种对医者本人的敬慕，折服于其济世利民的仁义之心和不求回报的高尚节操。这也是不少文士愿主动与医者结交的初衷所在。

## 小　结

　　文士是描摹塑造医者形象的主体,医者是被文学作品表现的对象。医者的文学素养和文学创作受到其从医经历的影响,呈现出鲜明的特色,通医文士又对元代医学的发展起到了不同程度的推动作用。有元一代,医者与文士之间的联系尤为紧密,形成医文互融的文化现象。

　　根据医家传记、医者墓志铭、医籍序跋以及赠医作品,可挖掘出包括太医、医官、道医、眼医、针医、儿医、疡医等各类医林人物。医德是评价医者的核心要素,也反映了早期文字记载中对医者形象塑造的萌芽状态,中医医德在儒家仁爱思想的影响下经历了一定历史时期的演变。由金元时期的医德观所反映出的医者形象,主要围绕遵循实践、勇于创新、不计名利,始终将患者生命健康放在首位而展开。元代文学作品通过多种艺术手段,对医者形象进行塑造描摹,主要表现为:对医者衣冠外貌、行为举止的刻画,呈现医者济世救民的仁爱之心,通过对治疗过程及效果的描述以及对其医学主张及观点的罗列,侧面烘托某位医者的医术及品德,医案和传记类作品对医者形象的塑造具有较为鲜明的特点,医案中穿插了较多治疗的真实案例,加强了事件和人物的真实性,传记类作品则融入了较多传奇笔法,使医者形象具有传奇意味和神秘感,亦显得更为丰满立体,同时也增强了作品的可读性和趣味性。

　　文士习医的原因和动机较为复杂,从历史语境及文化背景来看,儒家思想中的仁爱观念对其影响最大,古代医者将治病救人与济世利民视为一体,以实现经世济民之抱负。从外部因素而言,一些文士行医是家族传承的延续,或因双亲患疾出于孝义而从医。从内部因素观之,一些文士由于自身多病或兴趣使然而主动选择研究医理,且文士原本就具有一定的文化功底，能够应对中医医籍的深奥晦涩性。受特定时代氛围的影响，元代文士中通医、习医者较多，一方面，自然灾害及战争，动荡的社会环境，迫使其比以往更需要一定的医疗知识来应对身心健康问题，另一方面，元代前期科举不行，阻挡了文士欲以科举进入仕途之路径，此时，行医又作为维持生计、满足生活需求的途径。除此之外，元代文士习医的主要原因及动机有：其一，因自身或亲友患病，主动学医；其二，出于个人喜好而乐于研修；其三，受祖辈习医经历的影响，延续家学传承。元代文人的医学实践主要表现在三个方面：第一，编撰医学著述，为医籍作序；第二，记述医学庙堂及史迹；第三，叙写医者经历，宣扬医者事迹；第四，研习医理和养生之道，并将其呈现于文学作品；第五，种药、采药等与医学相关的活动。文士的习医动机及医学实践不同程度地推动了元代医学的发展，其对医学之贡献主要有：首先，对医籍序跋的创作，起到宣传医籍内容及价值的作用，同时也传播了当时较为先进的医学思想；其次，对众多医者形象的塑造，扩大了医者的知名度，提高了其社会公信度；最后，通过文学作品，实现对疾病治疗方法及效果的描述，以此来引导民众树立正确的医疗观，破除迷信，主动求医。

元代医者与文士之间的联系较为紧密，形成医文交融的文化现象。结合历史语境，医文交融之现象与儒医的形成具有一定联系，古代医者的社会地位经历了漫长的历史演变，由上古时期的巫医，至春秋时期具有职业性质的医者，再到汉武帝时期，被视为"方技"或"小道"，这种情形一直延续至唐代，直至北宋，出现了"儒医"之称。儒医是儒家思想与中医学交融而成的文化形态，是指拥有一定文化素养的医者，即习儒且通于医术的人士，标志着医者社会地位的提升。元代儒生行医的情况主要有学儒而攻医者和弃儒从医者，需要特别指出的是，元代前期科举被废止近八十年，在此期间，儒生失去了由此进入仕途的机会，有部分人行医是迫于生存压力。从理想与道德层面而言，自北宋伊始，行医成为了儒生自觉的、主动的追求。元代医者与文士之间的交游之风较为盛行，医文交游的规模可从元人诗文集中数量可观的赠医作品进行考察，其中，以由文人赠予医者的诗歌和由文人代笔的医籍序跋为主要创作模式。从医文交游的方式及目的来看，文士向医者赠诗以表达愈疾之恩或呈现与医者的深厚友谊，同时亦能起到宣扬医者声名，展现其医疗技术水平的作用，可以说实现了互动的"双赢"。

# 第三章　元代文学中的疾病书写

文学作品中的"疾病",对文学创作本身与医学皆有不同程度的影响。从文学角度来说,疾病元素的融入能够丰富创作语汇,拓展文学欲表现的内容。从医学角度而言,那些被创作者描摹的诸种病症,大多属于患者的亲身遭遇。通过这些艺术化的语言,可更为真切地感知到疾病所带来的生理体验和心理感受,这些内容也能成为可供医者参考的案例。

本章旨在通过挖掘梳理元代各体文学作品中对疾病描绘的内容,来重点探讨以下命题。首先,分别考察文学作品中对生理疾病及心理疾病的描绘,以说明疾病在作品中的具体呈现。其次,着重从文学视域出发,阐释元代疫病的实况与成因,有元一代,疾疫肆虐,以文学作品为透视点,可以从不同角度了解疫病对当时社会造成的影响,亦能对当今有所启示。

## 第一节　生理疾病描写

查阅元代文人集,无论是诗、词、文、散曲、笔记小说或戏文,皆有对疾病的记述与描绘。文人以诸种文学作品为载体,来解释病因、记录病症、描述症状或阐释医理。通过艺术化的表达,可获知疾病对人体生理或心理带来的影响,亦能为医者提供具有医学参考价值的案例。

## 一、对具体病症的描述

一些作品直接以某种疾病的病名为题，描摹具体的病症病状，记述真实的病痛体验，这类作品以诗歌居多。由于这些作品所反映的情况基本与创作者的经历相符，因此具有一定的客观性和真实性。

眼病是古人常患有的疾病，不少文士常年挑灯夜读，患有眼疾者不在少数，如王恽《病目书怀》：

> 病眼何时视物疑，更禁风火内交驰。越蛙悍目将谁怒，鲛泪倾珠尽日垂。气郁方函昏晕镜，疮连刚敛痛磨锥。悠悠伏枕三旬苦，安得黄金刮目鎞。①

诗歌先后记录了患眼疾后的四种明显症状。第一，"病眼何时视物疑"，分辨不清眼前的物体，说明视力明显下降。第二，"越蛙悍目将谁怒"，将凸出的眼球比作青蛙的眼睛，说明疾病对眼睛外观的改变。第三，"鲛泪倾珠尽日垂"，鲛泪是指鲛人泪，传说中南海有一种人鱼名为鲛人，时常哭泣，流出的泪滴是珍珠。诗人引用鲛人泪来比拟因眼睛干涩肿痛时常流泪的状态。第四，"气郁方函昏晕镜"，说明因视力障碍导致的复视、畏光等症状。

据《秘传眼科龙木论》眼叙论："夫眼者，五脏之精明，一身之至宝。如天之有日月，其可不保护哉。"②认为眼睛契筋骨血气之精，与脉并为之系，系上属于脑。引发眼疾的外部因素为"饮食房劳，远视悲泣，抄写雕镂"，内部因素则是"喜怒不节，忧思兼并，致脏气不平，郁而生涎，随气上厥。逢脑之虚。浸淫眼系"③。症状表现为"轻则昏涩，

---

① （元）王恽著，杨亮、钟彦飞点校：《王恽全集汇校》，797页，北京，中华书局，2013。
② （宋）葆光道人等编：《秘传眼科龙木论10卷》，1页，北京，人民卫生出版社，1958。
③ （宋）葆光道人等编：《秘传眼科龙木论10卷》，2页，北京，人民卫生出版社，1958。

重则障翳,眵泪胬肉,白膜遮睛"①。据现代眼科学,眼病的症状主要为三:一是视力障碍,主要表现为视力丧失或下降、视物变形、色盲、复视等。二是感觉异常,如眼部肿痛、痒痛、有异物感、畏光、流泪;三是外观异常,如眼球充血、眼球凸出、肿胀等。

结合古今医籍的相关记载,根据作品所反映的内容,可以将诗人所描绘的情况与之一一对应。作品采用夸张、比拟等手法,结合细节描写,生动呈现出当时的病状。又如林昉的《病目》:"畏热灯羞近,贪凉发屡梳"②,就说明了眼病导致的畏光症状。再如王沂《病眼》中说道:"泪睫斑斑袖满珠,重寻张湛古方书。阅人更不为青白,看字尤难辨鲁鱼。"③诗人因为眼部有异物感而容易流泪,渴望翻阅古籍方书来搜索相关的治疗方法,无奈的是疾病导致的眼花导致无法辨认内容。

齿痛是诗歌中另一种常见的疾病。《诸病源候论》载:"牙齿皆是骨之所终,髓气所养,而手阳明支脉入于齿。脉虚髓气不足,风冷伤之,故疼痛也。"④王恽《和干臣齿痛诗韵》写道牙病给人带来的生理和心理痛苦,诗歌云:"热流支脉知来渐,痛拔孤根讶许高。纵使舌存宜晦默,更堪心苦恣燋劳。"⑤牙齿腐烂导致牙床露出,牙根部的神经剧烈疼痛,不得已只能拔掉剩下的牙根。相类似的诗歌还有舒頔《齿落》、吴莱《病齿》、刘鹗《齿落》、揭祐民《送落齿行》、艾性夫《中齿忽折》。

对皮肤病的描绘亦在诗歌中时常出现。陶安的《苦疥》,用形象生动的文字描绘出了患疥疮之后的感受:

> 自从去岁来,昼夜苦疥痒。爬搔血濡爪,手足生劳攘。纤虫穴皮内,蠹我咨所往。恐是心火炎,精神减清爽。杯茶服苦参,效验不可强。⑥

---

① (宋)葆光道人等编:《秘传眼科龙木论10卷》,2页,北京,人民卫生出版社,1958。
② 杨镰主编:《全元诗》第10册,113页,北京,中华书局,2013。
③ 杨镰主编:《全元诗》第33册,137页,北京,中华书局,2013。
④ (隋)巢元方撰,黄作阵点校:《诸病源候论》,137页,沈阳,辽宁科学技术出版社,1997。
⑤ (元)王恽著,杨亮、钟彦飞点校:《王恽全集汇校》,977页,北京,中华书局,2013。
⑥ 杨镰主编:《全元诗》第56册,334页,北京,中华书局,2013。

疥疮是一种由疥虫引起的具有传染性质的皮肤病，主要症状为瘙痒。据《诸病源候论》："诸疮生身体，皆是体虚受风热，风热与血气相搏，故发疮。若热风热挟湿毒之气者，则疮痒痛焮肿。"① 诗歌写到，全身的疥疮奇痒无比，不得已只能用手抓挠，诗人猜测可能是由于风热引起的，便以苦参为药引，描绘的内容与医籍所载相符。一方面，诗人欲以诗歌为载体，讲述自己身患疥疮的感受与经历，聊以自慰，起到宣泄情绪的作用；另一方面，指出疥疮之疾可以用苦参来调愈，具有一定的科学性，苦参性寒味苦，入心、脾、肾三经，有清热解毒之效，同时说明诗人对中医药知识的掌握。

再如舒岳祥的《幽疥》写道："性不耐喧聒，况遭疥痒牵。此物有朋党，一搔千窍连。幽阴及肘股，烂漫罗肋肩。"② 作者以"此物有朋党，一搔千窍连"来形容疥疮引发的弥漫性皮肤瘙痒。黄河清的《疮疡甚苦答麻姑道士》说道："地卑防潦毒，身弱怯春寒"，这种疾病会导致皮肤瘙痒、肿痛甚至溃烂，写道："已畏搔肤苦，仍忧避酒难。"疮疡是一种由毒邪外侵，邪热灼血，使气血凝滞，从而导致体表化脓感染的疾病。这受到外界因素，如气候、温度的影响，也可能与个人饮食不节、内伤脾胃有关系。通过诗歌内容，大致可以判断，诗人患此病的原因与处于地势低下、气候湿热的地区，且由于自身饮食不当，尤其是饮酒导致的脾胃失调有关。再如张翥《病疽》《病疡》，叶颙《疮痍病》，孙作《足疮》等都是类似的作品。

除此之外，还有一些以其他疾病为主题的诗歌。如杨公远《病腰》，刘敏中《左臂寒痛不可忍，因忆医方有虎啮之说，乃作是诗，知灾疾之可畏也》，陆文圭《病足》《耳聩二首》，朱思本《寒疾》，胡天游《患疟》，舒頔《小疾》等。

---

① （隋）巢元方撰，黄作阵点校：《诸病源候论》，163 页，沈阳，辽宁科学技术出版社，1997。
② 杨镰主编：《全元诗》第 3 册，239 页，北京，中华书局，2013。

## 二、对病因及病理的阐释

经过对相关文献的考察及梳理,可以发现,对疾病成因及病理进行阐释的内容,主要集中于两类作品。一是以某种疾病为主题的诗歌或赠医作品,二是散文中出现的零星记录,通常出现在赠医作品、医籍序文、医者墓志铭或医家传记中。

1. 诗歌当中的相关记载

方回《寒热不调病一月余》就记述了作者患寒热错杂症的病因及症状。诗云:

> 不肯中和按故常,膈痰鼻涕更头疡。尘飞泥涴三春尽,热燠寒僵一月强。乍把酒杯嫌药气,屡翻诗卷写医方。年年忆得古人语,端午绵衣未可藏。①

寒热不调又名寒热错杂,是中医常见病证名,具体表现为患者同时出现寒证和热证,即冷热交错的现象。诗歌先阐述病因,写道:"不肯中和按故常",即没有使得阴阳相协调,保持平衡。这种疾病最明显的症状即感到忽冷忽热,即"热燠寒僵一月强",即使已到了端午时节,依旧不敢将棉衣收起来,说明疾病导致的生理感受,已远远超过了正常节气带来的体感温度。

再如吴师道的《目疾谢柳道传张子长惠药》,诗歌记述作者的双眼原本"炯炯素清净",但自从去年起,便患了眼疾。说道:"前年翳生左,赤脉欻交横。审因察其源,五色非所竞。"② 指出眼疾的主要病因在于五行不相协调。刘敏中在《赠眼医》中论述双目患疾的由来和应当注意的事项,指出:

---

① 杨镰主编:《全元诗》第 6 册,331 页,北京,中华书局,2013。
② (元)吴师道著,邱居里、邢新欣点校:《吴师道集》,51 页,杭州,浙江古籍出版社,2012。

> 五轮主五脏，五脏配五行，炯然神明珠，乃是五行精。气一有不胜，患斯从之生，养内以及外，造次安敢轻。①

以"五行""五轮""五脏"之间的关系，来阐述具有炯炯双目者大多五行协调，倘若运气不足，不重视内外协调保养则会导致眼疾的发生。文人以诗歌为载体，辨析眼疾生成的主要因素。

借助诗歌来介绍中医之道，或阐释医学原理，亦是诗歌中不可忽视的一个方面，这在一些赠医作品中尤为显著。许衡在《李生器所恃》中提到两个观点：一是寿命乃天定，对于疾病生死何必自寻烦恼，因此实在没有必要对身体进行额外补养。二是指出中医学里一项至关重要的规律，即"未病先防"，与其生病时才开始关注自身健康，四处求医，不如从平时起就多加注意。

方回《送医工郭耕道》一诗前十四句阐释中医学的治疗原理，提到中医学体系中的两个概念。一是理论核心，即阴阳五行学说。把人体比作一小方天地，将人体阴阳五行系统纳入天地阴阳五行系统中去考察，人体生病的根本原因在于阴阳间的平衡被打破。二是治疗体系，其中，"荣卫"即营卫，荣指血的循环，卫指气的周流，对人体起到滋养与保护的作用。"沉里浮表数及迟，指下难明审毫里"反映相气中的概念，《灵枢·五色》云："察其浮沉，以知浅深。""浮沉"意为通过察看病人面色的浮露与隐沉，来了解疾病的深浅。

2. 散文中对医理的记述

据相关资料，可以发现，对病因及医理的阐释，主要集中在两类作品。其一是赠医作品及医籍序文，其二是医者墓志铭或医家传记，另外还有一些零星记载医理的散文。

在赠医作品或医籍序文中，对疾病病因及医理的相关阐释，通常有两种情况。第一种情况是文士自觉地、主动地于文章开头阐释医理，呈

---

① （元）刘敏中著，邓瑞全、谢辉校点：《刘敏中集》，357页，长春，吉林文史出版社，2008。

现对疾病的看法。如蒋易《送医士陈玉林序》，认为人之生，负阴而抱阳，起居饮食应当顺应四时变化，才可避免疾病侵扰。即"顺布之不偏，宣节之有道，饥而思食，渴而思饮，旦而兴，晦而息，适乎四气之宜"①。再如释来复《赠医士刘士衡序》一文说明疮疡的发病原理。指出疮一般发于人体内部，不同于为外界所伤的疾病。尤其是痈疽之毒受到饮食、湿热等内外因素影响，因此治病过程很复杂。因此，对于这样的疾病，医者须懂得内外诸科才可治病。第二种情况则为文士替医者发声，以对话的形式记载某位医者的疾病观点。以戴良《赠医师朱碧山》为例，文章以对话的形式记录了医师朱碧山"因地制宜"的疾病治疗理念。朱氏认为，南北两地因地貌、气候、饮食等自然及人文条件不同，使得人们身体健康状况亦有所不同。因此，在疾病治疗方面，也需多加考虑这些因素。再如赵文《赠医道士萧无为序》，同样是以对话的形式，记录了萧医士对于致病之因的看法。萧氏认为，凡人之病，皆生于"为"，即饥而食，渴而饮，夙而兴，夜而寐，春夏而动作，秋冬而收藏。

  医者墓志铭及医家传记中的病理叙写，通常是与某位医者的生平相结合。以医家传记为例，可查见大量的医案记载，戴良《丹溪翁传》中载有13例，《抱一翁传》载有15例，朱右《撄宁生传》载有41例。这些医案的记述形式，大多先介绍患者的身份，再描述其所患病症及详细症状。其中，对医者进行病情研判、病理分析之内容的描述是重点。一方面，借由这些典型的治愈案例，来衬托医者的医术水平，彰显其形象；另一方面，详载于其中的真实案例，能作为可供后人参考的医学文献。

  专以叙写病理的篇目，以胡祗遹的两篇涉医散文为例。《病说》全篇揭示疾病的起因、患病的类型以及疾病预防方法。作者指出，人体生病主要是由于自身导致，即"自致之疾十九，天与之疾十一"，分别为心志之疾、饮食之疾、起居之疾、衣服之疾，再者才是受外界六气之邪

---

① 李修生主编：《全元文》第48册，91页，南京，江苏古籍出版社，1999。

所致。阐明人的生命是以精气为本。因此人应当注意饮食，呼吸自然之气，应当重视"未病先防"。从心理上看，苦思忧虑成疾。古人能够颐养性情，今人却多为文章功业而苦恼，这便是引发疾病的重要因素。故保持身体健康应贵在动、勤而少虑。另外，《敬祝仲容病说》一文指出"病得于心思，治之以心思，病得于六气，治之以六气，病得于饮食劳逸，治之以饮食劳逸"①。因此，治外病则易，治内病则难。治内病，关注的是心思性情，外病者，把握的则是六气六味。

以"金元四大医家"为首的医学流派林立，一些通医文士还将自己对疾病病理的认识以及对各家学说观点的阐释，借由散文的形式呈现出来。许衡的《与李才卿等论梁宽甫病症书》一文由对梁宽甫所患病症的观察，上升到对具体医者的医学主张之思考。刘完素与张元素皆位列"金元四大医家"之中，两人用药各有特点，而时人只知模仿并不深究其医理，更不了解其中的优劣。许衡主张只有将二人的医学观点之优势结合起来，才能使治病疗效得以最大程度的发挥。

据上文所举之例，以生理疾病为描写对象的诗歌或散文，兼具医学性与文学性。一方面，以某种具体病症为主题的诗歌，如同一部微型医案，其中所记录的相关疾病及其病因、病状，皆为诗人所亲身经历，因此具备一定的真实性，同时能为后世医者提供具有参考价值的案例。同样，载于诗文中的病理阐释，亦反映出元代文士的医学素养。另一方面，诗人采取比拟、细节描写，通过艺术化的表达，生动描摹出疾病的诸种形态，不仅丰富了创作语汇，更新了创作题材，同时亦拓宽了诗文欲表现的领域。

---

① （元）胡祗遹：《胡祗遹集》，320页，长春，吉林文史出版社，2008。

## 第二节　心理疾病刻画

中国古代医学中"七情六欲"致病的学说,反映了情绪对身体健康的影响。《素问·阴阳应象论》中指出,怒伤肝,喜伤心,思伤脾,忧伤肺,恐伤肾。过激的情绪反应和心理体验不仅会导致心理疾症,甚至对生理健康造成危害。翻阅元代文学作品,亦能发现对心理疾病之病因、病症的描摹。这类描写主要表现为两方面的突出特点,其一是元代戏文、散曲中对"相思病"的刻画;其二是散见于诗文和戏文中的心理病症记录以及在全真道教养生之法的影响下,对"戒奢祛欲"之修心理念的阐释。

### 一、对"相思病"的描摹

心理疾病,即由某种心理活动诱发的疾病,其中,情志在生理心理中有较为特殊的地位和作用。人们在长期的生活和医疗实践中,早已认识到情志是导致疾病的重要因素之一。[①] 在日常生活中,常见的情志表现为七种活动形态,即喜、怒、忧、思、悲、惊、恐,是人体对外界刺激的正常情感反映,当这种刺激一旦超过正常的时间和程度,就会引发疾病。源自不同情志刺激的致病性具有差异性,久思、过忧等不良心理状态,最易引发疾病,忧思致病是其中一种。

相思病属于忧思致疾的一种心理疾病。英国心理学家弗兰克·托里斯博士认为:相思病与精神病存在共性——可以导致癫狂、抑郁、迷茫、狂躁、妄想等症状,严重者可致命。[②] 在文学领域,"相思"作为

---

[①] 王米渠、王克勤、朱文锋等主编:《中医心理学》,39页,武汉,湖北科学技术出版社,1986。
[②] 叶众编著:《话说健康》,3页,成都,电子科技大学出版社,2010。

一种较为特殊的意象,时常出现在古诗词中,尤以闺怨词居多。唐魏承班的《生查子·烟雨晚晴天》:"嫁得薄情夫,长抱相思病。"宋欧阳修《渔家傲·为爱莲房都一柄》云:"因花又染相思病。"宋王仲甫《永遇乐·风折新英》:"相思病酒,只因思此。"

至元代,在戏文中含有大量对此种病症描摹的内容。以王实甫《西厢记》为例,剧中对相思病的描写共有七处。

第一处在第一本第一折,张生进京途中路过普救寺,崔莺莺与其一见钟情。剧中描写莺莺与之会面后的心理活动,写道:"空着我透骨髓相思病染,怎当他临去秋波那一转!"①

第二处在第一本第三折,张生留宿普救寺欲温书,白日与红娘碰面,借机作自我介绍,红娘将此事转告莺莺,此时发现莺莺已对张生有意。表现为:"白日凄凉枉耽病,今夜把相思再整。"②

第三处在第一本第四折,崔家在寺庙请众僧做法事,莺莺与张生再度碰面,"害相思的馋眼脑,见他时须看个十分饱"③。

第四、第五处分别出现于第三本第一折、第三本第四折。此处主要呈现的是张生的心理状态,说那张生近间面颜瘦得来实难看。"不思茶饭,怕待动弹,晓夜将佳期盼,废寝忘餐。黄昏清旦,望东墙淹泪眼。"④这处关于张生相思病的描述,是在赖简之后。张生因为莺莺的言行不一和善变,导致心力交瘁,夜不能寐,病情加重。

第六处在第四本第四折,张生赴京赶考途中梦到莺莺,旅途劳顿,夜半斜月残灯,离愁别恨,"除纸笔代喉舌,千种相思对谁说"⑤。

第七处在第五本第二折,张生一举中第,在京师做官,无奈眼下无法与莺莺团聚,相思病又复发。欲请大夫救治,只是"治相思无药饵",文曰:

---

① (元)王实甫:《西厢记》,9页,上海,上海古籍出版社,1978。
② (元)王实甫:《西厢记》,33页,上海,上海古籍出版社,1978。
③ (元)王实甫:《西厢记》,40页,上海,上海古籍出版社,1978。
④ (元)王实甫:《西厢记》,104页,上海,上海古籍出版社,1978。
⑤ (元)王实甫:《西厢记》,161页,上海,上海古籍出版社,1978。

> 这几日睡卧不宁，饮食少进，给假在驿亭中将息。早间太医着人来看视，下药去了。我这病卢扁也医不得。自离了小姐，无一日心闲也呵！①

再看白仁甫《董秀英花月东墙记》。该剧主要讲述临阳书生马文辅与松江府董秀英自小被双方父母订亲。马氏父母离世以后，马文辅独自去松江府问亲。董秀英游园时与投宿至董府隔壁的马文辅相遇，暗生情愫。自此董秀英便相思成疾。秀英父亲以不收白衣女婿为由拒绝，后马氏应试成功，并与秀英团圆。剧中对董秀英患相思病的描写主要有三处。

第一折，游园时第一次与马文辅碰面。董秀英见到马氏，心理活动为"是个俏人，读齐论鲁论""美貌潘安"，自此而后便"茶饭不进，厌厌瘦削"。婢女问是何病，说道："我是未嫁之女，对你一言难尽。"既反映出少女的羞怯，对婢女梅香猜中心理的嗔怪，又说明此种心理疾病难以用语言表达。在婢女的再三追问下，才含羞说出"似这等害相思怎地忍？"相思的原因在于"自从昨日后园中见了那秀才，生得眉清目秀，状貌堂堂，我一见之后，着我存于心目之间……"②，可以说，初次邂逅，引起董秀英相思病的主要原因有两方面。一是少女情窦初开，对异性的向往；二是马文辅相貌甚好，一表人才，给董秀英留下深刻的印象，这在剧中多处都有体现。因此，初次见面更容易引发单相思，在心理活动上大多表现为面对心仪对象时的怯懦以及诸多不确定因素影响下的幻想和期待。

第二折，马文辅月夜抚琴。马氏自从与董氏碰面后，亦"朝则忘食，夜则忘寝"。一日，马文辅于夜晚抚琴，被隔壁的董秀英听到，不免又引发相思之情，此时马氏的心理活动为"凤求鸾曲未成，怎不教想

---

① （元）王实甫：《西厢记》，173 页，上海，上海古籍出版社，1978。
② 王季思编：《全元戏曲》第 1 卷，463 页，北京，人民文学出版社，1999。

的人成病"。初次碰面就产生的好感,又加上夜晚的琴声,使得董秀英愈发思念,说道:"自从昨日听了那生弹琴,不想我病症转加。"① 此时病情加重。

第四折,马文辅赴京赶考,两人离别后。董秀英因思念过度,而"病恹恹瘦了形容",产生"病攻、泪浓、闷重"等症状。病情加重,只得请大夫来医治。婢女梅香请大夫来医治,结果来了位江湖郎中,自称专治伤春之疾。先是把脉,认为"此脉沉细",经诊治开了一幅名为芙蓉散的药方。芙蓉散出自《普济良方》,主治痈疽疔疖,其是否能够对相思病有所疗效,并无相关的记载。因此,这里欲说明唯有那相思之人才是最好的"药方"。

除此之外,还可查见大量类似的描述。在吴昌龄《张天师断风花雪月》中,书生陈世英爱慕桂花仙子,剧中写道病因和症状:"害的我一病不起,朝则忘餐,夜则废寝,看看致死。"② 再如郑光祖《㑇梅香骗翰林风月》中,白敏中心系白参军之女小蛮,竟"一日忘餐,二日废寝,三日成病,四日不起"③。郑光祖《迷青锁倩女离魂》中说张倩女自从与王文举分别后,便"卧病在床,或言或笑"。曾瑞卿《王月英元夜留鞋记》中描述王月英因爱慕郭秀才而"废寝忘食""苦恹恹""减腰围"。另外,无名氏《萨真人夜断碧桃花》、无名氏《赵匡义智取符金锭》、施惠《王瑞兰幽闺佳人拜月亭》、无名氏《胭脂记》中皆有对此病症的描述,不作赘述。

根据以上所举之例,可以看出,相思病的症状集中表现为两方面。从精神层面来说,表现为内心焦灼、胡思乱想、愁苦不堪;从行为举止而言,主要体现为茶饭不思、睡眠障碍、面容憔悴、体重下降。实际上,这种心理疾病一旦严重,本质上接近于一种精神疾病。若恶性循环不加以制止,不仅会危害生理健康,甚者会威胁生命。这在戏文中亦有

---

① 王季思编:《全元戏曲》第 1 卷,468 页,北京,人民文学出版社,1999。
② 王季思编:《全元戏曲》第 3 卷,381 页,北京,人民文学出版社,1999。
③ 王季思编:《全元戏曲》第 4 卷,551—552 页,北京,人民文学出版社,1999。

描述，贾仲名《萧淑兰情寄菩萨蛮》说明了相思病对生理健康的危害：

[折桂令] 至如今茶不茶饭不饭心内阴阴，有时节透顶炎炎，有时节彻骨森森，头眩旋旋，眼昏暗暗，身倦沉沉。一会家发增寒脾神凛凛，一会家添潮热冷汗淋淋。病来时难灸难针，心疼时难忍难禁，人问时难诉难分，茶饭上不想不寻。①

可见，患者的病情已比较严重，不仅影响了心理状态，还对身体各个机能产生了损害。情志致病的机理是多方面的，既能直接伤神，导致神志异常，又能导致气机紊乱，或损伤脏腑，或致精血亏损。② 相思病的病因主要在于思虑过度，思则气结。思虑过度，则心有所存，神有所归，正气留而不行，故气结。临床表现为嗜睡、脘腹痞满、便溏、倦怠无力、不思食、胁痛、胸膈烦闷等。③ 根据心理疾病的发病机制和临床表现，这段描述虽带有一定的艺术化处理，但绝非虚言。

## 二、对其他心理疾病的描绘

《素问·上古天真论》云："恬淡虚无，真气从之，精神内守，病安从来。"④ 只有尽可能保持少私寡欲，才能保护元气不被破坏，也就避免了疾病的侵扰。若心不静，杂念纷生，则会"思索生知，慢易生忧，暴傲生怨，忧郁生疾，病困乃死"⑤。说明心理健康的重要性。

过多的贪欲是损伤元气，耗费精力，乃至引发生理疾病的诱因。"贪欲好色，则丧精耗气，乃成衰惫。"⑥《玄风庆会录》中提及贪欲过多而

---

① 王季思编：《全元戏曲》第 5 卷，485—486 页，北京，人民文学出版社，1999。
② 王米渠、王克勤、朱文锋等主编：《中医心理学》，42 页，武汉，湖北科学技术出版社，1986。
③ 王米渠、王克勤、朱文锋等主编：《中医心理学》，43 页，武汉，湖北科学技术出版社，1986。
④ 杨永杰、龚树全主编：《黄帝内经》，3 页，北京，线装书局，2009。
⑤ （唐）房玄龄注，（明）刘绩补注，刘晓艺校点：《管子》，333 页，上海，上海古籍出版社，2015。
⑥ 李修生主编：《全元文》第 1 册，268 页，南京，江苏古籍出版社，1999。

导致的损害元气的致病机理，指出人以气为主，逐物动念则元气散，而贪欲杂念正是耗气伤神的诱因。当以清净为主，摒弃过多欲望、以恬淡为宜。全真道教养生之法中"戒奢祛欲，固精守神"的修心之法，在教派成员的散文创作中多有阐释。姬志真《修行法门·收心门一》中说道："无为清静……百体安宁"；《修行法门·啬字门二》："心不妄动，内自安静"，当内心保持平静，则能使外境不入，方可阻挡邪气袭击。

思虑过重，烦心劳神又是一大病因。胡祗遹《病说》一文指出"心志之疾"，"苦思癯悴，服力无思之人少闲"，忧思成疾，念头过多则劳心伤神。认为古人畜德养性而致其寿，今人多为文章功业而劳悴病夭，主要是由于思虑过重。应当"绝虑寡言"，绝虑则心不妄动，寡言则气不耗。又如在《敬祝仲容病说》一文中，分析仲容的病是由于思虑过重导致，此乃心病。具体症状为：神形憔悴枯槁，肌肉瘦减，不思饮食。分析病因为：外操心公务，内操持家事，心劳形劳，故得此疾。具体的治疗方式为：和其心，平其气，悦其情，状其志，辅之以软热甘腴之食。胡祗遹的两篇散文举例以说明"恬淡虚无，精神内守"的养心之法。

失眠多梦，大多因长期精神紧张，情绪反复波动，心事烦忧，思虑过重导致。

王恽在《梦解》中写到他自今夏以来，多梦久殁故交者等疾厄凶丧之事，或缠绵虚墓，或宴游谈笑，此状与年岁渐长，阳衰阴长有关，也与白天时的精神状态有关，应当"绝嗜欲，少思虑，检行己，安傃分"，避免过多思虑而劳心伤神。王氏分别在至元二十四年（1287）八月、二十五年（1288）二月、二十五年八月作有《纪梦》《十一月十二日夜梦》《记梦中题人手卷》等，皆记述梦中所闻。可见，这与作者当时的心理状态有关。

另外，在元代戏文中，还有关于其他心理疾病的描绘，多为阐释病因和致病机理。这些描写主要在于突出人物心理或为剧情服务，多经过一定的艺术化处理。

如秦简夫《东堂老劝破家子弟》中，写扬州富商赵国器因儿子不成才，怕自己早年挣得的光阴被其不孝子消耗殆尽，整日为此担忧，竟卧床不起。赵氏请大夫来医治，查看此病并非风寒暑湿，亦非饥饱劳逸，说道："我这病，正从忧愁思虑得来的。"赵氏因久病去世，这为其不孝子扬州奴日后败落家产，沿街乞讨，最终在东堂老的规劝下改邪归正而埋下伏笔。

刘君锡在《庞居士误放来生债》中，描写宽厚仁慈，放债不索要的居士庞蕴。一日，庞居士到书生李孝生家中拜访，李氏因无钱向庞氏还债，而心生忧虑，长久成疾。李氏说道："我这病正是忧愁思虑上得来的。"一问才知，李氏往年问居士借银子做买卖，又伤本折利，无钱奉还。而后路过县衙门口，见里面吊拷绷扒之人，原是因欠了财主之债，被告到官府。李氏见状后大惊，生怕庞居士也将他告到官府，遂"忧而成疾，如今渐渐的沉重了"。李孝生不知情，误以为庞居士会要债索命，故而才导致忧思成疾。实际上，这与主人公的真实形象形成强烈反差，赞扬了庞居士仗义疏财、扶贫济弱之行为。

再如无名氏的《胭脂记》，在第十七出中，书生郭华进京赶考，郭华母亲念及家中无次子，自己无人照料，因此忧郁成疾。症状表现为"面皮焦，口唇干燥，容颜瘦了"。写道：

> 我这病根皆因郭华不肖孩儿要去求取功名，逗留都下，不念你我垂老之人，故作经年之别。家下更无次丁，朝夕萦怀方寸，以此忧闷成疾。①

总之，散见于诗文中的心理疾病描写，多为客观解释病因，或以自身的经历为例，描述症状和发病机理。戏文中的心理疾病描写则或多或少经过了一定的艺术加工，但从症状而言，又具备一定的真实性，这类描摹主要为突出人物心理状态，或为剧情发展服务。

---

① 王季思编：《全元戏曲》第 11 卷，263 页，北京，人民文学出版社，1999。

## 第三节　疫病的防治与文学呈现

疫病是一种对人类及社会皆造成严重影响的传染性疾病。有元一代，中国乃至整个世界的疾疫流行情况都十分严峻。据相关历史文献及文学作品，可以发现其中大量对疫病的记录或描写。对文学作品中疫病书写内容的考察具有三个层面的价值。首先，从医学角度来说，蕴含于其中的信息，包括病因、症状等描述，为医者研判病情及对症施治具有一定的辅助作用。其次，从文学角度而言，生动形象的艺术化描摹，不仅是对文学题材的拓展，亦反映了疫情之下的世间百态及人物心理。是探讨元代文学不可或缺的一部分。再者，从社会层面出发，根据相关的文史材料，在对元代疫情防治的考察过程中，亦可作为当下人类对疫病防治的反思或启示。

### 一、疫病及其引发因素

中国古代关于疫病的描述，最早可在先秦文献中找到相关记录。如《管子》卷十六中有"民不疾疫"的说法，《墨子》卷四有"今岁有疠疫"之记载。疫病具有两个显著特征，一是普遍性，许慎在《说文解字》中释义："疫，民皆疾也。"《吕氏春秋》卷十一载："民多疾疫。"《礼记·月令》："民必大疫。"凡此皆可说明。二是传染性，据《诸病源候论》卷十："人感乖戾之气而生病，则病气转相染易，乃至灭门。"[1] 据《黄帝内经·素问》："五疫之至，皆相染易，无问大小，病状相似。"[2] 疫病是一种具有传染性和流行性且死亡率较高的疾病，其涵盖的病种比较广

---

[1] （隋）巢元方撰，黄作阵点校：《诸病源候论》，58页，沈阳，辽宁科学技术出版社，1997。
[2] 杨永杰、龚树全主编：《黄帝内经》，186页，北京，线装书局，2009。

泛。中古时期的传染病主要有伤寒、痢疾、天花、痘疮、疟疾、肺痨等。

元代流行性和传染性较强的疫病有疟疾、天花、霍乱、瘴疠、大头瘟、鼠疫等。关于元代疫病的实际情况，在相关的医学史及社会学研究领域，皆有不同程度的记述。邓云特在《中国救荒史》中对元代疫灾情况进行了统计，一百余年间共计20次。① 李文波《中国传染病史料》则认为元朝自1279年灭南宋至1368年的统治期间，38年有疫，其中大疫占12年，平均2.3年就有1次疫病流行。② 和付强《元代疫病史初步研究》一文通过附表的形式，对1226—1368年间的灾况及相关救灾措施进行了梳理。认为除去诸多无考的疫灾，期间至少有66次，平均约2.15年1次。其中，1279—1368年间，共42年有疫，严重者甚达30次③。龚胜生编著的《中国三千年疫灾史料汇编·先秦至明代卷》一书，载录元朝时期的疫灾情况，从至元十七年（1280）到至正二十八年（1368）共发生大大小小260余次疫灾，考据较为完备。

由此可见，元代疫病流行呈现出规模大，时间久，破坏力强等特点。如疫情严重者有发生自至元二十五年（1288），为期一年，范围波及湖广、江西等的瘴疠。这次瘴疠流行的起因主要与战争有关，当时镇南王再讨安南王，有"加以瘴病流毒，飚腾炎，吏士触冒饥疫过半"④ 之记述。再如至元二十六年（1289）七月，次贺州，兵士冒瘴，皆疫。这说明战场环境异常恶劣，死者没有得到及时有效的处理，使原本就因持续参战而导致免疫力低下的士卒更容易染病，而军队中的集体生活又助长了疫情的传播。引发疫病的原因是多方面的，总体而言，元代疫病的发生主要与自然、战争及交通三方面因素有关。

（一）自然灾害

灾荒对疫病流行具有很大影响，元代包括旱灾、水涝、雹灾、蝗灾

---

① 邓云特：《中国救荒史》，18页，北京，生活·读书·新知三联书店，1958。
② 李文波编：《中国传染病史料》，14页，北京，化学工业出版社，2004。
③ 和付强：《元代疫病史初步研究》，郑州大学硕士学位论文，2006。
④ 李修生主编：《全元文》第6册，461页，南京，江苏古籍出版社，1999。

等自然灾害比较严重。据相关资料显示,仅元代一百余年,共受灾 510 余次。① 元代几次较为严重的饥疫如至正四年(1344)河南北大饥,次年又疫,死者过半;至正十四年(1354)夏四月,江西、湖广大饥,民疫疠者甚众。

饥荒之所以引发疫病流行,一方面在于因没有及时处理饥死者腐败的尸体,成为微生物的栖息地,进而引起病菌的衍生。另一方面由于本就患有疫病的人群因四处逃荒造成的人口大规模流动,加速了疫情的传播。据《增订叶评伤暑全书》附刻喻嘉言《瘟疫论》序:

> 若天地疫气……而饥馑之年尤甚,流离满野,千百一塚,埋藏不深,掩盖不厚。时到春和,随地气上升,混入苍天清静之气,而天地生物之气变为杀物之气。②

说明因没有处理好死者尸身而引发疫病产生的机制,另据《文献通考·国用考四》:"人多饥死,死者气熏蒸,疾疫随起,居人亦致病。"③ 同样说明了这一问题。

另外,蝗灾也是引发疫病的间接因素。宋元时期的蝗灾较为严重,元代尤甚,呈现出次数多、成灾面积广、灾情严重等特点。有学者专门进行了统计,元代共有蝗灾 189 次,其中以一、二级为主的灾情达 153 次,占据总数的 80.9%。④ 蝗灾、虫灾带来的危害主要有两方面,一是对农作物生长造成的危害,二是引发疫灾。据相关史料,志顺二年(1331)四月,衡州路属县比岁旱蝗……又疾疠,死者十九。⑤ 再如至元四年(1338)由旱蝗导致的大饥疫。

---

① 邓云特:《中国救荒史》,18 页,北京,生活·读书·新知三联书店,1958。
② 曹炳章原辑,高萍主校:《中国医学大成·温病分册》,445 页,北京,中国中医药出版社,1997。
③ (元)马端临:《文献通考》,255 页,杭州,浙江古籍出版社,2000。
④ 王元林、孟昭锋:《自然灾害与历代中国政府应对研究》,150 页,广州,暨南大学出版社,2012。
⑤ (明)宋濂等:《元史》,784 页,北京,中华书局,1976。

气候失常亦是促使疫病产生的因素。元贞三年（1297）八月真定、顺德、河间旱疫，九月卫辉路旱疫，十二月般阳路饥疫，乐寿、交河疫。极端恶劣的气候对疫病具有诱发和制约两方面的影响。传统中医认为疫气是指四时不正之气，气候变化失常就会引起疫病，据《乐记》："天地之道，寒暑不时，则疾。"《礼记》也称："孟春行秋令，则其民大疫。"据相关资料显示，疫情发生的地理空间多位于如广西、江西等南方地区，南方本就湿热的气候适于各种微生物的生殖繁衍。因此，引发疫病的因素与元代所处时期特殊的气候有关。

（二）内外战争频仍

蒙古军征金、征宋的战争可谓规模之大、时间之久。据《金史》载，贞祐元年（1213）、天兴元年（1232），蒙古军队围汴期间曾发生大疫，有"汴京大疫凡五十日"之记述。在《元史·耶律楚材传》中有这样一段描述：

> 丙戌冬，从下灵武，诸将争取子女金帛，楚材独收遗书及大黄药材。既而士卒病疫，得大黄辄愈。①

关于耶律楚材使用大黄救治疫病者的事例，在《元朝名臣事略》卷二中亦有记载。说明当时疫病在军营中肆虐，而使用大黄作为药材治疗的手段显然是具有成效的。

历时近半个世纪的宋蒙战争始终伴随着疫灾。据史料载，南宋开庆元年（1259）夏，蒙古军队驻合州钓鱼山，军中大疫。之后，分别于至元十二年（1275）伯颜征宋，至元十五年（1278）元军北返途中，及至元十六年（1279）在军营中流行疫病。在对外扩张中，蒙古军队先后进军波斯、俄罗斯，征战欧亚大陆，死伤严重。在征战日本、安南、缅甸

---

① （明）宋濂等：《元史》，3456页，北京，中华书局，1976。

等国的过程中，也发生了极为严重的疫灾。至元二十四年（1287）征战安南，会将士多疫不能进。大德四年（1300）征战缅甸，疫病死之，将有不战自困之势。

长期生活在草原上的蒙古军队，因战争事宜而后又未能将尸身及时掩埋处理，就容易引发疫病。而伴随征战军队的大规模人员流动，也能加速疫病的流行及传播。据金代医者张子和《儒门事亲》"疟非脾寒及鬼神辩四"载："余亲见泰和六年丙寅，征南旅师大举。至明年军回，是岁瘴疠杀人，莫知其数。"① 指出战争是引发疫病的重要因素。

## 二、疫病防治之举措

疫病引发了一系列社会问题，迫使统治阶层、官僚士大夫、医家及民众对此进行了一定的思考和探索，亦采取了不同程度的措施。

### （一）官府的防疫态度及举措

元代统治者对于疾病防治的态度，大体上还是较为积极的：

> 大德三年正月，钦奉诏书内一款：贫民病疾，失于救疗，坐待其毙，良可悯焉。宜准旧例，各路置惠民药局，择良医主之，庶使贫乏病疾之人不致失所。②

总体而言，能本着避免民众因贫病而流离失所的态度，采取如设置惠民药局、命良医治疗等举措。但是对于像疫病这样传染性强、致死率高的疾病来说，疫灾在一定程度上影响了元朝政府的行政效率。尽管应对疫灾，政府也采取了一些救治和善后措施，但始终未能在专门应对疫病方面实行积极有力的具体方案，预期效果也并不良好。

---

① （金）张子和：《儒门事亲》，28页，上海，第二军医大学出版社，2008。
② 黄时鉴点校：《通制条格》，265页，杭州，浙江古籍出版社，1986。

首先是开仓赈济，减免赋税。面对疫灾过后的饥荒，政府以赈济粮食，减免赋税为首要任务，目的在于尽快恢复生产力。一些地方官员也有积极响应，在灾情发生后，第一时间开仓赈济，命医疗治。元明善在《丞相淮安忠武王碑》一文中就记载了丞相主行省驻建康时，江东大疫，居民乏食，乃开仓赈济，发医起病的案例。

其次是命医治疗，提供药物及衣食住所。这些举措主要源于一些富有社会责任感的地方官员，程钜夫在《温州路达噜噶齐拜特穆尔德政序》中记载饥疫发生后地方官的行为：

> 环温诸郡饥疫相仍，流民数千人来归为之，储偫以食之，为之庐舍以居之，为之药物以救其疾，为之槥辀以给其死，及其返船，又为之裹囊而导之出疆。①

再次，隔离治疗，对死者尸体进行掩埋处理。至元十五年（1278）二月，汴郑大疫，就有"构室庐，备医药，以畜病者"的做法，专门建造屋舍，将病者隔离起来进行治疗。时人也意识到死者尸体传染病菌的危害性，同样采取了一定措施。据《元史》列传九一载，至正十八年（1358）京师发生大饥疫，死者枕藉，宦官朴不花安葬灾民，采取"择地自南北两城抵卢沟桥，掘深及泉，男女异圹，人以一尸至者，随给以钞"②的措施。

另外，值得一提的是牢狱内的疫病防治。因囚犯众多，夏日炎炎，若不加以整修，则更容易滋生瘟疫。诸如：

> 及令推官督责狱卒，常加洒扫，每三日一次，诣狱点视汤药，枷杻匣具，须要洁净，仍备凉浆，若遇冬月，依例官给絮布暖匣席荐等物，病者即给药饵，令医看治。③

---

① （元）程钜夫著，张文澍点校：《程钜夫集》，180页，长春，吉林文史出版社，2009。
② （明）宋濂等：《元史》，4552页，北京，中华书局，1976。
③ 陈高华等点校：《元典章》，1382页，天津，天津古籍出版社，2011。

元代没有专门应对疫病的制度、机构和具体方法。元代官员虽然也在积极应对，但仅靠单方面的力量难以达成。官方除了一些基本的救助以外，没有实施较为有效的防治举措，再加之因长年战乱而没有建立起有效的治理，在对疫灾情况的记载方面也较为粗略。

（二）民间对疫病的认知及应对

对疾病的恐惧是人类的本性，尤其是面对疫病这种传染性和致死率较高的疾病，趋吉避凶是大多数民众的心理。饥疫发生时，"父母有不顾其子，抛弃在道"的情形较为常见。民间对于疫病的认识和态度，主要有三种情况。

首先，认为疫病和神灵有关，修筑庙宇祷应。民间依旧普遍存在"信巫不信医"的现象。其中，驱傩避灾是一种民间习气，据《四书辨疑》卷六："小儿数十为群，皆以五彩缠杖，唱和傩词，巡门以驱疫鬼，谓之驱傩。"认为疫病源于鬼神作祟，可见，傩戏的产生最初也与防治疫病有很大关系。面对疫灾，建立庙祀以祈祷神灵庇佑，正是基于这种思想，《重建柘泽庙疏》中记载的"水旱疾疫，必资于祷祈"（《野处集》卷四），《玉华峰仙祠记》中所描述的"水旱疾疫，有求辄应"（《吴文正文集》卷四十六）等皆反映了这一现象。

其次，传说与疫病防治。割肉治疾是一种民间陋习，一般指当父母双亲患有疾病时，将自己身体的股肉割下来让其食用，从而达到疗效。《梅孝子传》（《金华黄先生文集》卷四十三）和《双孝传》（《玩斋集》卷八）中都有相关记载。实际上，这种表面以宣扬孝义的做法并无科学依据，甚至是对人身体和心灵的戕害。但时人同样认为这种方法亦可以起到防治疫病的效果，《纯正蒙求》卷上记河南王氏之妻割股肉为家中长辈而食，病即愈。另外，还有泉水愈疾的说法，据载，"兴化大疫，神降曰，去潮丈许，有泉可愈疾，民掘斥卤甘泉涌出，饮者立愈"（《积斋集》卷四）。事件的真实性无从求证，实际上，这是利用了民众面对疫病时由于恐惧而寻求安慰的心理。

最后，冲破恐惧和禁忌，主动寻医问药，亲人邻里之间互帮互助。具有传染性质的疫病虽易在人群中引发恐慌，一些深受儒家思想影响的知识分子及普通民众也敢于冲破禁忌，亲朋邻里之间互帮互助，共渡难关。《訾君孝义诗序》（《滋溪文稿》卷六）中记载岁时逢大疫，邻里皆因疫气相染而避之不及，而仲元君却不听劝阻亲自为贫困的患者送食物，且说道："吾以诚意援人于危，造物者忍害之乎。"《宜人贺氏墓志铭》（《金华黄先生文集》卷三十九）中同样记载了时年京师大疫，亲戚染疫，贺氏不惧被感染的风险，替人请医问药，躬治粥药以调护的举动，认为"死生有命，讵忍坐视其毙"。两则事例中的主人公在避免自身被传染的同时，以实际行动告慰邻里亲朋，这种疾病是可药可医的，以切身行为安抚了患者及其亲朋的恐慌心理。这种做法一方面降低了传染源继续扩大的可能性，另一方面也使患者得以治愈，体现了浓厚的人文关怀。

（三）药物治疗及手段

元代医学发达，首次出现医学流派，且临症各科皆取得一定发展。使得治疗瘟疫的手段在前代基础上继续扩展补充。针对疫病的具体治疗方案在《医垒元戎》《汤液本草》《世医得效方》《御药院方》《丹溪心法》等医籍中皆有相关说明。据《丹溪心法》所载："人间治疫有仙方，一两僵蚕二大黄。"[1]在《伤寒金镜录》中又有专门祛瘟的配方和用法：

> 猪牙皂角、细辛、白芷、当归各等分，上为细末。令病人先噙水一口，以药少许，吹鼻内，吐出水，取嚏为度；如未嚏，仍用此药吹入。[2]

对于当时比较流行的大头瘟，也有相应的疗法，据《丹溪心法》卷

---

[1] （元）朱震亨：《丹溪心法》，37页，上海，上海科学技术出版社，1959。
[2] （元）杜清碧：《敖氏伤寒金镜录》，2页，上海，上海卫生出版社，1957。

一"瘟疫五附大头天行病"载:"众人一般病者是,又谓之天行时疫,治有三法,宜补宜散宜降,热甚者,加童便三酒钟。"① 具体入方有大黄、黄连、黄芩、人参、桔梗、防风、苍术、滑石等。另外,据《居家必用事类全集》,民间日常的防疫举措有"沟渠通浚,屋宇洁净"。

## 三、"疫病"的文学书写

作为一种对人类健康影响较大的疾病,疫病在各类医学书籍及文史资料中皆占据了一定分量的记载。在自然灾害频发、战争不断的元代,疫病流行情况十分严峻,促使以疫病为题材的文学创作成为元代文学研究中不可忽视的一环。

### (一)传递疫病发生时间及症状的讯息

气候和时令是影响疫病发生的重要元素。《吕氏春秋》卷一载:"行秋令,则民大疫","气不和,故民疫病",说明春季是各类瘟病的流行期。时到春和,随地气上升,混入苍天清静之气,而天地生物之气变为杀物之气。② 这在诗歌中有所体现,王恽《录役者歌》:"今春疫气是天灾。"洪炎祖《次韵陈山长送春纪事二首》:"春来疠鬼更行天。"同时,极端恶劣的气候也会引发或加速疫病的产生及传播,方回在《重阳后三日犹热多病者死者》中写到,重阳已过几日,可依旧酷热难耐,蚊虫骚扰,"爬搔最苦疮疡痒"说明皮肤传染病使百姓遭受困扰甚至丧失性命。再如《九月雪十月雷记异》云:"七十三翁骇何谓,雷旧惯闻雪则未。水旱国家有仓储,人能寡欲疫疠无。"③ 诗人年过古稀,也未见过的九月下雪的这种异常气候,很容易引发灾害和瘟疫。诗歌对于疫病发生时间的描述往往属于无意识的记录,多为叙事或抒情作铺垫,但时间的记录

---

① (元)朱震亨:《丹溪心法》,36页,上海,上海科学技术出版社,1959。
② 曹炳章原辑,高萍主校:《中国医学大成·温病分册》,445页,北京,中国中医药出版社,1997。
③ 杨镰主编:《全元诗》第6册,465页,北京,中华书局,2013。

是真实可信的,对疫病发生时节的研判具有一定的参考价值。

一些诗歌还描写了疫病发作时的具体症状。胡天游《患疟》:"初若抱冰增颤栗,终如坐甑剧烝炊。"①"疟"指疟疾,是一种按时发冷发热的急性传染病。作者用比喻的手法描绘了这种疾病由发作到结束的状态,起初如同抱冰一般,浑身冷颤,最终又好比在甑中蒸煮,巨热难耐。据《素问》卷十"疟论",疟先寒而后热,是谓寒疟,另据《广瘟疫论》,"似疟者,寒热往来"。这与诗歌描述相符。郑允端的《卧痁》:"秋来多病疟,骨立瘦难支。烦热那能止,曾寒奈尔为。"②"痁"即疟疾的一种,据《素问》:"秋必病疟者。"秋季是疟病的多发时节,诗人本就瘦弱多病,身染疟疾后异常燥热,这与《广瘟疫论》中所描述的症状"燥渴扰乱,热势迅速,神情昏聩"③一致。患者坐立难安,于是只得"伏枕南窗下,空吟老杜诗",通过读书来分散注意力,缓解病痛给人生理上带来的折磨。诗歌用形象化的语言记录了疟病发作时的具体表现,这是诗人的切身体会,则更能凸显出真实性。

张翥的《病痁》则从细节处着手,分别展现了患病后的生理反应和生活状况。"痛要小奴搥臂膝,冷寻破帽裹头颅"④说明疾病发作时往往四肢疼痛且畏寒,生理上遭受忽冷忽热的极端变化,使诗人不得不终日与汤药为伴。"车辙马蹄劳客问,药囊糜碗乏吾须"⑤展现了患病后的真实生活,诗人并不孤独,乡邻往来,关切慰问,展现了一幅极具日常化的生活图景。由于诗歌所记录的疫病症状是作为患者的诗人所亲身经历的,具备医案所没有的真实可感性。诗人通过比拟等表现手段,形象化地呈现了疫病发作时的生理及心理反应。以上为医者对病情的掌握,并进行后期的治疗具有一定的辅助和借鉴意义。

---

① 杨镰主编:《全元诗》第54册,330页,北京,中华书局,2013。
② 杨镰主编:《全元诗》第63册,110页,北京,中华书局,2013。
③ (清)戴天章著,刘祖贻、唐承安点校:《广瘟疫论》,8页,北京,人民卫生出版社,1992。
④ 杨镰主编:《全元诗》第34册,88页,北京,中华书局,2013。
⑤ 杨镰主编:《全元诗》第34册,88页,北京,中华书局,2013。

## （二）疫病发生后的世间百态及人物心理

以纪实手法，全方位展现疫病引发的原因、影响及结果，是元代文学作品中疫病书写的一个表现特点。以迺贤的《颍州老翁歌》为例，全诗以"我"偶遇一位颍州老翁为线索，老翁讲述了由至正四年（1344）河南旱灾导致次年的饥疫，通过其所见所闻和亲身经历，展现了疫情下普通百姓的真实生活状态。对于引发这场疫病的主要原因，诗歌有所记述：

> 河南年来数亢旱，赤地千里黄尘飞……木皮剥尽草根死，妻子相对愁双眉。鹄形累累口生蔽，菌割饿莩无完肌。①

疫病的产生总是伴随着次生灾害，极端的气候导致庄稼颗粒无收，而城中富豪之家的剽掠，使灾民的正常饮食失去保障。加之人体免疫力急剧下降，抵抗力低下的老人和孩童甚至因此丢失性命，若没有对尸体进行及时的处理，更容易成为病菌的滋生地。这一系列因素极易引发疫病：

> 今年灾虐及陈颍，疫毒四起民流离。连村比屋相枕藉，纵有药石难扶治。一家十口不三日，藁束席卷埋荒陂。死生谁复顾骨肉，性命喘息悬毫厘。大孙十岁卖五千，小孙三岁投清漪。至今平政桥下水，骷髅白骨如山崖。②

通过老翁之口，再现了一幅幅触目惊心的画面。翰林待制余阙曾为此诗作题记："至正四年，河南北大饥，明年又疫，民之死者过半"，与史实相符。这次疫病最严重的是导致了人口的大量死亡。即使"朝廷尝议粥饲以赈之"，政令是否在第一时间有效实施是存有疑问的。实际上，这种政策施行不到位的情况已有先例，如至大二年（1309）九月，曾诏

---

① （元）迺贤著，叶爱欣校注：《迺贤集校注》，142 页，郑州，河南大学出版社，2012年。
② （元）迺贤著，叶爱欣校注：《迺贤集校注》，142 页，郑州，河南大学出版社，2012年。

曰:"各处人民饥荒转徙,疾疫死亡,虽令有司赈恤,而实惠未遍"①,十月,江浙地区连遭疾疫,延及山东、河南等地,政府曾遣使分道赈恤终恐不能户到。各级之间相互推诿,导致赈灾不力,造成"市中斗粟价十千,饥人煮蕨供晨炊"的局面。尹廷高《永嘉书所见》中同样记录疾疫带来的恶劣影响:"况遭疫疠苦,十病无一痊。死者相枕藉,活者难久延。"②"相枕藉""难久延"等用词说明了人口的大量死亡。这类作品往往借他人之口,刻画出当时疫病造成的后果,使艺术表达更为真实可信,同时具有诗史互证之效。

疫病来临之时,人们通常会产生恐慌、逃避等心理,面对身染疫疾的患者,救与不救实际上是在自身安全与道义之间进行抉择的问题。朱思本的《孤儿篇》就记述了作者路遇一个因"父母俱疫死,闾里相弃捐"的六岁儿童,欲驻足抚之,又怕此举会成为今后的祸端。作者此时的内心是矛盾不安的,"疫疠有薰染,世俗交相传。去去复回顾,涕泗俱潺湲"③。诗人夜宿驿站,辗转反侧,突降暴雨,脑海中不断浮现孤儿的身影,担忧其独自在旷野中无人照料,生死未卜。作品融合叙事与抒情,既完成了对疫病过后百姓生活的写实,又生动诠释了作为一个旁观者,在保证自身安全和实现仁义之间艰难抉择的矛盾心理。

(三)反映民间流行的疫病陋俗

民间对于疫病的认识,多半将其与鬼神相联系,认为疫病是由鬼神作祟而引起的,这在诗文当中亦有反映。首先,从诗歌中对疫病的称谓就可获知一二。陆文圭《病中寄诸友》:"死宁遭疫鬼。"胡天游《患疟》:"疟鬼无知害老躯。"

其次,民间普遍存在鬼神之说。谢应芳的《自冬而春举家病疫,予幸独无恙,既而疾止,诗以自贺,并记里俗之陋》就记载了这一事实,

---

① 陈高华等点校:《元典章》,106 页,天津,天津古籍出版社,2011。
② 杨镰主编:《全元诗》第 14 册,44 页,北京,中华书局,2013。
③ 杨镰主编:《全元诗》第 27 册,59 页,北京,中华书局,2013。

去岁因持续干旱导致饥疫，造成"甚者枕相藉，遗骸饱鸟鸢"①的状况。诗人举家遭遇疫病，乡邻则认为这是由于疫鬼缠身而致，诗人的态度则是"俚俗无足怪，妖巫肆讹传"。谢应芳曾在《辩惑编》中专设"疾疠"一篇讨论疫病，认为现实中多以鬼神巫术防治疫病，而对于病患见死不救的做法是不妥的。他在《赠医士吴中行序》中说道，民间多俚俗，尤尚鬼神之说，当时"族姻比闾，方煽乎妖巫之妄，疫鬼之害，迹不及门"②。更有甚者，因深信鬼神之说，惧惹祸上身，出现遗弃亲属的行为。同样，在《与张子才书》中讲述了友人赵执中一家因染疫，亲戚无过门者的现象。对于这种因惧怕自身染疾而抛弃亲属的行为，谢氏（谢应芳）认为应当予以摒弃。

---

① 杨镰主编：《全元诗》第38册，2页，北京，中华书局，2013。
② 李修生主编：《全元文》第43册，163页，南京，江苏古籍出版社，1999。

## 小　结

　　从具体的创作实践而言，涉医文学创作离不开"疾病"这一主题，文学作品中的疾病描写兼具文学性与医学性。元代各体文学皆对疾病有所记录或描摹。在表现生理疾病时多采用客观纪实的手法，或对病症进行描述，或对病因及医理进行阐释，这类作品以诗歌、散文或与医者相关的传记、墓志铭居多。对心理疾病的刻画以戏文中的相思病为典型，剧作家通过传神细腻的描摹，将相思病的病因及症状与人物活动结合在一起，在采用艺术化手段加工处理的同时，亦将这种心理疾病的真实发病情况进行了呈现。

　　有元一代，疾疫流行情况比较严峻。元代流行性和传染性较高的疫病有疟疾、天花、霍乱、瘴疠、大头瘟、鼠疫等。元代疾疫的引发及流行主要与以下因素有关，分别为：旱灾、水涝、蝗灾、雹灾等自然灾害；由内外战争导致的人为因素。结合相关史料和文学作品，可以获知元代各界对疫病的认知及举措。政府和地方官员虽采取了如隔离治疗、开仓赈济等应对措施，但并未真正建立起快速有效的应对机制。民间对疫病的认知大多停留在鬼神信仰，主动寻医问药者或亲邻之间的互帮互助实为少数。从医史文献记载可以看出，当时已有相应的治疗方案或民间偏方。疫病作为一种创作元素，在元代文学作品中有多维的呈现，使之兼具医学性与文学性。其一，客观记录疫病的发生时间及症状；其二，展现疫病发生后的世间百态及人物心理；其三，反映出民间的疫病陋俗。

　　总之，元代文学中的疾病书写兼具文学性与医学性。从文学角度来看，"疾病"作为一种元素进入文学创作领域，可以丰富文学创作的素材，拓宽文学表现的领域。就医学领域而论，作品中对病因病症的客观描写，可被视为医史文献，对医者进行临床诊断具有一定的参考价值。

# 第四章　元代文学中的药物与养生

　　文学作品中的药物描写，不仅基于中草药本身所具备的观赏价值及使用价值，也与文人的日常生活密切相关。与此同时，在具体的文学创作中，对药物的描摹吟咏或记录，传递了药物的形态、生长环境、性味、采摘时间、治疗价值等医学信息，在一定程度上使咏药作品成为传播中草药使用价值的载体。

　　古人重视养生，这在文学创作中多有反映。从文学角度来说，元代文学作品中对养生的描写在不同文体之下各具艺术特色，呈现出一定的典型性。从医学角度而言，通过挖掘蕴藏于文学作品中的养生方法，亦对今人具有一定的参考价值。金元时期，全真道教发展迅猛，其注重内丹养生的理念及方式，在文学作品中多有反映，并对文学创作亦有影响。以全真道教词为代表，可窥见养生对创作内容、题材以及风格形成等方面的积极作用。

## 第一节　药物描写及其文化内涵

　　自《诗经》伊始，中医药便作为一种创作元素进入到文学领域。以本草类药物为代表的中医药，由起初被视为先民无意识的自然创作对象，逐步发展成为描摹吟咏的特殊对象，具体表现为形式多样的咏药作品以及药名文学（药名诗、药名词、药名曲、药名戏文）。本节所要探讨的问题，主要有两个方面：首先，把握元代咏药作品的体裁、内容与种类，在此基础上，举例分析咏药之作的表现特色并阐释其文化内涵；其次，药名文学是中医药进入文学领域的一种特殊样式，这部分将重点说明药名文学发展至元代的新变。

## 一、咏药之作与文化意义

咏药之作，即以中医药为描摹吟咏对象的文学作品。传统中医药的种类繁多且各具特色，其中，本草类药物是最为常见的一种。由于大多数本草药物具有优美的形态和典雅的名称，具备一定的观赏价值，再加之不少文士通晓医理，或因健康需要，便主动着意于对药物的关注，这为本草类药物成为文学创作的元素，创造了主客观方面的条件。基于文学体裁本身的属性，咏药之作主要集中于诗歌当中，以便于吟咏和抒情。元代以前的咏药之作也经历了一个从无到有、从简单到复杂的过程。由先秦时期属于先民无意识的自然创作，在魏晋南北朝时期逐渐发展演变为有意识的主动创作，咏药之作在唐宋时期形成创作繁荣的局面。

元代的咏药作品依旧集中于诗歌，这类作品在数量上并不占优势，主要包括采药诗、煮药服药诗以及专门吟咏某种具体中草药的诗歌。元代咏药作品兼具医学性与文学性。一方面，创作者通过对某种具体药物的描摹，传递了药物的形态、生长环境、性味、采摘时间、治疗价值等医学信息，这使得咏药诗歌本身具有一定的药学文献价值，成为传播中草药使用价值的载体。另一方面，元代通医文士众多，再加之有些文人自身多病，相应地出现了采药、煮药等行为，并将其作为诗歌创作的元素，借此吟咏抒情，或寄托隐逸、长生之思想。

首先，是专门吟咏某种具体中药的作品。中医学里有"药食同源"的说法，这种情形通常多体现在植物类药物中。因此，一些常被加以描摹吟咏的中草药，往往见于日常，和创作者的生活密切相关。龚璛《掘山药歌》云:"服食相传养生诀,茂陵刘郎和露啜。"① 山药的块茎被作为药物使用,内富含淀粉,是补脾胃和治疗气虚的良药。诗人在屋外的园圃中开辟了一整块药栏,应当是有两方面的需求:一方面,基于自身的健康状况,作者欲种植一些药补的本草,来解决疗病的需求。另一方面,如山药这类可以作为食补的药材,是生活中再常见不过的,因此,诗人说道"服食相传养生诀",同时也满足了基本的食用需求。再如王沂的《赋枸杞》,枸杞子是一种良药,故而在诗歌中,诗人称其为"神药",写道:"谁栽神药制颓龄,废圃秋风结又成。"② 其中,亦提及枸杞子成熟的季节,秋果枸杞通常在 8—10 月长成,这也是采摘的最好时节。

以组诗的形式吟咏药物,也是一种较具特色的创作模式。苏轼曾作有《小圃五咏》,分别描摹吟咏了人参、地黄、枸杞、甘菊和薏苡。元代亦有诗人以此为范本,进行模仿吟咏。刘因作有《学东坡小圃五咏》,包括《枸杞》《地黄》《甘菊》《薯蓣》《黄精》,组诗受苏轼《小圃五咏》创作模式和特色的影响,分别介绍五种本草的形态、生长环境、性味、疗效。另外,方夔亦作有《药圃五咏》,分别为《右杞菊》《右甘菊》《右白术》《右川芎》《右茯苓》。

上述组诗的创作,值得注意的有两点,第一,创作者意在通过对本草属性的描摹,赋予中草药一种内在"品性",借此寄寓自身人格的高洁。通常,越是名贵的药物,越容易被周边植物所掩盖、遮蔽,需要仔细辨别其生长环境和方位。刘因《学东坡小圃五咏·黄精》云:"名高有物忌,榛莽几摧倒。春风入沟畹,英翘忽已好。"③ 黄精一般生长于灌木丛或阴坡处,而诗歌正是表现出这种本草顽强的生命力,赞叹其不屈之精神。与此同时,创作者欲借助本草自身的属性,来象征人格的高贵。第二,通常情况下,多数名贵中草药的生长条件,需要有特定的地理位置和气候特征作为支撑,这意味着其生长环境具有某种特殊性

---

① 杨镰主编:《全元诗》第 21 册,394 页,北京,中华书局,2013。
② 杨镰主编:《全元诗》第 33 册,139 页,北京,中华书局,2013。
③ (元)刘因:《静修先生文集》,113 页,北京,商务印书馆,1936。

和隐蔽性，正是这种特性，符合隐逸者的生活状态和情趣。方夔于宋末举进士不第，入元以后归隐，以讲授生徒为业，他在《药圃五咏·右甘菊》中说道："平生攻苦淡，矜此岁晚情。不独醒头目，吾其寄余龄。"①他在《药圃五咏·右川芎》中说："我老苦多病，风寒首频摇。愿移一百本，溉根豁烦嚣。"② 可以说，创作者欲借助对中草药的吟咏，实现对生存境遇的隐喻。

其次，是采药诗。这类诗歌具有显著的创作特点，不仅传递出本草药物的生长环境、形态特征、性味、炮制方式以及治疗功效，亦是对创作者隐逸生活的写照。以韩奕的《采苍术》最为显著，诗云：

> 西山有灵药，出自山之精。每思资服饵，莫辨叶与茎。偶逢樵人识，采之中林行。仲夏土既润，嘉苗正敷荣。濯濯带露滋，翘翘含日英。但惜非其时，根菱未坚贞。尝读炎黄记，气辛味和平。温中而蠲外，久服身亦轻。苍白异功用，胡为同一名。后人始区别，物理益以明。蒸以石火温，洗以泉涧清。济人余岂敢，聊以养余生。抱镘当再至，尚待秋雨晴。③

苍术是一种双子叶植物，其入药部位主要在根茎，因此说"莫辨叶与茎"。这种草药喜阴凉的环境，大多分布于低山阴坡地带，因此，土质越是潮湿松软，就越适宜生长，即"仲夏土既润，嘉苗正敷荣"。与此同时，作者还连用两个叠词，描绘出未经采摘的苍术形态，"濯濯带露滋，翘翘含日英"，描摹出其极具艺术美感的外观。苍术味辛、苦，性温，久服能够治疗脾虚湿聚，故而诗人说"久服身亦轻"。任何一种中草药皆需要经过一定的炮制加工方可使用，由于苍术生长于潮湿地带，作为药用的根茎沾染了不少泥土杂质，采掘后，需要经过清水洗净

---

① 杨镰主编：《全元诗》第 14 册，87 页，北京，中华书局，2013。
② 杨镰主编：《全元诗》第 14 册，87 页，北京，中华书局，2013。
③ 杨镰主编：《全元诗》第 33 册，139 页，北京，中华书局，2013。

根茎部位，并用温火烤制使其干燥，这一点在诗歌中也有介绍。诗歌具有两重文化内涵：一方面，比较全方位地展现了苍术的生长环境、形态、性味、疗效以及炮制方法，能够提供一定的中药学参考价值。另一方面，对于诗人来说，"采药"这一行为，本身就能算作是一种生活方式。从"抱镵当再至，尚待秋雨晴"二句中"再至"一词，可知诗人应当不止一次到西山采药，目前只待雨后初晴，方可成为采摘的最佳时机。据相关资料，韩奕生活于元末明初，因患目疾，便辞谢人事，长年隐居不出，其父精于医理，郡守以礼致之，不受，韩氏常与友人幅巾藜杖出游。可以说，通过"采苍术"一事，再现了诗人的隐逸生活。

文人采药作诗，不仅传递出中药信息，还使诗歌本身具备一定的文化内涵。

第一，审美价值。通常而言，很多本草药物具有优美的外观，是日常生活所见的一道风景。善于发现美的诗人，往往会将本草纳入创作的元素，进行歌咏赞叹。以段克己的《同封仲坚采鹭鸶藤因而成咏录奇家弟诚之兼简李卫二生》为例。鹭鸶藤又名老翁须、忍冬草，其性甘、温、无毒，主治痔瘘，温病发热，热毒血痢，一般配合甘草酿酒可作为药方，出自《备急灸法》。诗歌描写了鹭鸶藤的形态"金花间银蕊，翠蔓自成簇"，其散发出奇异的香气，可谓"两通鼻与目"。这种植物不仅形态优美，且具有很高的观赏价值，其药用价值亦不能忽略。"尤善疗疮疡"说明了它所针对治疗的疾病，这与医著所载相符。诗人作诗吟咏之目的即："世俗不知爱，弃置在空谷。作诗与题评，使异凡草木。"[①]意在表明，创作者欲以诗歌为载体，通过"采药"这一行为，达到对药物宣传推广之目的，彰显这种中草药的形态和使用价值。

第二，认识功能。了解中药的形态、功效以及采摘时间。赵文的《采芝》一诗写道，诗人晨起登山采灵芝，经过一番跋涉后满载而归。不同品种的灵芝，形态和功效皆有差异，诗歌写道："薄者实杀人，荡荡光陆离。"据相关资料，并结合诗歌内容，猜想这里所言"薄者"，

---

① 杨镰主编：《全元诗》第 2 册，275 页，北京，中华书局，2013。

应该指赤灵芝,其表面呈红褐色,且有光泽。因此说它"荡荡光陆离",颜色绚丽。"厚者不能光食之有余滋"大约是指黑灵芝,其厚度在5—7厘米之间,这种灵芝的表面呈灰褐色无光泽,略有细微的绒毛,经常被作为药用食材,对消化功能具有助益。作者认为,两相对比下,赤灵芝虽然外表绚丽,引人注目,但其药用价值却远不如外表粗糙的黑灵芝。对于药物采摘的时令,也是极有讲究的。刘因《采药》一诗说道:"黄精著雨宜深斸,柏子经霜可烂收。莫道幽人浑懒散,一年忙处是深秋。"[①] 黄精是一种药用植物,可以润肺生津,这种植物的成熟具有季节性,对于采摘的时令有一定的要求。据相关资料显示,于秋末冬初采收的黄精最为饱满,此时也是药材效果最佳的时候。因此,诗人才说"一年忙处是深秋",这也是每年采摘黄精最繁忙的时节。

第三,长生思想。提起医药,自然与疾病相连,因此在一些采药诗中,创作者往往着意于其养生价值,由此寄托欲得长生的愿望。唐肃的《四明山人采药歌》,多次出现"神仙""仙人""仙术"等意象,如"山多药草如蒿莱,种种都是神仙栽""山中有人有仙骨,如山求仙得仙术",描写了山中的灵丹妙药"九茎灵菌露中收,五粒松脂云裹觅",希冀服用此药后可通神明,再无疾病痛苦,人人皆得长生。再如沈梦麟的《义门家长郑仲德先生号采苓子卷》,诗歌中提及的德翁先生,自号为"采苓",并出示《采苓子卷诗》一编。诗人联想至作为中医药的"茯苓",在诗序中写道:"《诗》之采苓乃甘草,甘草可和百药而不能延年,若德翁先生所言采苓乃茯苓,《本草》谓松脂入地千年化为茯苓,服之可以长生。"由此可见,在对中草药的描摹吟咏中,亦寄托着时人对长生的渴望。

最后,是煮药服药诗。不同于采药诗所反映的浓厚文化属性,煮药、服药这一系列流程,正是基于创作者自身多病,而对药物治疗所产生的需求。这类诗歌往往采用白描或细节描写,来反映创作者患病期间的真实生活状态。

---

[①] (元)刘因:《静修先生文集》,213页,北京,商务印书馆,1936。

文人煮药服药，大多与自身多病有关，而煮药这一行为，也是在疾病治疗过程中发生的。因此，这类作品的创作具有两方面特征。一方面，属于创作者围绕煮药或服药而展开的日常行为叙事；另一方面，文人也借助煮药或服药一事，来阐释养生之理，或寄寓愿得长生的理想。前者如方回的《早起煮药》，诗歌写到，诗人于五更醒来，起步望向中庭，此时屋外忽下起了连绵小雨，西窗一角犹能看见几点晨星，备好燃炉，洗净药瓶，开始了煮药。作品以平淡细腻的笔调记录了患病生活中的琐屑与平常。再如马治在《煮药》一诗中，则表达了欲求长生的愿望，诗歌开头先写"煮药西窗风雨声，中年此意学持生"，屋外风雨交加，屋内弥漫着草药味，人到中年，贫病交错，引发了诗人愿得长生的想法，说道："茫茫五岳寻真去，借问何时羽翼成"①。除此之外，也有诗歌对"服药"一事进行描述，以陶安的《服药》为例，诗歌开头先写服用药物后的状态，认为服药后确有奇效，诗云："服药功亦奇，藉以益五脏。阅世五十三，颇觉元气壮。"②

值得注意的是，不同于唐宋时期的咏药诗被视为一种陶冶性情的方式，元代的咏药作品多为隐居不仕的遗民文人所作，再加之他们自身仕途不顺，生活窘迫之时又多受疾病困扰，因此往往传递出一种感伤情绪，缺少盛唐时期文人所具有的那种情趣与洒脱。

## 二、"药名文学"之缘起及其在元代的发展

药名文学，即以中药名为语汇创作的文学作品，具体形式包括诗、词、曲、散文，戏曲。③这里需区分一点，但凡以药名入文学作品者，并非皆能称之为"药名文学"，这种文学体式首先具有"文字游戏"的

---

① 杨镰主编：《全元诗》第 62 册，74 页，北京，中华书局，2013。
② 杨镰主编：《全元诗》第 56 册，331 页，北京，中华书局，2013。
③ 陈贻庭：《药名文学的源流、传承原因及评价》，载《南京中医药大学学报》，2003（2），85—89 页。

特性。① 即以谐音或双关等创作手法，将药名嵌入具体的作品中，一方面，为增加作品的趣味性，呈现出"文字游戏"的特征；另一方面，在以戏文为代表的叙事作品中，由于谐音或双关的使用，药名往往被赋予某种特殊含义，以暗示人物心理或推动剧情发展。早在《诗经》《楚辞》中，就已有大量的本草植物描写，但此时的本草描写，一部分属于反映先民真实生活状况的无意识自然创作，另一部分是创作者为达到"起兴"之目的，而有意为之。这些内容并不具备"文字游戏"的特质，因此，从严格意义上来讲，并不属于药名文学。

最早的药名文学创作，当始于南北朝时期。此时以药名入诗为主，即"药名诗"，这一创作首见于沈约、王融，后相继有梁元帝、王徽、谢朓，郭璞等人模仿。沈约《丰和竟陵王药名》中出现了丹草、合欢、连翘、射干、辛夷、合欢等二十多种药名，诗人采用谐音手法，起到营造深冬凄凉景象的作用。王融的《药名诗》用嵌入其中的八种药名，作为描摹皇宫森严威仪气象的手段，起到一语双关的作用，其中提到的药名有重台、陵泽、石蚕、秦艽、神草、夜光等八种。以上皆是药名入诗的代表。药名诗的产生，反映出两点问题。一方面，南北朝时期中药学与文学之间的关系紧密，而这又与中药学本身的发展进步不无联系。陶弘景编撰的《本草经集注》收录本草药物七百余种，这在一定程度上为诸种药物入诗创造了条件。另一方面，亦与当时讲究形式，注重雕饰之习的诗风不无关系，之前提及，药名入诗，从其本质而言，当属"文字游戏"，创作者注重的是药名与诗歌意象之间的谐音性或双关性，并非药名本身的属性及药用价值。

药名诗归属于杂体诗。《沧浪诗话·诗体》"论杂体"有云："字谜、人名、卦名、数名、药名、州名，如此诗只成戏谑，不足法也。"② 显然，

---

① 对药名文学的"文字游戏性"这一观点的解释，参见陈贻庭：《药名文学的源流、传承原因及评价》，载《南京中医药大学学报》，2003(2)，85—89页。长期以来，人们视药名文学为"文字游戏"，如果这种"文字游戏"能够使得语言运用的技巧得以创新和提高，并能增加作品的可读性及趣味性，利于作品内容的表达，那么，这种表达方式是有益的。
② （宋）严羽：《沧浪诗话》，28页，北京，中华书局，1985。

严羽的评论是基于正统诗论。药名入诗，就药物本身的属性或功效而言，与作品内容并无直接联系。创作者根据字面意义，按照一定的艺术构思，将药名分别嵌入诗句中，使药名与作品和谐地融为一体。

药名诗的另外一种形态是"离合体"。与一般药名诗不同的是，在这类诗歌中，药名并非被完整地嵌入诗句中，而是被拆分于上一句的末尾和下一句的开头，从而结合成一个名字。唐代诗人皮日休、陆龟蒙作有十首《药名离合》，皆为唱和之作。试举一例以作说明，如陆龟蒙《药名离合夏日即事三首》其一，诗云："乘屦著来幽砌滑，石罂煎得远泉甘。草堂只待新秋景，天色微凉酒半酣。"这里出现了三种药名："滑石"，矿物类药物，呈黄白、淡蓝色不规则块状，有清热解毒、利尿通淋之效。"甘草"，味甘、性平，主要功效为补脾益气，祛痰止咳，是一种常见的生活用药。"景天"，又名戒火、慎火草、活血三七，味苦、酸，性寒，主治疗疮痈疖。这些药名被拆分至诗句的末尾和首句，从语义和内容来看，并无直接联系。是文字游戏的一种创作形式，同时，也能看出作者具有一定的中医药素养。

有宋一代，伴随着宋词创作局面的繁荣，诞生了"药名词"。其中，陈亚是此类创作的代表词人，作有《药名寄章得象陈情》《药名闺情其一》《药名闺情其二》《药名闺情其三》，在这四首词作中，共嵌入三十二种药名。其中，《药名闺情》属于闺怨词，作者通过谐音或一语双关的方式，巧妙地借用多种药名，表现了女主人公对丈夫的思念之情，令宋词的创作耳目一新。

至元代，药名诗词的创作总体上呈现出作品数量少、内容方面难出新意的特点。诗歌方面，有陈高的《药名》，诗云："丈夫怀远志，儿女苦参商。过海防风浪，何当归故乡。"[①] 作品中出现了四种药名，分别为远志、苦参、防风、当归。诗人借用药名的谐音效果，宽慰亲人不必为渡海远游而挂念。再如林弼的《次倪孟明集药名之作呈徐梅所座主》，

---

① 杨镰主编：《全元诗》第 56 册，302 页，北京，中华书局，2013。

诗云：

> 其一
>
> 结屋常山东复东，雪梅霜菊洞天中。
> 黄连稻陇雨声歇，白薇松窗云气通。
> 幕种莲花泛秋水，杯浮竹叶醉春风。
> 丹砂欲问飞腾术，勾漏何年访葛翁。
>
> 其二
>
> 药笼兼收芝术无，空淹远志在江湖。
> 樊笼防己怜鹦鹉，岐路留行厌鹧鸪。
> 仙去好寻灵枸杞，客来谩笑熳葫芦。
> 早休知有遗安念，洲上当归种木奴。①

诗歌中出现的药名有：常山、菊花、黄连、白薇、莲花、竹叶、丹砂、勾漏、芝术、远志、鹦鹉、鹧鸪、枸杞、葫芦、白早休、当归，包括本草类和动物类。几乎在每一句中嵌入一种药名，巧妙地实现了药名所代表的意象与诗歌整体氛围之间的联结。从诗题可以得知，诗歌原本就是文人雅士之间的游戏唱和之作，同时，亦能看出诗人对中医药的熟悉掌握程度。

元代的药名词数量不多，在创作手法上并没有大的突破，以无名氏的《满庭芳》为例。词云：

> 甘草人参，天麻芍药，薄荷荆芥川芎。乳香没药，白芷共甘松。玉金藜芦桔梗，甘菊花、藁本茯苓，防风等，细辛分两，各自要均停。问甚浑身壮热，管甚偏正，夹脑头风。着将一字嗅鼻中，当下神功有准。李贵妃曾坏双睛。竭的效，章宗见喜，加做一提金。②

---

① （元）林弼：《林登州集》，38页，上海，上海古籍出版社，1991。
② 唐圭璋编：《全金元词》，1275页，北京，中华书局，1979。

提及的药物有：甘草、人参、天麻、茯苓、薄荷、荆芥、川芎、乳香、白芷、甘松、玉金、藜芦、桔梗、甘菊花、藁本、防风。创作者几乎将药名连串成词，形成一剂治疗头风病的药方，可以看作是一首"药方词"，从词作本身来看，加入药名之目的并非为增强词作的艺术表达效果，主要是为展现具体的治疗方法。总之，这与宋代药名词多采用谐音、双关之手法，以达到为服务词作本身的表达效果或情感抒发之目的的创作方式有所不同。

元代的药名文学创作，最为显著的特征即药名在俗文学中的运用。随着散曲和戏曲创作在元代的兴起与繁荣，药名这一创作元素亦被引入其中，使得药名文学在体裁上有了新的拓展，在创作手法上也有了新的特点。

首先，是药名散曲。最为典型的代表是孙叔顺的药名长曲《中吕·粉蝶儿》，这篇韵文借用 60 种药名，或直书名称或谐音穿插其中，讲述了一名蒋姓医生在为妇女治病的过程中，与其狼狈为奸，最终事情败露。开头描写医生蒋氏被人邀请治病的场景：

> 海马闲骑，则为瘦人参请他医治，背药包的刘寄奴跟随。一脚的陌门东，来到这干阁内，飞帘籁地。能医其乡妇沉疾，因此上，共宾郎结成欢会。①

海马、人参、刘寄奴、陌门冬（麦门冬）、干阁（干葛）、飞帘（飞廉）、宾郎（槟榔）。利用谐音，描绘出蒋医生的出场，从"海马闲骑""一脚的陌门冬"等细节描写，读者可以细微感知来者不善。

之后，作者又巧妙借助中药名称与所表达内容之间的联系性，隐晦表现出蒋氏与妇女之间的私情，其中有远志、莲心、阳起（阳起石）、丁香、钟乳、五灵（五灵脂）、芍药、菊花、沉香、停立（葶苈子）、从容（苁蓉）、当归、百部、半夏、蛇床（蛇床子）、芫花、房风（防

---
① 隋树森编：《全元散曲》，1138 页，北京，中华书局，2000。

风)、红娘(红娘子)、使君子、白头公(白头翁)。通过这些药名,暗示蒋医生与妇女幽会的场景。当事情败露后,当事人被送到官府拷问:

〔耍孩儿〕木贼般合解到当官跪,刀笔吏焉能放你!便将白纸取招伏,选剥了裩布无衣。荜澄茄拷打得青皮肿,玄胡索拴缚得狗脊低,你便穿山甲应何济?议论得罪名管仲,毕拨得文案无疑。①

木贼、官跪(官桂)、白纸(白芷)、裩布(昆布)、荜澄茄、青皮、玄胡索、狗脊、穿山甲、管仲(贯众)、毕拨(荜拨),利用这些中药名的谐音效果,反映出蒋氏被送往官府后,身经严刑拷问的全过程。最后,作者又运用决明、指实(枳实)、里人(郁李仁)、旱莲(旱莲草)、白凡(白矾)、漏芦、乌梅、苦参、大戟、甘遂、破故纸、寒水石、雨余凉(禹余粮)、天南星、牵牛(牵牛子)、常山、青黛、蔓荆子、杏子(杏仁子),表现出当事人的悔恨,并借此告诫世人不应贪图一时之快,当克己奉礼,实际上暗示因果报应的思想。

其次,是药名戏文。药名被引入叙事文学是元代药名文学的又一特色。在戏曲剧本中,创作者将药名作为创作元素引入其中,主要作用在于暗示人物性格,推动剧情发展。在一些以婚恋题材为主的戏曲剧本中,药名通常被赋予联结男女主人公爱情的象征,颇有新意。如在戏曲剧本《西厢记》中,有一段非常出名的描写,即药名当"红娘"。在第三本第四折处,张生因为崔莺莺"赖简"一事,而倍感困惑,以至于得了相思病,使其心力交瘁,夜不能寐,病情加重,这才有了红娘传药方。一纸药方,莺莺巧妙地向张生表明了心意,两人因此正式私下定情,寓意深刻,耐人寻味。原文描写道:

……〔红云〕老夫人着我来,看哥哥要甚么汤药。小姐再

---

① 隋树森编:《全元散曲》,1138页,北京,中华书局,2000。

三伸敬,有一药方送来与先生。

[末做慌科]在那里?

[红云]用着几般儿生药,各有制度,我说与你。

[小桃红]"桂花"摇影夜深沉,酸醋"当归"浸。

[末云]桂花性温,当归活血,怎生制度?

[红唱]面靠着湖山背阴里窨,这方儿最难寻。一服两服令人恁。

[末云]忌甚么物?

[红唱]忌的是"知母"未寝,怕的是"红娘"撒沁。吃了呵,稳情取"使君子"一星儿"参"。①

崔莺莺的"药方"中含有桂花、当归、知母、红娘子、使君子、人参六味中药。每一种药名被赋予特定的寓意,含蓄且恰到好处地传递了幽会的讯息,凝聚了莺莺的心意,同时也暗示了张生与莺莺最终欲走向大团圆的剧情。在这里,作者巧妙地安排中药当了一回"红娘"。

施惠《幽闺记》中第二十五回的描写也颇具新意。剧情的背景是,蒋世隆因舟车劳顿,心中又时刻惦念失散的妹妹瑞莲,再加上王尚书以门第不配为由,强行带走自己的新婚妻子王瑞兰,此去音信全无,日夜思念,故患上了风寒和相思之疾。原本想邀请医者来救治,没承想来了个庸医李氏。创作者借用药名来展现庸医治病的过程,其中有丁香、刘季奴(刘寄奴)、天门、麦冬、白头翁、蔓荆子、郁金、水银、当归、使君子、大麦、小麦、苁蓉、细辛、防风、木贼、重楼、青葙、珍珠、琥珀、金银花、丹砂、昆布、青皮、豆蔻、狼毒、莲房、红娘子、裩裆(裈裆灰)、川芎、血结、海马、常山、莽草、薄荷、无根、天南星、马兜铃、红灯笼(灯笼草)、白蜡烛(通天蜡烛)、人中白、薏苡、黑牵牛、茴香、急性子、玄胡索、甘松、蒺藜棍(蒺藜根)、狗脊、荸荠(荸荠)、筚拨、半夏。这里主要运用了药名的谐音,一一对应医者李氏

---

① (元)王实甫:《西厢记》,127页,上海,上海古籍出版社,1978。

的行为活动，从侧面映衬了李氏庸俗荒诞的行为。在后文中，李氏自称是个"催命鬼"，他为贪求小财，不分男女胡乱治病，竟说男子得了妇人产后病症，并随意配予药方，险些危及人性命。这里塑造了一个不懂医术、贪图便宜的庸医形象。

综上所述，药名文学发展至元代，诗词方面的创作已逐步趋于衰落，总体上呈现出作品数量少，内容难突破窠臼，大多是对前代作品的模仿。然而，这一时期，伴随着俗文学的兴起，药名被引入散曲和戏文中。一方面，从药名文学创作本身来说，拓宽了体裁范围，更新了表现手段，也丰富了创作内容。另一方面，对俗文学创作而言，尤其是在以戏剧为代表的叙事文学中，药名的加入，具有侧面凸显人物性格，推动剧情发展的功能。

## 第二节　养生途径的多样化构筑

元代文学作品中所呈现的养生之法，大体上可以归结为三个方面。其一是食物疗养与静心养生；其二是幽居山水，琴书自乐；其三是保持心情上的豁达乐观。从文学视域出发，诗歌、元曲及散文三种文学体式，对养生内容的描摹具有代表性及典型性，每种文体之下的描写亦各具特点。从医学角度来看，蕴藏于文学作品中的养生方法对今人亦有一定的参考价值。

### 一、食物疗补，静心节欲

（一）食物养生

传统中医学里有"药食同源"的观念，这符合自然规律。人类通过摄取食物，不但可以满足机体的正常运转，同时也能补充营养物质，增强体质，以此达到疾病预防的功能。因此，食养是中医养生中一个极其重要的部分。

食物具有"四性"及"五味"，"四性"即寒、热、温、凉四种食性。通常，寒凉性食物具有清热败火和解毒的作用，温热性食物则具备温中、助阳、散寒之功效。对于四性的辨别，主要依据其生长环境、颜色及味道。"五味"是指辛、甘、酸、苦、咸五种味道，不同性味的食物所对应的治疗功能亦不同。中医学认为五味与五脏之间有紧密的联系，即辛入肺、甘入脾、苦入心、酸入肝、咸入肾，因此，可根据相对应的器官来决定所需要补充的食物。一般情况下，根据食物的属性，可将其分为谷类食物、肉类食物、果类食物、菜类食物。《黄帝内经》中运用五行学说对食养进行了精准的概括，即"五谷为养，五果为助，五畜为益，五菜为充"，体现了朴素的食疗养生观念，对后世人们的饮食观具有重要的指导意义。

食养作为一种创作元素进入文学领域，是以《诗经》为源头。作为原始先民社会生活与日常生活的真实记录，《诗经》中记载有大量的动植物，其中不乏具有药用价值和养生功能的食物。以五谷为例，五谷包括黍、麦、稷、稻、菽五种粮食，它们是供给人体蛋白质与碳水化合物的重要来源。《王风·黍离》云："彼黍离离，彼稷之苗"；《鄘风·桑中》："爰采麦矣，沬之北矣"；《小雅·采菽》："采菽采菽，筐之筥之"。传递出五谷的外观形态、生长环境以及先民种采谷物的场景。再如五果，即枣、李、杏、栗、桃，《王风·丘中有麻》："丘中有李，彼留之子"；《豳风·七月》："八月剥枣，十月获稻。"对于早期人们是否已熟知其中所记载的相关作物的药用及养生价值这一问题，无法下定论。结合创作语境来看，将具有养生价值的五谷、五果等植物作为创作元素融入其中，属于先民劳作生产的无意识自然创作，反映了早期人们对植物中营养价值的初步认知。

古人关注养生，注重食物的养生价值，其中，亦有一批文士通过各类体裁作品，将这一观念或方法反映于文学创作中。以养生尤其是以食养作为内容的作品在唐宋时期为盛,例如白居易主张以素食、粗食为主,将粥作为日常主要饮食,体现这一观点的诗作有《食笋》《斋居》《晨兴》等。苏轼亦对养生颇有研究,尤其注重食疗,比如提倡将粥作为主食,以清淡饮食为主。陆游的《食粥》《素饭》《蔬食》等诗作也提及素食和蔬菜对人体的益处。

元人大多经历了社会动荡和战争侵扰,时常思索生命的方式和意义。方回《入五月病二七日》说道:"人死朝朝有,吾衰事事非。"[①]韩奕《病中》一诗写道:"莫问人生贫与富,老年须是得身安。"[②]许衡《病中杂言》云:"此理分明是天命,便须相顺莫相违。"[③]对生命的关注,从另一个角度正是体现了对生命的尊重,尤其是对养生的重视,因此,一些文士也将日常习得的养生经验付诸笔端,其中,食养是一个比较重要的方面。

之前提到,喝粥是一种十分有益健康的方式,《周书》中有"黄帝始烹谷为粥"的记录,"谷"即黍、稷、菽、麦、稻,说明先民早已开始关注五谷的食用价值,但在这里还未曾反映其养生价值。关于最早以粥来治病的事迹,见于《史记·扁鹊仓公列传》,其中有两处记载。其一是"为火齐米汁饮之,七八日而当愈"[④],米汁即粥。其二是"臣意即以火齐粥且饮……出入六日,病已"[⑤]。两处记载皆说明了粥的愈疾功能。后世医家注重粥的养生之效,李时珍在《本草纲目》中列举五十余种粥,根据每种粥所含成分的异同,概括其功效主要体现为补气、清热、滋养、调和肠胃。后世文人多在文学作品中提及这一方式,元人亦如是。

尹志平在《食豆粥寄燕京道众》中描写喝绿豆粥的好处,服用豆粥后的生理状态"食罢后,四大冲和。饱足时,六神踊跃。老来得这些受用,把世间事都尽忘却"[⑥]。绿豆粥是用绿豆熬制而成,绿豆甘、寒、无

---

① 杨镰主编:《全元诗》第 6 册,141 页,北京,中华书局,2013。
② 杨镰主编:《全元诗》第 64 册,270 页,北京,中华书局,2013。
③ (元)许衡著,王成儒点校:《许衡集》,244 页,北京,东方出版社,2007。
④ (汉)司马迁:《史记》,2810 页,北京,中华书局,1982。
⑤ (汉)司马迁:《史记》,2812 页,北京,中华书局,1982。
⑥ 杨镰主编:《全元诗》第 1 册,91 页,北京,中华书局,2013。

毒，有清热解毒、消暑的功效，时至今日，绿豆粥仍然是夏日的降暑良方。洪希文在《豆粥》中说道，炎炎夏日，辛勤理荒秽，突觉"尘肺渴不支"，妻子送来一碗绿豆粥，喝罢后才觉"充饥软如酥，止渴甘如饴。一饱万想灭，昧然忘所思"①，描述了豆粥止渴润肺的效果，喝完后竟觉得内心十分安宁。

茯苓在古时被称为"四时神药"，基于其功效广泛，药效显著，用茯苓熬粥，是十分优良的保健食品，元人亦提倡这种养生之道。周砥《食茯苓粥》云：

> 荷锸穿云得茯苓，作糜从此谢膻腥。斋厨自启添松火，香韵初浮满竹庭。时忆紫芝歌旧曲，尚寻黄独制颓龄。今晨暂辍青精饭，与洁方坛咏玉经。②

诗歌描写了上山采茯苓后，用来熬粥的过程，以此来表现诗人清雅淡泊的生活方式。再如马治《食茯苓粥》一诗：

> 颇闻学士防风粥，曾吃诗人锦带羹。岂谓茯苓宜岁晚，已收粳稻得霜晴。腥膻习漫从教洗，禽鸟形残不忍烹。饱食未须论月给，石杉偕坐听松声。③

诗人欲更改食荤腥的习惯，而以茯苓粥作为日常饮食，不仅反映了清淡健康的饮食方法，"石杉偕坐听松声"一句还表现出归隐的意味。

另外，元代文人还注意到一些具有养生功能的植物类食材，并加以描摹吟咏。枸杞属茄科，味甘，性平，主要功能为滋肾润肺，还具有补肝明目的作用。《本草纲目》中有枸杞可以延年益寿的相关记载，用

---

① 杨镰主编：《全元诗》第31册，123页，北京，中华书局，2013。
② 杨镰主编：《全元诗》第54册，185页，北京，中华书局，2013。
③ 杨镰主编：《全元诗》第62册，81页，北京，中华书局，2013。

枸杞泡茶，可谓上等的保健饮品。王旭《枸杞茶》一诗描写了和霜捣碎枸杞泡茶的过程，六月霜具有清热解毒的作用，两者搭配使用，可以起到清热滋补的功效。诗人描写饮用枸杞茶后，顿感唇齿留香，神清气爽，在此寄寓了长生求仙的思想。黄玠《采枸杞子作茶饼子》也说明了这一点，诗人进山采枸杞，先描写了枸杞生长的外观形态"流水河边见碧树，上有万颗珊瑚珠"，用珊瑚珠来形容枸杞，衬托出其鲜艳的外观。诗人认为这是"不死药"，便采来以作茶饼，诗歌末尾写到"卧听松风响四壁，未老更读千车书"[①]，希冀通过饮用枸杞做的茶，来达到一种闲适自然的长生状态。

再如橄榄，味甘、酸，性平，有清肺利咽之效，还具备解酒解毒的作用。洪希文《尝新橄榄》描摹了橄榄的外观即"橄榄如佳士，外圆内实刚"，性味即"为味苦且涩，其气清以芳"，疗效则为"侑酒解酒毒，投茶助茶香。得盐即回味，消食尤奇方"[②]。诗人认为橄榄经过风霜白露的洗礼，其气味更加醇厚，颜色愈发浓艳，正如佳士般"大器当晚成"。

元代关于描写食养的作品并不多。通过上述几例可以发现，元代文人在描摹吟咏具有养生价值的食材时，往往将长生思想和求仙欲望寄寓其中，实际上，这从侧面反映了时人对生命的敬重。长期战乱和社会动荡，引发了他们对生存方式及意义的思考，借由对食物养生价值的描摹叙写，来完成对生存的肯定和追求。

（二）静心养生

静心之目的在于养神，即元气。《素问·上古天真论》云："恬淡虚无，真气从之，精神内守，病安从来。"[③]唯有使心情保持淡泊，即宁静，才能使真气常在体内而不耗散，也就避免了疾病的侵扰。体现了先民朴素的静心养生观。《管子·内业》属于较为系统论述静心养生的专论篇

---

[①] 杨镰主编：《全元诗》第35册，194页，北京，中华书局，2013。
[②] 杨镰主编：《全元诗》第31册，126页，北京，中华书局，2013。
[③] 杨永杰、龚树全主编：《黄帝内经》，3页，北京，线装书局，2009。

目,"内业"即养生之术,全文从人类生命的本源谈起,认为精气乃生命之本,以此推论精气的重要性以及如何保有精气,这也是静心养生的原理和基础。"天主政,地主平,人主安静"① 是静心养生的理论基础,人唯有保持内心的安静,方能安定,唯有安定,才能为精气提供稳定的居留场所,静心养生的目的主要在于预防疾病的发生。

元人对养心之法的论述,属于对前人观点的借鉴和深化,再结合自身或亲友的疾病遭遇并加以阐释。

心志之疾是万病之本,故养生之本在于静心,以胡祗遹的两篇散文为例。《病说》一文指出人体患病的缘由主要有五个方面,即"心志之疾""饮食之疾""衣服之疾""起居之疾""天地六气"。其中,前四个方面是人为导致的,也是最主要的因素,故作者提出"自致之疾十九,天与之疾十一"。其中关于心病的描写,包含了静心养生的理论。作者认为心志之疾的类型有:

> 七情百欲,喜则气散,怒则气上,恐则气下,思想无穷,遂成白淫,妖淫则男化为女,猛暴则人化为虎之类,皆是也。②

大悲大喜,大怒大惧,皆是引发疾病的原因,这一切皆由心不静而起,该如何保持心的宁静,其原理又如何。作者追根溯源,结合《易》,指出人得天地、父母之精气而生,逐渐长成后又赖五谷精气,故唯有"持志平气,积聚精神"才能使体强而神主。而心是存续精气的重要载体,心为火也,火喜动,动则消耗人心,故需定,即静。"心劳则气结",故"苦思癃悴,服力无思之人少闲,则易肥体强而寿"③。因此,养心在于养气,即"气得养则形寿,神得养则气充"。

《敬祝仲容病说》一文则以仲容所患疾病为例,从而反映出核心观

---
① (唐)房玄龄注,(明)刘绩补注,刘晓艺校点:《管子》,328 页,上海,上海古籍出版社,2015。
② (元)胡祗遹:《胡祗遹集》,317 页,长春,吉林文史出版社,2008。
③ (元)胡祗遹:《胡祗遹集》,317 页,长春,吉林文史出版社,2008。

点,即"病得于心思,治之以心思"①。通常,治疗由天地六气所召至的外病相对容易,而治内病(心病)则难。《阴阳应象论》云:"怒伤肝,悲胜怒,喜伤心,恐胜喜,思伤脾,怒胜思,忧伤肺,喜胜忧,恐伤肾,思胜恐……"②疾病由心志而生的原理正基于此。作者分析仲容之病是由于"念虑丛杂""心劳形劳",最佳的治疗方式为"和其心,平其气,悦其情,状其志……"③,人身之主乃心性,若能使心保持仁义中正,不为喜怒哀乐所动,如止水明镜一般,方能使气和身寿,无疾言厉色,无暴喜暴怒,唯恬淡虚静,精神内守,才是养生之本。

另外,将修身与养生相联系。梁寅的《养生论》也表明"善养生者,先治七情",认为儒家提倡修身,不外乎先治七情,实际上这也属于养生之术。扰而非静,劳而非逸,则致使耗精竭神,故儒家提倡的中和之道对修心养生具有重要指导意义。梁寅认为修身与养生的联系在于:

> 七情既治,可以养德,可以养智,可以养生。养德而身修,养智而官理,养生而寿固,斯一举而三得者也。④

方回在《三勿斋记》中提及"心统性情",以孟子所倡导的培养"浩然之气"为依据,认为时人应当谨记孟子一有三勿之训,即"勿利心,勿放心,勿戕贼之心"。静心养生的机制在于"心得其养则其气浩然,心失其养则其气馁"⑤。

除此之外,有元一代,以丘处机为首的全真道教发展迅猛,其教义提倡静心养性,除情祛欲,以达到真性不灭之境界。与此同时,他们也将养生理念通过文学作品的形式反映出来。

---

① (元)胡祗遹:《胡祗遹集》,320页,长春,吉林文史出版社,2008。
② 杨永杰、龚树全主编:《黄帝内经》,10—12页,北京,线装书局,2009。
③ 李修生主编:《全元文》第5册,311页,南京,江苏古籍出版社,1999。
④ (元)梁寅:《梁石门集》,见《元人文集珍本丛刊》第7册,675—676页,台北,新文丰出版公司,1985。
⑤ 李修生主编:《全元文》第7册,347页,南京,江苏古籍出版社,1999。

## 二、幽居山水，琴书自娱

疾病的发生通常由内外两方面因素引起，如饮食之疾、心志之疾、起居之疾等属于人为内部因素，而自然环境则属外部因素。"人禀天地之气以生"（《素问·阴阳应象大论》）反映了天人相应的思想，亦说明人体的生长变化、生老病死，必然时刻受到自然环境的影响。唯有使人体与外界的空气，温度等条件保持平衡，是维持机体健康的一个方面。若适当接触自然界中的阳光、新鲜空气和水，皆能够增强人体免疫力，也是养生的重要途径。《素问·上古天真论》中，以中古时代的圣人避开世俗纷扰，遨游于天地自然为例，说明天然环境对人体健康的助益。文曰：

> 中古之时，有至人者，淳德全道，和于阴阳，调于四时，去世离俗，积精全神，游行天地之间，视听八达之外，此盖益其寿命而强者也，亦归于真人。其次有圣人者，处天地之和，从八风之理，适嗜欲于世俗之间。①

从现代医学角度来讲，有"地理疗法"，即利用不同的地理位置，气候环境等自然条件的影响，达到对人体进行疾病治疗和养生防病的目的。包括"高山疗法、矿泉疗法、洞穴疗法、森林疗法，"②等原理在于自然界的某些物质本身都含有某种对人类机体有益的元素。如现代比较流行的"有氧运动"爬山、徒步旅行等方式，就是一种健康的养生方式。

元曲以自由灵活、自然酣畅的笔调，呈现了元代文人的日常生活与思想情趣。其中，不乏对幽居山水、采药养生、调息静心的叙写。

张养浩在《中吕·普天乐》中写幽居田园、欣赏美景、家人和乐、

---

① 杨永杰、龚树全主编：《黄帝内经》，4页，北京，线装书局，2009。
② 金芷君、张建中编著：《中医文化掬萃》，197页，上海，上海中医药大学出版社，2010。

游山玩水、宾客同饮、采药挑菜的乐趣。幽居在被水光山色包围着的书斋，隔断了尘埃俗世，心境自然愉悦，从而达到静心养生之效。

贯石屏《仙吕·村裹迓鼓》描写了隐居山林，种菊烹茶，煎药读书的生活状态。竹篱茅舍，赏山玩水，栽绿柳，种黄菊，且以"药炉经卷作生涯"，在自然的熏陶下，疗养身心。再如不忽木《仙吕·点绛唇》云："山间深住，林下隐居，清泉濯足，强如闲事萦心……"①其中，洗足是一种可以养生疗疾的方式，足部具有五脏六腑所对应的穴位，以热水或汤药水浴足，可以加速足部的血液循环，进而起到疏通全身经络的作用。

刘时忠《双调·折桂令》中描述了农、渔、樵、牧四种生活方式，隐居农家，斗酒豚蹄，畅饮数杯，家人相与为乐，无是非打扰，无外界纷扰，此情此景，不乐又如何。渔樵牧歌，亦是一种养生延年的方式。张可久《黄钟·人月圆》中有幽居山中，松花酿酒，春水煎茶的描述，其《双调·湘妃怨》写幽居山中种药采药的场景："落花流水出桃源，暖翠晴云满药田"②；孙周卿《双调·水仙子》写自己隐居山中，教儿孙种桑麻，食香芋，煮香茗。药炉经卷作伴，烹食野菜。无是非打扰，唯求得一份心安。

弹琴和下棋也是一种可以调节情志、舒畅情绪、消愁解闷、开阔心胸的养生途径。嵇康《养生论》有云："蒸以灵芝，润以醴泉，晞以朝阳，绥以五弦……"③五弦即音乐。欧阳修在《琴枕说》中讲道两手中指拘挛，通过弹琴治愈的事例。其中原理在于，弹琴时手指的活动不仅有益于对大脑的训练，还可以起到疏通气血的作用。尤其对老年人而言，由弹琴带动的手部四肢活动，可以促进血液循环，进而起到防止动脉硬化的作用。清人曹庭栋在《养生随笔》中亦提出"琴能养性"的观念，这基于由琴音所营造的静谧氛围，弹琴时，古朴悠扬的音调使人沉浸在一种静谧优雅的氛围中，其功能类似于静心，达到有益于身心健康之目

---

① 隋树森编：《全元散曲》，75页，北京，中华书局，1964。
② 隋树森编：《全元散曲》，937页，北京，中华书局，1964。
③ （魏）嵇康著，殷翔、郭全芝注：《嵇康集注》，153页，合肥，黄山书社，1986。

的。同样,养生的基础在于养心,下棋的过程需要保持心静神凝,消除诸种杂念,这便是一种修心的过程,《棋经》中"故是入神"的说法便体现了这点。

依旧以元散曲为例,赵显宏《双调·殿前欢》表现出摒弃名利,以山水诗酒、山蔬野菜、茶药琴棋为伴的养生之道,文曰:

> 林泉疏散无拘系,茶药琴棋。听春深杜宇啼,瞻天表玄鹤唳,看沙暖鸳鸯睡。有诗有酒,无是无非。①

再如张可久《南吕·金字经》中"抱琴岩下眠"②的描写。孙叔顺《南吕·一枝花》写隐居田园,淡饭黄齑,逍遥山水,琴棋玩乐的生活,说道:"闲遥遥游山玩水,乐陶陶下象围棋。"③这类描写实例较多,不做赘述。

### 三、舒展愁眉,豁达心胸

思虑过度,必将劳心伤神,严重者则会引起各类疾病。尤其是"怒伤肝",《内经》云:"百病生于气也,怒则气上。"相反,"喜则气和志达,荣卫通利"④。持有乐观豁达的心胸,是健康的基石,也是养生的秘诀,即《荀子》云:"乐易者,常寿长。"⑤

元曲中所呈现的清闲自在的生活状态,逍遥豁达的人生态度,不仅是文人生活情趣的写照,还反映出一定的养生理念。

阿里西瑛的《双调·殿前欢》,则呈现了创作者轻松豁达的态度,使人读之,亦能被其态度所感染:

---

① 隋树森编:《全元散曲》,1181页,北京,中华书局,1964。
② 隋树森编:《全元散曲》,936页,北京,中华书局,1964。
③ 隋树森编:《全元散曲》,1137页,北京,中华书局,1964。
④ 杨永杰、龚树全主编:《黄帝内经》,80页,北京,线装书局,2009。
⑤ (战国)荀况著,(唐)杨倞注,耿芸标校:《荀子》,32页,上海,上海古籍出版社,2014。

懒云窝，醒时诗酒醉时歌。瑶琴不理抛书卧，尽自磨陀。想人生待则么？富贵比花开落，日月似撺梭过。呵呵笑我，我笑呵呵。①

懒云窝是作者为自己书斋命的名，"懒云"寓意着如同蓝天白云，云卷云舒的一种洒脱逍遥，悠闲自在的状态。文中如"不理抛书卧""尽自婆娑""得清闲尽快活"等描述，皆是对"懒云"这一意象的阐释。"呵呵笑我，我笑呵呵"是一种乐观豁达的生活态度。重要的是，这符合"乐易者，常寿长"的理念。

再如乔吉《中吕·山坡羊》曰：

清风闲坐，白云高卧，面皮不受时人唾。乐跎跎，笑呵呵，看别人搭套项推沉磨。盖下一枚安乐窝。东，也在我；西，也在我。②

徜徉山林，摒弃世俗尘埃，与白云清风为伴，以"乐跎跎，笑呵呵"的心态来对待余生，是一种较高的人生境界。与此同时，登高望远，可以获得充足的氧气，即现代意义上的"有氧运动"，加之洒脱坦荡的心情，足以使全身心得以放松，不失为一种简单自然的养生方式。

世俗名利的枷锁，往往使人产生烦恼忧虑，而这正是导致诸种疾病发生的隐性因子。无名氏的《南吕·玉娇枝》则通透地展现了作者休争功名利禄，放下忧愁，看淡得失的人生态度。提醒世人应当"将眉间闷锁开，休把心上愁绳系"③，而这也正是保持身心健康，延年益寿的最佳方式。

此类描写亦有张养浩《双调·庆宣和》："绰然谁更笑呵呵，倒大来

---

① 隋树森编：《全元散曲》，339页，北京，中华书局，1964。
② 隋树森编：《全元散曲》，585页，北京，中华书局，1964。
③ 隋树森编：《全元散曲》，1677页，北京，中华书局，1964。

快活。"① 汪元亨《中吕·朝天子》："两眉舒不攒，一身闲尽弃，百事了无羁绊……喜情欢量宽，乐心广体胖。"② 刘时中《双调·殿前欢》中所呈现的今朝有酒今朝醉，得快活且快活的洒脱乐观。王恽《越调·平湖乐》写平湖泛舟，一樽清酒，一曲菱歌，皆能暂时忘却烦恼，唯愿一笑付醺酣。

要之，对照上述所列举的三种养生方式，都有其各自相对应的具有代表性和典型性的文学体式。对食物养生的描写以诗歌为主要载体，创作者在描摹吟咏具有养生价值的食材时，往往将长生思想和求仙欲望寄寓其中。对于静心养生的述论，主要由散文的形式得以呈现，这基于散文本身具有便于说理及议论的形式属性。元人对养生之法的阐释，得力于前人经验或自身及亲友的疾病遭遇。元曲则以自由灵活、自然酣畅的笔调，呈现了元代文人幽居山水，采药养生，调息静心的隐逸生活状态及乐观豁达的人生态度，同时这也是一种良好的养生方式。同时，对养生的描摹与关注，即是对生命本身的关注。这也从侧面反映了元代文人在经历了社会动荡和战争侵扰后，对生存方式及意义的思考。

---

① 隋树森编：《全元散曲》，404 页，北京，中华书局，1964。
② 隋树森编：《全元散曲》，1382 页，北京，中华书局，1964。

## 小　结

　　元代咏药作品以诗歌居多，虽不占据数量优势，但表现形式较为多样，包括种药采药诗、煮药服药诗，以及专门吟咏描摹某种特定中医药的诗歌，其中，以组诗的形式描摹药物，也是较为明显的创作模式。咏药作品通常传递出包括药物形态及属性、生长及采摘时节、使用功能等医学信息，与此同时，文人种药采药，并进行相关的创作，亦是隐逸生活的真实写照，说明中医药与时人的日常生活紧密相关。诗歌中的医药元素还使作品具备相应的文化内涵，包括审美价值，认识功能及长生思想。煮药服药诗则是文人患病状态的真实写照，亦寄托了创作者对生命短暂的思考及对长生的渴望。元代咏药作品呈现出不同于唐宋时期咏药之作洒脱又充满情趣的风貌，由于创作者本身多为隐居不仕的遗民文人，加之受到如自然灾害，社会动荡，仕途不顺等多方面因素影响，多流露出感伤情绪。

　　药名文学是以中药名为语汇创作的文学作品，其形式多样，具体包括诗、词、曲、散文，戏文等，具有"文字游戏"的特性。南北朝时期为药名文学的发端，此时多以药名入诗，有宋一代，伴随着宋词创作局面的繁荣，又产生了"药名词"，以陈亚的药名词创作最为突出。至元代，药名诗词的创作数量较少，且在内容方面难出新意，但仍有一些模仿应和之作，在创作手法上并无显著的突破，多采用双关、谐音等手法来增强文字游戏的效果。元代药名文学最为突出的创作特征是药名曲和药名戏文，药名散曲以《中吕·粉蝶儿》为代表，其中融入六十种药名，暗含了因果报应的主题思想。药名戏文以《西厢记》与《幽闺记》中的内容为典型，具有表现人物心理活动，推动情节发展的作用。

　　养生是涉医文学表现的又一领域，文学作品中的养生方法，对今人亦有一定的参考意义。元代文学中对养生之法的描写在不同文体之下又各具特色，其表现内容主要有以下几个方面：一是对包括如茯苓、枸杞、橄榄等具备药物属性的食材以及粥类的描写，以反映时人对"药食同源"的认知；二是对静心和节欲的重视，这一部分以诗歌和散文为主；三是身处自然，感受幽居山水之乐和琴书自娱；四是保持乐观，豁达心胸，在散曲中有较多描述。元代文学作品中的养生内容不仅体现了时人对于养生方法的阐释，还具有一定的文化内涵，它是元代文人生活方式及生活态度的体现形式，反映出时人对于生命的敬重，也寄寓了长生思想。

# 第五章 元代文学中医药书写的多维艺术建构

从艺术表达效果的角度而言,"医学"作为一种被文学描写的艺术对象,在不同体裁的作品中,呈现出不同的描写方式及特点,反映出较为鲜明的艺术表现特色。与此同时,医学元素的融入,亦丰富了作品内容,深化了作品的主题内涵,在一些叙事性作品中,也具有铺垫情节、推动剧情发展之功能。本章主要选取元代几种具有代表性的文学样式,论析涉医内容在不同文学体裁作品中的艺术表现特色。

## 第一节 因病抒情 疾愈谢医——诗歌中的医学描写特色

诗歌中的医学描写特色主要表现为三个方面。首先是"因病抒情",即以呈现患病及病愈后的心情为主,或直接宣泄疾病给身心带来的痛苦,或借助自然景物来映衬病中及病愈后的情感体验。其次是透过疾病来展现元人对于生存和死亡意义的思考。最后是专门赠予医者的作品,旨在表达对医者愈疾之恩的感激,或彰显文人与医者之情谊。

### 一、患病及病愈的情感体验抒发

当人体患病时,病变器官功能失常及产生疼痛,作为一种内源性应激源，导致应激反应出现一系列生理、心理及行为变化，如情绪反应、心理应激，理智行为减少、社会适应能力减弱或丧失。[①] 从文学语境出发，文学创作是现实基础与主体意识的结合。从生活到艺术，需要经过一系列人为加工制作，这离不开作家的主体意识和思维活动。创作者的思维活动又与生理和心理状态有一定的关联。兼具创作者与患者身份的作家，在遭遇疾病侵扰后，身心皆会受到如上述所说的诸种影响。当这种影响波及至文学创作中时，又使得作品形成不同的风格，最显著的即"患病"与"病愈"的差异性心理体验。

（一）病中的心理体验及其对诗歌创作的影响

首先，人体患病后，最强烈的心理体验即孤独感。孤独体验是一种深刻而强烈的智慧内省，作家的孤独体验通常根源于两部分，首先是作家人格特征的独创性与超前意识；其次是作家的独立意识与自我意识。[②] 一般情况下，孤独指代的双重含义既包括生活方式，又包含心理体验。作为病患的创作者，在遭受疾病时，于创作中实现自我意识的同时，对孤独感的体验亦更为强烈，不仅包括因疾病所导致的与外部环境互动频率的降低，具体表现为卧床休养，这一离群索居的生活方式，还包括由疾病所引发的心理孤独感。

"孤独感"所带来的体验是深刻的，如许衡《病卧》云："一病连三载，孤身萃百忧。"[③] 再如陆文圭《病中四绝》写到，自己晚年遭遇贫病之苦，自恨平日并无故交，才发出"故人又比佳人薄，莫怪门前雀可罗"[④] 的感叹。正因如此，对周遭环境的体察亦局限于那"叶落萧萧拥树根"。又如韩奕《卧病》云："空斋谁作伴，药裹与熏炉。窗午蜂衙集，池寒鹤影孤。"[⑤] 将自己空斋卧病的状态与远处池塘边孤寂的鹤影相联系。

---

① 王金道等主编：《临床疾病心理学》，74页，北京，北京师范大学出版社，1994。
② 王克俭：《文学创作心理学》，160—161页，北京，中央民族大学出版社，1997。
③ （元）许衡：《许衡集》，王成儒点校，238页，北京，东方出版社，2007。
④ 杨镰主编：《全元诗》第16册，107页，北京，中华书局，2013。
⑤ 杨镰主编：《全元诗》第64册，242页，北京，中华书局，2013。

试看元好问《九月初霖雨中感寒痹作》一诗：

> 留饮工作祟，臂股半风淫。风淫喜阳景，旬浃坐秋霖。儿寒益跳梁，衰暮苦难任。病枕怯遥夜，破窗风露深。两年魏大名，千门响霜砧。客行足繜纩，家居但疏衾。絇丝不易得，候蛩徒自吟。无衣思南州，伤哉非独今。①

寒痹又名骨痹，是指寒邪偏重的痹证。主要症状为四肢挛痛，关节浮肿。诗歌写九月的霖雨易使人感染寒痹，"臂股半风淫"所描绘的感受是症状的真实记录。诗人在漫漫雨夜，独自忍受着病痛，期盼天明，却愈发难以入眠，唯有窗外那一声声虫鸣相伴。"病枕怯遥夜，破窗风露深"二句，突显出因病痛失眠后，长夜漫漫的孤寂感。显然，诗人此刻的心情是怅然落寞的。

再如顾逢《病中怀邓觉非》，诗云：

> 卧病寂寥中，浮生悟得空。半床清夜月，一枕破窗风。旅思闻孤笛，秋声过断鸿。可人长入梦，簪盍几时同。②

当疾病所带来的心理体验投射至外部事物时，诗人就更容易抓住那些符合心理暗示的意象，如"清夜月""破窗风""孤笛""断鸿"等。这一系列意象群，正是诗人心理的外化。诗歌整体营造出一种清冷孤寂之氛围，也正基于此。

形象是主体心理受外界生活刺激的反映，当外界刺激能够纳入人的已有的"格局"中时，生活才能被"同化"，创作者才能进入创造形象

---

① 杨镰主编：《全元诗》第2册，34页，北京，中华书局，2013。
② 杨镰主编：《全元诗》第10册，64页，北京，中华书局，2013。

的境界。① 从这个角度来看，疾病所带来的困扰，致使创作者在心理上形成某种"孤寂感"。此时，若创作者将眼光投向外界时，如长夜、蝉鸣、孤鹤、霜松、夜雨、阑干、落叶等原本就具有孤寂清冷感的意象，则加剧了创作者原本就因疾病形成的"孤寂感"。这类案例很多，刘敏中的《病夜》一诗中，则出现了大量富含"孤独感"的意象，如"秋夕""凉风""独鹤""庭庑""微萤""梧桐""疏雨"等。透过这些语汇，可以感受到一种凄清之意，诗歌所包含的这些意象，实际上正是创作者心理体验的投影。同时，亦能察觉到诗人遭受疾病侵扰，夜不能寐的悲愁。

再如释大圭《病不能寐作》，诗人叙写因病失眠的情形，只得"相对孤灯在，不眠清夜过"②，诗歌中出现的意象有"孤灯""清夜"等。影射出内心的孤寂与落寞。再如元好问《病中》诗云："风柳留蝉蜕，霜松映鹤孤。"③ 耶律铸《病中述怀》云："雨声一夜到床头，一洗胸中万斛愁。"④ 王沂《抱疾二首》："孤鹤向我立，修翎舞毰毸。"⑤ 梁寅《病中》："鬅鬙乱发似秋蓬，萧瑟千林落木风。"⑥ 透过这些意象，可以准确把握诗人当时的创作心理。

其次，是抑郁苦闷感。病患往往以卧床休养为主，减少了正常的交际活动。若遭遇了较为严重的病症，生存空间被压缩，长期生活在封闭的环境中，容易导致抑郁、苦闷等心理问题的出现。邓雅《病中》一诗写道，自己平生最爱邀游，无奈抱恙，只得"闭户拥衾绸"，"开轩畏风色，面壁心烦忧"⑦。体现出被困屋内，无法出游的苦闷。郑允端《花朝

---

① 孙绍振：《文学创作论》，38页，福州，海峡文艺出版社，2004。引瑞士心理学家皮亚杰的观点，即一个刺激要引起某一特定反应，主体及其机体就必须有反应刺激的能力。作者认为，每个人的大脑中都有某种认识客体的格局，当外界刺激能够纳入人已有的"格局"中时，才能做出反应。
② 杨镰主编：《全元诗》第41册，355页，北京，中华书局，2013。
③ 杨镰主编：《全元诗》第2册，90页，北京，中华书局，2013。
④ 杨镰主编：《全元诗》第4册，64页，北京，中华书局，2013。
⑤ 杨镰主编：《全元诗》第33册，11页，北京，中华书局，2013。
⑥ （元）梁寅：《梁石门集》，元人文集珍本丛刊第7册，675—729页，台北，新文丰出版公司，1985。
⑦ 杨镰主编：《全元诗》第3册，55页，北京，中华书局，2013。

卧病》："寂寞虚窗下，支离一病身。"①王中《病后述怀》写道："寂寞无人问，平居有所思。"②因身体抱恙，而对平日里最喜爱的诗赋也丧失了兴趣与动力，空斋卧病，更显寂寞苦楚。耶律铸《病中述怀》说道："雨声一夜到床头，一洗胸中万斛愁。"③阴雨连绵，抱恙难眠的夜晚，只愿以雨水冲洗胸中的苦闷。

再次，患病期间独处的过程，容易使思维分散，具体来讲即浮想联翩，回忆往事或多梦。实际上，这与创作者所身处的环境与心理有紧密的关系。诗人久卧病榻，限制了正常的对外活动，如出游、访友等，与外界的隔绝，又进一步阻碍了视野和思维的活动。此时，作为创作者的诗人，虽无法进行物理空间上的位移，实则思绪早已不受空间与时间的限制，于天地中任意畅游。许衡《病中有感》说道，独自漂泊异乡的孤苦，再加上疾病的侵扰，致使频繁梦见重游故地的情景："故里欢游频入梦，春城凝眺独消魂。"④再如朱德润《三月十八日卧病感怀》，诗人在卧榻之余，幻想自己"梦游蓬岛欲心飞"，看到"流水点红桃雨斋，长林迸绿笋芽肥"，仿佛置身于一处人间秘境。这一幕幕景致都出自诗人的想象，从侧面说明了因病久卧的无奈与寂寥。

对往事及友人的回忆，亦体现了这一点。疾病所带来的孤独体验，通常使人在回想起过往经历时，怀抱些许遗憾或感慨。吴师道的《正旦卧病写怀》一诗，叙写了作者因病休养，百无聊赖之际，思绪纷飞，回想起曾经的一幕幕往事，"沉思往昔梦，历历还自惊"⑤。人在倍感孤寂无助时，通常会思念家乡或至亲好友，以求为心灵寻找寄托。王恽《卧病吟》写道："夜来一笑伸眉喜，梦里分明到故乡。"⑥静谧之夜，梦归故里，能够稍稍缓解疾病造成的痛苦，同时，也给孤寂的心灵找到了归处。

总之，疾病对创作者心理的影响，主要体现为孤独感、郁闷苦楚感

---

① 杨镰主编：《全元诗》第 63 册，109 页，北京，中华书局，2013。
② 杨镰主编：《全元诗》第 65 册，342 页，北京，中华书局，2013。
③ 杨镰主编：《全元诗》第 4 册，64 页，北京，中华书局，2013。
④ （元）许衡：《许衡集》，王成儒点校，247 页，北京，东方出版社，2007。
⑤ 杨镰主编：《全元诗》第 32 册，22 页，北京，中华书局，2013。
⑥ 杨镰主编：《全元诗》第 5 册，321 页，北京，中华书局，2013。

以及对过往的回忆、多梦。这些由生理不适感所引发的心理状态，皆能影响到创作，进而反映在具体的作品当中。上述所举之例中出现的大量意象，正是创作者患病时的心理投射，这些意象群的建立，使这类诗歌从整体上呈现出清冷的风格。

（二）病愈后的心理体验及其对诗歌创作的影响

病情得以缓解或痊愈的过程则呈现出另一种状态，生理上的不适感逐渐消失，同时带动心理上的压抑苦闷感得以缓解。以刘敏中《病起喜书》为例，诗云：

> 一病经秋遂涉冬，及兹小愈得从容。药材深感诸人送，客礼多惭稚子供。整顿小诗才试笔，扫除残雪欲携筇。殷勤邻翁来相报，明日当开腊酒封。①

病愈后最为显著的心理体验是从容。诗人以叙述几件病愈后的小事，来反映此时的心理状态。如第一时间整顿笔墨，翻阅久经封存的纸张，小试几笔。或拿起手杖，扫除门前积压的残雪。喜上加喜的是，邻翁此时送来喜报，约定明日共饮腊酒。从一系列所描绘的动作，反映出病愈后愉悦畅快的心情。因此，诗歌的整体基调呈现出达观积极的一面。

当心情随身体的恢复而有所转变，致使生活状态也发生相应的改变。如许有壬的《病起漫述》，诗人说道：

> 今朝气渐苏，鼓勇出衾褥。翰墨试短吟，经史时卧读。朋来酒入务，情话慰幽独。②

在病情严重时，只身一人，维持着"三日不能朝，一餐惟可粥"的

---

① （元）刘敏中：《刘敏中集》，邓瑞全、谢辉校点，246页，长春，吉林文史出版社，2008。
② 杨镰主编：《全元诗》第34册，187页，北京，中华书局，2013。

生活。如今，随着病情的好转，情绪的高涨带动行为的变化，如读史赋诗，邀友对饮。两相对比下，反映的是心理的转变。

对于创作者而言，病愈后心理活动的呈现，通常较为直观地反映在对外部事物的观察。不同于患病期间的心理体验，诗歌往往采用蕴含孤寂清冷的意象，病愈后，随着情绪体验的好转和视野的扩大，诗歌中的意象也随之改变。如舒頔《病退》一诗云：

> 清闲无病恼，即是老神仙。临水簪花饮，开窗枕月眠。坐吟松下石，渴饮涧中泉。此乐无人解，玉箫吹洞天。①

病愈后的心情是畅然的，诗歌借用"簪花""明月""松下石""涧中泉""玉箫"等意象，来表现疾病痊愈后的舒然畅快之心境。

再以何中的《病起抒怀》为例，诗歌叙写了久卧病床后，身体有所恢复的状态，诗歌采用了幽馆、绿光、蝴蝶、双禽等富含希望与新生的意象，来投射此时轻松愉悦的心境。

有的创作者在病情好转后，会接连进行创作，来表现病愈后的生活或心境。陈镒的《病起》《病起述怀二首》《病起夜坐二首》《病起有作》四首诗歌，皆属诗人在肺病好转后的创作。《病起》一诗说道：

> 今日天无风，肺气稍平和。起行庭户外，好鸟鸣修柯。园花忽烂漫，林笋出已多。物情各向荣，余亦散沈疴……②

天气好转，诗人的病情亦有恢复。行至庭院，花香鸟鸣，新笋也刚冒出新芽，屋外一片欣欣向荣。在《病起有作》一诗中，亦有同样的描述："阶兰楚楚新芽苗，径竹猗猗绿笋生。"③作者因患有肺病，长期久卧

---

① 杨镰主编：《全元诗》第 43 册，277 页，北京，中华书局，2013。
② 杨镰主编：《全元诗》第 51 册，519 页，北京，中华书局，2013。
③ 杨镰主编：《全元诗》第 51 册，573 页，北京，中华书局，2013。

空斋,无法呼吸到天地自然新鲜之气。此时,移步庭院,发觉外界早已散发着盎然之气,以"新芽""绿笋"二物突显对新生的渴求,同时也暗示了肺病的好转。诗人庆幸自己晚年无闲事烦心,仿佛就连这区区疾病也不足为提了,只愿归耕田园,享受这天地自然赋予的生机。

从心理学角度看,移情现象发挥的是心理补偿的功能与机制。① 处于病情好转或疾病痊愈的创作者,因为生理功能恢复正常运转,从而亦带动情绪的积极转变。此时,倘若那种源自心底的爱与喜悦,无法及时在同类中得以转移,就会将其转向自然。可以发现,病愈后的诗作通常以选取富含生机与希望的自然景物,作为传递情感的意象。借助自然界中的种种意象来投射情绪,进而对久处病中的孤寂心灵进行补偿,在情感宣泄的同时,亦对诗歌风格产生一定影响。

## 二、对生存价值与死亡意义的思考

疾病本身并不能带给人思考,致使人产生思考的动因,是由疾病这一生理现象所引发的身心体验。疾病意味着人体健康存在隐患,尤其是面临能够威胁到生命的疾病,更是横亘在生存与死亡之间的桥梁。相比健康的体魄,疾病更接近死亡。也正因如此,患者往往在遭遇疾病时,更趋向于思考生存与死亡的关系。两汉时期,已有初步反映生死观的诗歌,以《古诗十九首》为代表的汉乐府,初显了对人生短暂的哀叹和长生求仙的渴求。譬如"人生天地间,忽如远行客"(《青青陵上柏》)、"人生忽如寄,寿无金石固"(《驱车上东门》)等,都体现了时人愿得长生的生命观和对死亡的恐惧心理。

元代文人亦以诗歌等作品为载体,阐释对死亡的态度。试看许衡《病中杂言》一诗,说道:

---

① 童庆炳、程正民主编:《文艺心理学教程》,123 页,北京,高等教育出版社,2001。

> 人人都畏死来催，我道人生死是归。但使墙阴无隐匿，不忧心外有危机。得生本自神先宅，未死谁知鬼已依。此理分明是天命，便须相顺莫相违。①

诗歌所描绘的心理，是作者在遭遇疾病侵扰后的真实写照。从中可以看出，诗人认为生死有命，实在无须过分担忧，只需顺应天命即可。因此，即使面对严重的疾病，诗人依旧察觉到花递香风，草抽新绿，期待着与友人相聚，谈论书史，反映出对疾病乃至死亡一事的释怀与坦然。同样的看法，在许氏的《与李生》一诗中亦有表现，写道："生死于兹系天命，莫将天命责人为。"②诗歌欲说明，过多人为干涉的养生，反而不利于人体健康。而生死实乃天命所为，无须再做人为的补充。

当人体处于健康状态时，通常会将更多的精力投散至外部的事物，如正常的工作、学习及社交等外部活动。而当躯体承受着疾病带来的一系列不适感时，无形中会将这种不适感放大，自然也将精力收回至躯体本身。通常而言，当个人长期处于这种情形之下时，往往更容易关注躯体的存在意义，思考生存与消亡的本质。如王恽《目疾自警》云："四大假来皆是苦，万缘急遣亦忘真。"③方回《入五月病二七日》说道："人死朝朝有，吾衰事事非。"④说明躯体消亡的普遍性，也正因如此，开始以接纳与淡然的心态处之。再如韩奕《病中》一诗写道："莫问人生贫与富，老年须是得身安。"⑤可以说，这是诗人在备受疾病折磨时，对人生真谛的思考。方晋明《病起》云："人生百年间，往往如过客。"⑥个人就如宇宙天地间沧海一粟，呈现出生命的偶然性与命运的无常。

对于久处病中的创作者而言，或多或少会对躯体可能行将消亡这一事实存有担忧。也正是基于此，在这个过程中，会更容易对现实之存在

---

① （元）许衡：《许衡集》，王成儒点校，244页，北京，东方出版社，2007。
② 杨镰主编：《全元诗》第3册，48页，北京，中华书局，2013。
③ 杨镰主编：《全元诗》第5册，273页，北京，中华书局，2013。
④ 杨镰主编：《全元诗》第6册，141页，北京，中华书局，2013。
⑤ 杨镰主编：《全元诗》第64册，270页，北京，中华书局，2013。
⑥ 杨镰主编：《全元诗》第65册，306页，北京，中华书局，2013。

产生某种疑虑，产生对过往经历的反思，乃至对曾经的自己做出道德评判。戴良在《病中承宋编修见过》一诗中表示，自患病以来，尝试过众多药物，但疗效未曾见好，故十分担忧不久后命终。然而，相比对命终的恐惧，更难以面对的是已故之人。诗歌写道："常恐大化尽，无由见故人。"①王沂在《抱疾二首》中对自己的人生经历做以评价，认为"少小学读书，老大转无成。逢时愧苟禄，腼颜窃文名。"②诗人在抱病中回顾自己的一生，字里行间反映出些许遗憾以及对天命注定的无力感。再如吴师道在《正旦卧病写怀》中，感叹自己年过六旬，但却无所作为，诗云："六十行已衰，百计苶无成。"③再如偰逊在《病歌行》中，从对病痛一事的无力感上升至对父母的愧疚，说道："所惭不孝致亲忧，只合深思求己失。"④

当疾病甚至即将面临的死亡，已成为一个无法避免的残酷事实时，已有一部分人选择接纳或释然。如唐元《病中释怀》说道："衰病相寻不用悲，花残叶脱恁天时。"⑤不同于常人，将生老病死看作一种莫大的痛苦或悲事，诗人借叶落归根、花残柳败这一自然循环规律，来劝诫旁人不用为此而过度悲伤。王中《岁暮病中感怀》云："若是沧州可乘兴，扁舟独往坐持竿。"⑥诗人在病痛中感受到世事无常，人生实苦，若还有机会，当乘舟独往，游遍沧州。释大圭在《病不能寐作》中，叙写晚年抱恙时的状态，写道："白日荒人事，残年对佛经。古来豪杰者，多少老沉冥。"⑦人生行将暮年，唯愿诚心念佛，了悟生死，终获解脱。感叹即使是英雄豪杰，也终将面对生命行将消亡的事实。从诗人的笔端，可以看出对疾病乃至生死一事的超脱。

---

① （元）戴良：《戴良集》，李军、施贤明点校，15页，长春，吉林文史出版社，2009。
② 杨镰主编：《全元诗》第33册，11页，北京，中华书局，2013。
③ 杨镰主编：《全元诗》第32册，22页，北京，中华书局，2013。
④ 杨镰主编：《全元诗》第59册，7页，北京，中华书局，2013。
⑤ 杨镰主编：《全元诗》第23册，312页，北京，中华书局，2013。
⑥ 杨镰主编：《全元诗》第65册，345页，北京，中华书局，2013。
⑦ 杨镰主编：《全元诗》第41册，355页，北京，中华书局，2013。

### 三、疾愈谢医之情谊表达

文人作诗赠予医者以表达愈疾之恩，是诗歌中医学描写内容的又一特色。文人作诗以赠，一方面旨在赞扬医者的医术医技，讲述其从医经历及治疗经验；另一方面为抒发对医者愈疾之恩的感谢，传递医文交游之情谊。

称誉某位医者的医术医技，讲述其治疗经验和方法是题赠诗内容的一个方面。金元时期，眼科已独立发展成为一门专科，亦涌现出诸多眼科医者，诗人常年挑灯夜读，患有眼疾者不在少数，故有众多文士赋诗赠予曾为其愈疾的眼医，称誉其高超的医术。王恽在《题眼科杜金山卷》中称誉眼科医者杜氏时说："金篦一刮神光烂，此艺争传杜氏精。"[①] 谢应芳《赠眼医张嘉甫》云："金篦不刮眼中膜，家有异药能通神。"[②] 相继有赵秉文、刘因、刘敏中等诗人为眼医医者题赠诗歌以称道其在眼科方面的成就。另外，还有刘敏中《赠医者魏身斋二首》云："一技惊人众疾愈，身斋能事野斋心。"[③] 倪瓒《赠丁医士》："丁君手炼不死药，芙蓉仙人久相约。"[④] 诗人赞誉医士的妙手回春，称誉之情溢于言表。这类诗歌很多，诸如《赠针医范秀才》（戴表元）、《赠杨医士》（吴澄）、《赠三衢儒医徐登、孙升伯》（王恽）、《代赠医者葛道夫》（吴存）、《赠戴医》（杨载）、《艾师行赠黄中子》（杨维桢）、《赠吕医》（高启）、《赠医士清溪居士丘通甫》（方回）、《谢郭北溪治病》（周闻孙）、《赠医者赵郭冼》（释宗衍）、《赠医师任光显》（刘崧）等。

治病理疗过程是复杂而艰辛的，很多医士只有经过反复尝试后，方可获取最终的愈疾效果，一些诗歌还集中反映了医士学医、从医的辛苦经历和治疗经验。如袁桷的《赠刘医》就讲述了刘医四处奔走、采药验

---

① 杨镰主编：《全元诗》第5册，535页，北京，中华书局，2013。
② 杨镰主编：《全元诗》第38册，125页，北京，中华书局，2013。
③ （元）刘敏中：《刘敏中集》，邓瑞全、谢辉点校，265页，长春，吉林文史出版社，2008。
④ 杨镰主编：《全元诗》第43册，77页，北京，中华书局，2013。

方的行医经历，称赞其身为医者术业专攻，谨慎踏实的敬业精神。以诗歌的形式来记述具体的治疗过程，亦是题赠诗所反映的一个特殊现象，如诗人谢应芳在《赠眼医张嘉甫》中说道："璇霄沉潋和玄雪，洗涤灵台烟火热。刀圭微入阿堵中，风卷微云出明月。"① 用形象的比喻将愈疾过程的细微观察融入诗歌中。金元时期的医者在病因病机学方面亦取得了重要成果，陈言《三因方》确立了"三因致病说"②，医者重视五运六气说，以《周易》中的"五行"为哲学依据来统摄医学领域的致病因素，这在诗歌中亦有反映。如刘敏中在《赠眼医》当中论述双目患疾的由来和应当注意的事项，以"五行""五轮""五脏"之间的关系来阐述双目有神大多因五行协调，倘若运气不足，不重视内外协调保养则会导致眼疾的发生。

另一方面，文人作诗相赠欲表达对医者愈疾之恩的感谢，抒发医者与文士之间的交谊之情。丁鹤年在《谢刘伯升愈疾》一诗中说："杏林春早繁花合，橘井秋深美实垂。最爱相酬无长物，数篇清绝盛唐诗。"③ 表明以诗相酬答的情谊。再如郭钰《题李次晦邹疡医诗卷》云："李候疮廯君能疗，老我柴门独捧心。"④ 亦有专门向文士求诗，欲赠予为其治愈疾病的医者，如宋禧《慈溪人求诗赠医者章敬德》云：

> 病肺一年苦，对酒甘独醒。谁能愈其疾，酬德非常情。良医有章子，方寸冰雪清。作诗以为报，艺苑寻簪缨。⑤

另外，题赠诗还传递了文士与医者之间的深厚友情。吴师道《赠医

---

① 杨镰主编：《全元诗》第 38 册，125 页，北京，中华书局，2013。
② 宋代医家陈言根据《金匮要略》中"千般灾难不越三条"的论述，结合《内经》的相关病因学说，著成《三因方》，确立了"三因致病说"，将病因分为三类：一为内因（包括喜怒悲恐惊内伤七情，发自肺腑，外形于肢体）；二为外因（包括风寒暑湿燥火外感六淫，起于经络发于脏腑）；三为不内外因，指六淫之外的外因（包括饮食饥饱，呼叫伤气，虎狼虫毒等其他偶然性因素）。认为三者既可以单独致病又可相兼为病，须分清病因，辨证施治。
③ 杨镰主编：《全元诗》第 64 册，404 页，北京，中华书局，2013。
④ 杨镰主编：《全元诗》第 57 册，488 页，北京，中华书局，2013。
⑤ 杨镰主编：《全元诗》第 53 册，382 页，北京，中华书局，2013。

者陆生》云:"三十年前识乃翁,鸣弦醵酒近邻东。"① 陈镒《赠医人冯英伯》中有"一别冯君今十载,重来犹带旧行囊"②,讲述二人数年友情。医士远游,诗人赋诗送别,话离别之苦,叙相思之意,贡奎《赠杨医士》:"病躯偶相依,远别动离情。"③ 这类诗歌还有《赠医士简秋碧》(马祖常)、《赠医者刘存诚岁晚归城中》(李存)、《赠医者山伯英》(沈梦麟)、《赠医者徐复庵》(柯九思)、《同李立本赠医》(郭钰)、《燕都送马郎中北上》(元好问)等。

## 第二节 以医说理 以医取譬——散文中的医学描写特色

从艺术表现来说,当医学内容作为一种创作元素被融入散文中时,"医学"并非作者欲着意描写的对象,通常借助对医理的解说,来类比或引证其他事物,进而阐释某种事理。查阅元人文集,可以发现,散文中的医学描写之艺术表现及功能,主要有两点突出特征:一是以医说理,即通过解释病因病症,与某种特定的物象进行对比,进而引申阐释其他事理;二是以医取譬,最为显著的是将治病理疗的过程比喻为治国理政或带兵打仗,以论述为政之道。

### 一、以医说理,阐释万物

早在先秦诸子散文中,就已有说理方法的运用,据《墨子·小取》:

---

① 杨镰主编:《全元诗》第32册,114页,北京,中华书局,2013。
② 杨镰主编:《全元诗》第51册,583页,北京,中华书局,2013。
③ 杨镰主编:《全元诗》第14册,296页,北京,中华书局,2013。

> 譬也者，举他物而以明之也。侔也者，比辞而俱行也。援也者，曰："子然，我奚独不可以然也？"推也者，以其所不取之，同于其所取者，予之也。①

"辟"即"譬"，指比喻。"侔"即对比。"援"有引证之意。"推"即推理、阐释。四者共同构成散文中的基本说理方法，并对后世散文创作具有深远影响。追索元人文集，能够发现，医学内容作为一种创作元素亦被融入散文中，成为类比说理的对象。

第一，将人体器官功能、生理特性，或疾病的治疗原理与天下万事进行对比、引申，说明其内在一致性。在类比中，不仅使抽象的病理更为形象生动，而且在借助阐释疾病治疗之有效性与合理性的同时，亦增强了散文的说服力。

譬如，吴澄在《麓泉记》中，为了解释小儿医尤难，以泉水的流布来类比经脉在人体中的分布及作用，将小儿比为山麓初出之泉，文曰："人之童蒙犹山麓初出之泉，混混乎欲盈而未盈也，涓涓乎欲流而未流也。"② 以此说明童蒙未能言其病，治之为尤难的道理。又如《送范文孺痔医序》一文解释痔医进行治疗的主要手段："先攻之以毒药，去恶肉，然后养之以善药，长新肉。"③ 文中亦以文士治己、农夫治田、官吏治国相类比，指出其内在相似性。说道，士之治己，应当先摒除不良作风以养其心；农夫治田，先割除杂草方能长出新苗；官吏治国，先斩断引发祸乱的源头再培养良民。四者之间，其事虽殊，其理一也。再如陈基《赠宋太医序》，文中将医者治病比作良农治田。医之有药石、针砭、毒熨，犹如农之有耒耨、钱镈、耰锄。医者为人祛疾，犹农夫除稂莠，杂草不除，虽有甘露润泽，庄稼也不会长好，疾病不祛，虽有珍馐美味也

---

① （清）毕沅校注，吴旭民点校：《墨子》，213页，上海，上海古籍出版社，2014。
② （元）吴澄：《吴文正集》，见《元人文集珍本丛刊》第3册，391页，台北，新文丰出版公司，1985。
③ （元）吴澄：《吴文正集》，见《元人文集珍本丛刊》第3册，354页，台北，新文丰出版公司，1985。

不会爽口。

致病机理往往是复杂的，治疗的过程亦需经过较为漫长的过程，一些文章还将疾病治疗的过程形象化、具体化，生动呈现出疾病治疗之原理和技术。与此同时，天下万事万物的运行规律又具有内在相似性与关联性，这为医理与其他事理的类比创造了前提。在两相对比中，增强了散文的说理论证效果。

刘诜在《赠医士王宇春序》中，为解说"治病必求其源，用药必锄其根"之理，以洪水之势比喻疾病的来势凶猛，文曰：

> 且病之方至也，如洪水之骤合，其势不可以遽退。疏导濬涤，自底于平。躁者逼其势以壅遏，则势反愈甚，而功必无成。①

指出天下无速愈之病，亦无速效之药，以此引申古之为政者，必期月三年而后功效始见，并无旦立法而暮求治之举。

值得一提的是，宋禧《赠许仲举序》一文将疽痈的发病原理、治疗过程与平复叛军相比附。文章开头先指出，痈疽这一疾病在初次发病时，往往表现甚微，人们常常忽视之，十日后，则横逸肩背，坏烂不可收拾，此时欲治之亦难矣。治疗疾病尚且如此，而天下之事其类此多矣，正如叛乱者，起初是由于迫不得已，人自为计，其后徒党稍众聚于山谷，又其后，叛军势力渐长，抗官军而犯城池，使生灵涂炭。从疾病治疗的角度来说，若尽早发现病因并及时诊治，就能免人于性命之难，从平复叛军的立场而言，若从一开始就消除后患，就不会祸国殃民。

第二，通过赞誉某位医者的医术仁心或援引史实，来对比揭露出当今不良世风，起到引导世风向善之功用。

朱德润在《赠医士顾叔原序》中赞誉医者顾氏奔走于闾巷，亲视羸弱，益不以货财为较。这与如今的一些时官小吏假以威刑，要以势利

---

① 李修生主编：《全元文》第 22 册，64 页，南京，江苏古籍出版社，1999。

的行为，形成鲜明的对比。同样，《赠朱太医序》一文指出良相与良医都是救民之职，前者以礼仪道德教化民众，后者治疗民之疾痛，而如今竟有官吏以百姓有罪为幸事，庸医以百姓患疾为幸事。作者暗指吏治腐败与庸医横行的社会现实，劝导众人要奉行礼仪教化，医者能坚守仁心。

良医须有仁爱之心，不会因利益钱财所需而妄自下药，正如治狱者不轻易对百姓用刑。为批判当今一些医士只想急功近利贪图疗效和回报，忽视对病因病症仔细研判之行为，作品亦援引史实，起到增强散文说服力的效果。王寰在《赠太医提举潘仁仲先生》中，为突显医者的仁义之心，将医术与治刑之理相比较，以《汉书·于定国传》为例，见其相业辉赫，子孙昌显，推其缘由，乃是定国之交于公治狱多阴德，以仁心为首，无冤案罪民。是故"古之良决狱者不敢轻用于法，而良用医者不敢忽于用药"[①]。良医必恤人之苦，济人之生，重人之命。

## 二、以医取譬，论说政事

另一种较为显著的艺术表现手段是"以医取譬"。"譬"指比喻，这主要基于意象思维。意象思维是指思维主体将物象或拟象作为思维工具，运用直觉、比喻、象征，联想等方法，来表达对世界认识的一种思维方式。[②]意象思维的核心在于对事物之间联系和规律的把握，它基于事物之间的相似性，通常以联想或比喻等形式来呈现这种联系性和相似性，概而言之，即"取象比类"。"取象"即观物取象，"比类"即以彼物比此物（《诗经·螽斯》），孔颖达注疏为，以同类之事相比方，则事学乃易成。"取象比类"是古人常用的认识和解释万物规律的思维方式。其中，"象"通常是直观可感的物象，被作为认知万物的中介。

从传统中医学的医理描述手段来讲，"取象比类"被运用至多重领

---

① 李修生主编：《全元文》第49册，80页，南京，江苏古籍出版社，1999。
② 王颖晓、谢朝丹主编：《意象思维·援物取象比类》，18页，上海，上海科学技术出版社，2020。

域。在诊断疾病的过程中，通常涉及的名词有"脉象""舌象""面象"等，通过观察患者在体表外所呈现出来的"象"推论病因，分析病证。这就是一种最为简单且直接的以"象"来反映内在病证的形式。在中医理论体系中，藏象理论是"取象比类"最为典型的应用实例。藏象是人体内部的脏腑及其呈现于外部的生理和病理状态，中医将五脏的功能以五行之象来类比，来阐明五脏的生理特性，如"肝象木而曲直，心象火而炎上，脾象土而安静，肺象金而刚决，肾象水而润下"①。或以某种具有相似性的物象联系，如"肺为五脏六腑之盖"的说法，华盖是帝王之气的象征，将肺比作五脏六腑之盖，则突显了肺在众多器官中的重要地位。

古代医者通常将抽象的人体结构，医学原理，病症病理等相关概念，与某种直观形象的事物进行联系，通过二者之间的相似性，构成类比，以便更好地展现人体生理结构的变化，疾病的发生与走向。即"援物比类，化之冥冥……不引比类，是知不明也"（《素问·示从容论》），取象并非认识中医原理之目的，而是医家阐释医理，描述人体结构，推论病因，对症施治的手段。

上述思维模式及表现手法亦影响了涉医散文创作，最为典型的就是将治病之理比作治国之理，将用药之法比作用兵之道。

首先，是以治病之理类比治国之理。一些散文以疾病为类比对象，陈述某一历史事件发生的原因与后果。如赵文在《赠医道士萧无为序》中，指出人体生病都是受四时交替、生活起居等各方面因素影响。不善医者，起初往往会因其中一个细小的病症没有得到良好治疗而引发其他病症，进而导致疾病恶化。以东汉末年宦官专权导致政变为例，指出当时"病因"在宦官，当时宦官未除，反而促使曹操等人趁机获势，天下大乱。同样，蒋易在《赠儒医谢子厚序》中亦以此为例，人生来秉承天地之气，天地之气变化会产生狂风暴雨之态，人体同样会有寒热呕吐等症状，良医治病，唯有顺应四时变化、协调内里统一方可避免疾病侵扰。同时，治国亦需顺应时局，不实行苛政，这样百姓就没有怨言，国

---

① （唐）王冰撰注，鲁兆麟等点校：《黄帝内经素问》，22页，沈阳，辽宁科学技术出版社，1997。

家也无动荡。

历史的演进通常以几个核心人物为关键，圣贤治世就好比医家治疾。赵文《此心堂记》云："自古圣贤之经世，皆医也。尧之世，患在洪水，舜医之；夏商之季，患在无君，汤武医之……"①贤臣良相亦不过是按照时局随证施治，若要使得天下长治久安，勿贪图眼前之乐，告诫世人当有忧患意识。

疾病的治疗非单向施治过程，需要医患之间的相互信任与配合得以完成。同理，治国亦如此，这需要贤君和良臣的高度信任与协调，姚燧《易安斋记》对此作出相应阐释，文曰：

> 彼数臣者，由礼至情笃，始起而应之，是与夫医者，不求疾家，而疾家恳恳夫我，奚以异哉，是一也。彼为相者，见时君任己贰而不专，则解冠纳履而去，是与夫医之为彼疾家不专主己，参以他医，则卷其术，不发药而委去，亦奚以异哉，是二也。②

作者欲通过举例来强调，良医要以病人的健康状况为首，贤臣要以天下大局为重，突出两者本质的一致性。

以疾病治疗之原理及过程为类比对象，以史为鉴，结合当今之势，元代文人亦指出国家之"疾"与"药方"。蒋易《赠儒医谢子厚序》云："今天下之势方病痿痹，又苦跖鳌。"③其症状为血气凝滞，手足不能以相援。贝琼亦在《赠医师沈光明序》一文中以"目盲"类比"心盲"，认为心之瞽甚于目之瞽，其症状在于"是非邪正之无别，祸其身而蠹其国"，心盲者对于国家来说就是蠹虫，即丧失礼仪道德者。

面对时局，文人亦纷纷开出"药方"，蒋易《赠儒医谢子厚序》云：

---

① 李修生主编：《全元文》第10册，84页，南京，江苏古籍出版社，1999。
② 李修生主编：《全元文》第9册，462页，南京，江苏古籍出版社，1999。
③ 李修生主编：《全元文》第48册，101页，南京，江苏古籍出版社，1999。

"正君心以辅其德,顺天时而敷厥政,政不苛虐,民无怨咨。"①吴澄在《送王元直序》中说道:"护元气者如养民,逐邪气者如御寇,养民纯以德,御寇须用兵。"②用药需遵守两个准则,其一是养护体内元气,其二是祛除外邪。保护元气就如同重视民生一样,祛除外邪就如抗击敌寇。医师用药亦如此,处方多温和无毒,目的就是保护元气,不得已才会使用性猛之药。告诫医者用药需谨慎,循序渐进,不可贪图一时之快而乱用性猛之药。这正如治理天下需注重休养生息,不到万不得已勿用兵,以免劳民伤财。可以见得,施行仁政才是使天下长治久安之良方。

中医学的整体观强调人体本身以及人与自然、社会的协调统一。以人体自身而言,它是以五脏为中心的有机统一体,生理上彼此协调,病理上相互影响,如若受到来自外界或内部某种因素的侵扰,则会造成原有秩序的混乱,状态失衡就会导致疾病的发生。既然人体因功能紊乱而生病,国家亦会因政治失衡而招致祸乱。人体发病之初的疾症虽难以发现却易于治疗,倘若此时细微的症状没有被及时发现,亦无采取有效的治疗方式加以控制,而后便会深入肌理难以施治。治理天下亦如此,有识之士在大事发生之前就早有预见,及时采取有效政策应对,就会保持国家长治久安。政治哲学的主流传统中,把国家失序类比为疾病,是为了以此来敦促统治者追求更为理性的政策。③要之,中医学强调"未病宜预治",护元气而逐邪气,治理天下莫不如此,需"未乱宜预防"且"正君心以辅其德,而后则民无怨咨"。

其次,是将用药之法与用兵之道相联系,这基于兵家的哲学思想与中医学思维方式的关联性。《孙膑兵法》指出天时、地利、人和的统一性,体现了阴阳和合的辨证统一思想,这与传统中医学所主张的"天人合一"在本质上一致。从实际经验来讲,用兵打仗关乎着国家民族的存亡兴衰,用药施治影响着人体的健康安危,疾病如同敌人,良将如同良

---

① 李修生主编:《全元文》第48册,101页,南京,江苏古籍出版社,1999。
② (元)吴澄:《吴文正文集》,见《元人文集珍本丛刊》第3册,287页,台北,新文丰出版公司,1985。
③ (美)苏珊·桑塔格:《疾病的隐喻》,程巍译,69页,上海,上海译文出版社,2018。

医，从这一点上反映了二者的相似性。

古代医籍中不乏相关描述。较早在《灵枢·逆顺第五十五》中，将兵法与针灸术进行联系比较，兵法"无迎逢逢之气，无击堂堂之阵"，刺法"无刺熇熇之热，无刺漉漉之汗"①。孙思邈《备急千金要方》指出"药性刚烈，犹若御兵"。清代医者徐大椿在《医学源流论》中专设《用药如用兵论》一篇，探讨二者之间的相似性。认为医者应当汲取兵家之智慧，以用兵的思维和方法指导用药。

王好古的《医垒元戎》是一部专门论述伤寒杂症的著作。关于书名的释义，"医垒"是指医疗、医术，"元戎"出自《小雅·六月》"元戎十乘"。王好古在序文中以良医用药比拟良将用兵，要求理法药方，统摄全局，步步为营，文曰：

> 革车千乘，带甲十万，筹策沉机，神龟猜泣，奇正完全，历古如是。况良医之用药，独不若临阵之用兵乎？②

从药理的角度来说，中药药性有四气五味、升降沉浮之说，中医根据不同药物的性质，针对具体的病症配方治疗，以达到最优的治疗效果。疗效好的药物是战胜疾病的关键，其重要性对于医者就好比良将之于用兵，如元好问《少林药局记》云："良医之不能以无药愈疾，犹良将之不能以无兵而制敌也。"③

用药与用兵都应着眼于善用的原则，元好问《少林药局记》云：

> 兵有形，有形则易见。善用之者能以杀人者生人。药之性难穷，难穷则不善用之者反以生人者杀人。④

---

① 杨永杰、龚树全主编：《黄帝内经》，333 页，北京，线装书局，2009。
② （元）王好古撰，竹剑平等校注：《中国古医籍整理丛书·医垒元戎》，1 页，北京，中医药出版社，2015。
③ 李修生主编：《全元文》第 1 册，405 页，南京，江苏古籍出版社，1999。
④ 李修生主编：《全元文》第 1 册，405 页，南京，江苏古籍出版社，1999。

药物成分的复杂使其具有一定的危害，这也是以用药比拟用兵的难点，用兵会导致人员伤亡，但善用之则会变伤人为救人，而原本治病救人的良药不善用之则会危及人的生命，巧妙揭示了二者之间的辩证关系。人之本性皆是趋利避害，向往和平，忌攻伐之势，用药亦如此。虞集《医书集成序》云："故其人多畏忌而慎攻伐，是以医者之用药，每尚温平。"①

方剂配伍有一定的规则和法度，谢应芳《赠医士张恒斋序》云："夫良医之用药如良将之用兵，知彼知己，百战百胜，非偶然也。"②医者对于药性需目其色、耳其音、语焉其详、脉焉而究其蕴，才能对症下药，这与《孙子·谋攻》中"知己知彼，百战不殆"有异曲同工之妙。

用药是一个较为复杂的过程，除了遵循一定的原则和规矩外，还需综合考虑不同地区的自然条件和人为因素对药效的影响。虞集在《医书集成序》一文中通过举例说明南方和中原地区因地理、气候、饮食等因素的差异，指出随症施治的原则。剂量的掌握亦需因时而变，如大黄、朴硝等性猛之药初服时可产生较好的疗效，倘若数日连用，服之过量，则会适得其反。不仅无益于治疗，还会伤及体内元气。为使得这一原理形象易懂，以用兵之法喻之。文曰：

> 今也虽有小寇，而遽出重兵以讨之。初莫知贼之所在，于是，元气伤而本势虚，虽微贼，反足以成其势而猖蹶者有之矣。贼虽去，而本势随之以尽者，亦有之矣。③

要之，良医用药犹如良将用兵。配伍的君、臣、佐、使就好比良将带兵打仗时需观天时，察地利，变换战术，灵活调度，医者应当谨慎

---

① （元）虞集：《虞集全集》，579页，天津，天津古籍出版社，2007。
② 李修生主编：《全元文》第43册，173页，南京，江苏古籍出版社，1999。
③ （元）虞集：《虞集全集》，616页，天津，天津古籍出版社，2007。

用药，首选性温之品，循序渐进，正如统帅用兵需审时度势，忌盲目用兵。总之，如何选药、用药是疾病治疗的关键，良药好比一把杀敌制胜的利剑，但药性之复杂又使其"不得已而用之，犹国家之用兵与刑也"。很多疾病是人为所致，世间良药莫如"节嗜欲，时作息"，同理，欲治理天下，使其长治久安之良药即"抚之以仁，结之以义"。

## 第三节　药物实录 疾病隐喻——笔记小说中的医学描写特色

笔记小说之资料，多得自博采旁收，载录奇闻轶事，缀辑琐语，其间涉及医药内容者颇多。元代笔记小说传世者不多，从中可查阅的医药描写在数量上并不占据优势，但具备两方面突出特征。首先，是对医药方的实录，主要包括三点：第一，民间偏方或来自西域的奇异药物；第二，药物使用禁忌，包括制药、服药；第三，食用禁忌，此类记录具有一定的医史文献价值，可作为中医药研究的参考资料。其次，是笔记小说中的疾病，这类描绘通常与因果报应的创作模式相联系，暗含劝善惩恶之社会功能及文化意义。

### 一、药物实录及其医学文献价值

（一）药方、处方实录

笔记小说中的药方和处方大多属于一些来自民间的偏方。伊世珍在《琅嬛记》中载录了几副偏方，如治疗"花痔"的方法："经霜冬瓜皮，同朴硝煎汤洗翻，花痔立愈，又有法以葡萝代瓜皮，亦疗痔。"[①] "花痔"即"翻花痔"，据《疮疡经验全书》，症状主要表现为肛肠痔脱出，其

---

① 周光培编：《历代笔记小说集成·元代笔记小说》，411页，石家庄，河北教育出版社，1995。

形如翻花状，故称"花痔"。这种病症由于发病部位特殊，在相关的医学著述中较为少见，但亦有记录，清人魏之琇在《续名医类案》中说："近读《环中集》，载冬瓜皮同朴硝煎洗，翻花痔立愈，又曰：以萝卜代冬瓜亦效。冬瓜未之试，萝卜已验矣。"① 可见，这种治疗方法具有一定合理性。另外还有以下记载：

> 金丝荷叶草捣汁服之，查涂患处，治蛇毒。
> 用乌骨白鸡血少许，抹唇上，即活治小儿惊风猝死。
> 端午日，收桑叶，阴干为末，每朝白汤下三五匙，治痔。②

根据中医学著述，结合现代医学，可对照其药方的准确性。第一条，虎耳草含有一定毒素，对缓解风疹瘙痒、痔疮肿痛及毒虫咬伤等皆有良好的作用，这里所言金丝荷叶草是虎耳草的别称，不同地区的叫法有所差异。第二条，鸡血味咸，性平，无毒，主治痿痹及小儿惊风。乌骨白鸡即白毛乌骨鸡，是一种名贵的珍禽，具有特殊的血性，故而其血液应对小儿惊风具有良好的疗效。第三条，痔的发病机制有一部分是由于饮食不当，以辛辣刺激性食物为多，导致血热。桑叶味苦、甘，性寒，据《本草分经》，具有滋燥凉血之效。因此，这种治疗方式具有一定的合理性。

杨瑀《山居新语》也载录了两种民间土方：

> 凡有疯狗，毒蛇咬伤者，只以人粪涂伤处极妙，新粪尤佳。
> 破伤风能死人，用桑条如箸长者十数茎阁起，中用火烧，接两头滴下树汁，以热酒和而饮之，可愈。③

---

① （清）魏之琇：《续名医类案》，848 页，北京，人民卫生出版社，1957。
② 周光培编：《历代笔记小说集成·元代笔记小说》，424 页，石家庄，河北教育出版社，1995。
③ 上海古籍出版社编：《宋元笔记小说大观》，6078 页，上海，上海古籍出版社，2001。

第一条记载，同样见于《疡医大全》卷三十八蛇虎伤部，载孙真人方，云："人粪涂咬处极妙，新粪尤佳，诸药皆不及也。"①《疡医大全》由清人顾世澄所撰，其中汇集了历代经验方药，书中提及，此药方出自孙思邈。据杨瑀所载，应当也是当时民间所流行的一种土方，大概率也是流传自唐孙思邈。第二条记载，将桑条用火灸取汁，再配热酒调服，可有效治疗破伤风。这种方法多被后世医书载录，明代胡荧的《卫生简易方》，日本籍汉医学家丹波元坚的《杂病广要》中，皆能找到有关记述。

除了药方之外，还有关于处方的记录。元好问《续夷坚志》有"背疽方二"的记载。背疽，泛指生发于背部的痈疽，由于人体生发痈疽的部位和形态具有差异，因此又有头疽、腰疽等。其多由体内湿热火毒聚集，导致内脏积热，表现为外部发病症状为体表急性化脓。苍耳味苦、辛，微寒，具有散热解毒祛湿的功效，苍耳根主要用于治疗疔疮、痈疽。作者详细描述了处方的剂量、用法，是比较全面科学的记述。

西域奇药是元代医学中比较突出的特色。许有壬《大元本草序》一文载："西北之药，治疾皆良，而西域医术号精，药产实繁，朝廷为设官司之，广惠司是也。"② 这些现象亦反映在笔记小说中。

陶宗仪《南村辍耕录》中有原产自阿拉伯的药用植物记载：

> 火失剌把都，回回田地所产药也。其形如木鳖子而小，可治一百二十种症，每症有汤引。③

王恽《玉堂嘉话》中有这样一段记述：

---

① （清）顾世澄：《疡医大全》，1437页，北京，人民卫生出版社，1987。
② （元）许有壬著，傅瑛、雷近芳校点：《许有壬集》，402页，郑州，中州古籍出版社，1998。
③ 周光培编：《历代笔记小说集成·元代笔记小说》第2册，230页，石家庄，河北教育出版社，1995。

> 满地产药十数种，皆中国所无药物，疗疾甚效。曰昂吉尔，状如苦参，治马鼠疮，妇人损胎及打扑内损，用豆许，咽之自消失。曰阿萨尔，状如地骨皮，治妇人产后衣不下，又治金疮，脓不处，嚼碎，传疮上，即出。曰努克实勒，行似桔梗，治金疮及肠与筋断者，嚼碎传之，自续余，不能尽。①

这段描述原出自刘郁的《西使记》，主要记述蒙古旭烈兀在西征过程中的所见所闻，其中，不乏来自西域的风物民俗，医药是其中一个方面。从中可以反映很多在中原地区罕见的药物，而对于这些药物的疗效和使用价值，也多是来自时人的经验。当时，在中原地区并未出现权威的医学著述，对此进行验证或阐释。通过当时的文人本着对此进行实录的态度，透露出三点讯息：元人上至统治者，下至文人群体，对中医药的主动关注；反映了当时域外的医学发展水平；元代在域外医学交流方面的活动。

（二）药物使用禁忌及方法

"是药三分毒"，基于对人体健康乃至生命的负责，中医药有较为严格的用药禁忌，现代中医学将其分为四个方面，分别为配伍禁忌，症候禁忌，妊娠禁忌和饮食禁忌。②古人对此早有关注，从元代笔记小说中的相关记载就能发现这一点。虽然有关此类内容的记载并不多，但仍具一定的参考价值。下文将以孔齐的《至正直记》为例，说明元人对药物使用禁忌方面的重视。对此可分为三个部分：一是草药辨认，二是制药谨慎，三是服药关防。

首先，是对草药的辨认。因本草类药物的属性是植物，很多植物的生长环境复杂，常与其他各类植物混杂在一起，从外观上需要仔细辨认

---

① 周光培编：《历代笔记小说集成·元代笔记小说》第3册，310页，石家庄，河北教育出版社，1995。
② 高学敏：《中药学》，39页，北京，中国中医药出版社，2017。

方可。据《至正直记》:

> 村民多采草药疗病,或致殒命者多矣。盖草药多有相似者,似是而非,性味不同,愚民不能别,一概与人服之,不至于误者寡矣。①

以《本草》中的记录为例,指出黄精叶和钩吻在形态上相似,但药物性味不同。同时讲述了一则实例:安吉朱氏亲友有为子腹疼,旁人让取楝树东南根,煎汤服之,不久殒命。原因是其出土之根含有强烈的毒性,可悲的是朱氏对此并没有经过详细的考证。辑录这则案例的原因就在于"此表兄沈子成,在安吉目击其事,尝以戒人"。

其次,是在制药过程中需注意的问题。由于个体药物自身成分的复杂性以及与其他药物在外观上的相似性,对制药过程的要求亦比较高。在《至正直记》"制药当谨"中,辑录者举了两个实例,第一例讲道其乡邻有合疟丹者,用砒霜为末,搜和蒸饼,放置屋外晾晒。两小儿不辨此物误食之,造成其中一小儿身亡,在火化其尸身时,发现肠早已腐烂。第二例讲镇明岭有一医士,尝合墨锡丹,其母亲和妻子皆以惯常而服用之,后有一日以他药丸归,并未对其进行专门的标示,而这种药丸的形态外观与墨锡丹极为相似,其母和其妻服用后,一夕就身亡。创作者将其记录下来的目的,即"书此为制药之戒"。

最后,是服药禁忌。服药禁忌包括服药行为禁忌和服药饮食禁忌②,据《黄帝内经·素问》"宣命五气论"中有"五味所禁"的观点:"辛走气,气病无多食辛;咸走血,血病无多食咸;苦走骨,骨病无多食苦……"③实际上已经属于服药禁忌的原始概念。中药配伍原则,具体包含相须、相使、相畏、相杀、相恶,相反。药物服用禁忌尤其注重"相

---

① 上海古籍出版社编:《宋元笔记小说大观》第6册,6653页,上海,上海古籍出版社,2001。
② 王永耀编著:《中药理论学研究》,462页,沈阳,辽宁科学技术出版社,2019。
③ 杨永杰、龚树全主编:《黄帝内经》,53页,北京,线装书局,2009。

反",即当两种药物合用,会产生副作用甚至毒性。据《至正直记》,其中有"服药关防"之记载:

> 人家服药须是关防,或被媪妮所倾,别添水煮,则味不能功矣。或误堕地,及与药相反,则伤人命。或杂乱误投于人,物之冷热不同,误增病症,若是多矣,不可不戒。①

以赵冀国公府的服药流程为例,其府内煮药必在外院,派专人轮流负责看管并记录当日所用药物名称,以预留凭证。若府内有人患病,外院将写好的药物名牌悬置于盏托之上,覆定然后送入内院饮,别间药次第尝之。实际上,这种做法是为避免因府中人多杂乱,从而导致药物混用、误用而寻求的解决之道,具有一定的参考性。药物服用亦有度,同一种药物的服用当适宜,否则过犹不及,《至正直记》载一案例:乡人王中锡制丸名曰滚痰丸,有奇效。行至常熟,有一壮汉常服用之,患脾泻脉绝,险些丧命,大概是与过量服用此药有关。辑录者认为,药物服用当慎重,病情缓解后当停止再用,否则伤及元气。

(三)食用禁忌

每种食物都具有特定的属性与功效,食物之间的搭配则显得异常重要,通过搜集笔记小说中的相关内容,亦有这方面的记载。

一些食物在平常食用时并无大碍,若外界条件发生变化时,就会产生毒性。俞琰《席上腐谈》载"马痛死者不可食",因"马,火畜也,有肝而无胆,不臟不足,故食其肝者,死……"② 以乡邻葛恒斋食马肉之事为例,介绍解毒方法,即煮酒入盐,饮之而愈。食物之间亦有相克的说法,若将两种具备各自属性成分的食物进行混用,成分之间的不相容

---

① 上海古籍出版社编:《宋元笔记小说大观》第6册,6653页,上海,上海古籍出版社,2001。
② 周光培编:《历代笔记小说集成·元代笔记小说》第1册,457页,石家庄,河北教育出版社,1995。

则会导致食物之间的相克。陶宗仪《南村辍耕录》中记录"食物相反"的案例，主要说明食河豚时一日之内不得服汤药，作者亲见一儒者因此而丧命，原因是"内有荆芥，盖与此物大相反，亦恶乌头附子之属"。并辅以疗法，以龙脑浸水，或至宝丹，或橄榄，皆可解毒，或将微炒的槐花，与干燕支各等分同捣粉，再用水调灌，亦能作为药引。食物不可服之过量，尤其是一些不作为主食的调味品，孔齐《至正直记》中记录了食盐过量引发的诸种危害。辑录者分别举出三则实例，说明食盐过量导致疝疾以及对肾脏的危害。上述案例皆源于辑录者的亲见亲闻，对食物服用禁忌的强调，目的在于警示世人。

据上述所举之例，元代笔记小说中的药物描写，以载述民间偏方及药物使用禁忌为主。结合相关的医学著述及历史文献，对此进行对比分析后，可以确证其合理性与真实性。可以说，这些记载具有一定的医学文献价值，可供后人参阅。再从笔记小说本身的性质而言，先不论内容的真实性与否，载录者通常是本着实录的精神，对包括奇闻轶事、野史杂语等内容进行辑录，中医药亦是其中的一个部分。

## 二、劝善惩恶的疾病隐喻

在古代通俗文学作品中，因果报应是一种较为常见的创作模式。疾病作为一种对人体正常身心系统产生破坏的要素，尤其是威胁人体生命的严重疾病，对于人类而言，可谓一种灾难。因此，在一些文学作品中，疾病书写也与人物的善恶行为有某种微妙的联系。

笔记小说中的"疾病"，通常与因果报应的创作模式相联系。案例中记载的主人公患上各种罕见的奇疾怪病，皆与其曾经造作的种种恶业有关。

第一种是因纵欲无度而患病。孔齐的《至正直记》中载有这样一例病案。上虞地区的陈仁寿，在路过江西之时，遇一雨夜，便醉卧湿蒸之所，自从那日起，关节疼痛，日益加剧。四处求医皆不能医治，而此种疾病的症状表现为：

> 足指缝间始患肿毒，久而溃脓，脓尽微露白块如骨，以手捻之即出，稍软，见风坚，白如粉色，若此者不知其几也。凡肘膝有骨节处皆患遍，筋骨拘挛不能举动，终身废疾。①

对于这种可怕的病症，据目前可查阅的相关医籍文献，并未见类似的说明与记载，无从确证疾病的真实性。而对于病因，作者在文末写道："盖其幼时曾酒色过度，风湿侵之久矣，亦是冤业所致如此。"若严格从医学角度加以分析，纵欲过度，很容易使人体降低对外邪的抵抗力，导致风湿侵入，而风湿侵入则会破坏人体骨骼、关节。长此以往，出现文中所提到的病证，也并非绝无可能。作者强调，此是"冤业所致"，实质上就反映了因果报应的思维模式。

第二种是因不遵守孝道而患病。元好问《续夷坚志》中记录了"人生尾"的事迹。裁缝王博患了一种奇症，自觉尻骨痛痒，数日后，生出一条和指头一样大小的尾巴。痛贯心髓，针灸治疗也无效。王氏告诉何道士，有一日梦到醉卧于桃园中，遇一神人，被金甲执戟，至其旁。神人告诉王氏：吾为汝送尾来。后来，自言其不孝于母，使至饥饿，故受此报。这则故事的落脚点则在孝行，主人公因不孝母，致使其患上尻骨生尾的怪病。

第三种是因愚痴，贪图便宜而患病。杨瑀《山居新语》载，上海县农家有一老妪，突遇雷击身亡，乡邻前往视之，发现其口中含一药丸，老妪吐出药丸，被一邻人俞生抢夺而食。经一年后，俞生喉咙疼痛不止，咳痰之后发现有一状如李桃的物体，击碎之，后喉痛止。

与之相对应的是主人公由于行善积德，获神明保佑，使自己或亲人疾病痊愈。伊世珍《琅嬛记》中的事例，就说明了善有善报的道理，同时反映了佛教对民间的影响，有记载云：

---

① 上海古籍出版社编：《宋元笔记小说大观》第 6 册，6654 页，上海，上海古籍出版社，2001。

一妇人病，阴中痒，不敢告人，苦甚。平日奉观世音像甚谨，正病时，见一尼持药一函至，曰："煎此洗之，即愈矣。"尼忽不见，启示之，乃蛇床子、吴茱萸、苦参也。①

再如，至善至孝之人，也能感天动地，最终使亲人病愈。陶宗仪《南村辍耕录》中记录关于"孝行"的两则案例。第一则记录了延祐年间，平江常熟之支塘里民朱良吉，其母年六十余，病将死。朱氏沐浴祷天，以刀剖胸，割取心肉，煮粥作为药引。其母饮之病愈。朱氏为此心痛，病数月。道士马碧潭为此祈祷神灵，邑人俞浩斋听闻此事，路过其家，用桑白皮线缝合。数月后，病愈。第二则记录了陶宗仪的先辈陶明远之母病心痛，为此，明远掏心嚼舌，欲通过这种方式代替母亲受痛。一日，明远欲割肉疗亲，忽然两位童子自外跃入，说道："勿自损，我天医也。"随后，两位童子取案落笔，写了一行文字便昏厥了。隐约可见原来是一剂药方。这两位童子则是邻居家的孩童。明远即刻按照药方给母亲服用，不久病愈。案例流露出这样的观点，主人公的善心和孝行感动了上天，于是"冥冥中英魂烈气不散者，或如俞跗岐扁，依凭精魄，以遂孝子之请也"②。背后所反映的正是善者得善报的思维模式。

一方面，就笔记小说本身的特性而言，这些匪夷所思的奇疾怪病，体现了志人志怪小说在内容与情节上荒诞不经的特点。另一方面，"疾病"在作品中充当了善恶评判的工具，具有道德隐喻的功能。其中所蕴含的因果报应观念，反映了元代民间对这一模式的普遍认同与价值倾向，起到对大众进行劝善惩恶的作用。若抛却病证本身的真实性，记录者是有意强调因果报应这一观念，看似荒诞的奇疾怪病背后，实际上是心灵深处对果报这一事的恐惧。

---

① 周光培编：《历代笔记小说集成·元代笔记小说》第1册，330页，石家庄，河北教育出版社，1995。
② 上海古籍出版社编：《宋元笔记小说大观》第6册，6208页，上海，上海古籍出版社，2001。

## 第四节 插科打诨 情节铺垫——
戏文中的医学描写特色

戏曲作为一门综合性表演艺术,人物塑造和情节设置是其中主要的呈现对象。戏文中的涉医内容主要囊括了两个方面,一是作为净角的庸医形象刻画,二是散见于其中的医药描写。上述医学元素的融入,在一定程度上起到了营造喜剧氛围,揭露社会现实,情节铺垫及推动剧情发展的作用,具有显著的艺术特色。

### 一、插科打诨,揭露现实——庸医形象塑造

元杂剧中主要由净、丑、茶旦这三种行当来扮演喜剧角色。庸医这一形象常由净来扮演,被赋予讽刺的意味。中国古代社会对于医者的评价,通常以其医德和医术水平为准,对于庸医的界定虽无明确的标准,通常将那些道德品行低下,治疗水平不佳的人称作庸医。这一角色主要起插科打诨的作用,具体指在戏剧表演中安排滑稽的动作和幽默的语言,通常有打诨上场和打诨下场,主要目的在于活跃舞台氛围。由净扮演的庸医上场时往往进行自我揭露,以反讽而诙谐的方式进行自我调侃。

刘唐卿的《降桑椹蔡顺奉母》中塑造了糊突虫、宋了人两个鲜明的庸医角色。这宋太医一出场便说"人家请我去看病,着他准备棺材往外抬",自诩祖辈是医科,但自己却不学无术,以歌舞酒肉为乐,医死的人不在少数。而另一位名叫糊突虫的医者,大言不惭道,医道中唯我独尊,由他医治的患者一贴药便发昏。如此品行不端,毫无医技而言的庸医竟被称为太医,显然运用了反讽的方式。糊突虫给病患开药方,也自曝医术的恶劣:

> （糊突虫云）我的药中吃，是我也吃了。（外呈答云）可怎么不中吃？（糊突虫云）我若吃了我自家的药呵，我这早晚，死了有两个时辰也……①

两人眼见患者是财富之家，便合谋欲骗财，人家有一分病，说做十分病，有十分病，说做百分病。欲以胡乱针灸，随意开几服药应付，若病好了就多要些钱财，若医死了便背着药包，往外就跑。在治病过程中，更是互相推诿，油嘴滑舌，不知患者到底得的是热病还是冷病，两人为此争执不休，对于难以明辨的症状和病因，两人竟然商量用绳子将患者划分为二，一人负责一半。文曰：

> （糊突虫云）吾兄也，不难把老人家鼻子为界，用一条绳拴在他鼻头上，把这绳儿扯下来，就地下钉个橛儿拴住。你医这左半边冷病，我医这右半边热病。吾兄弟意下何如？（太医云）好、好、好。俺两个说的明白。假似你一服药，着老人家吃将下去，医杀了这右半边呵呢？（糊突虫云）管不于你那左半边的冷病事。（太医云）说的有理。（糊突虫云）假若你一服药，着这老人家吃将下去，医杀了你那左半边呵呢！（太医云）管不干你那右半边的热病事。（糊突虫云）我说假似走了手，都医杀了呵呢？（太医云）管大家没事。②

剧中塑造了两个油嘴滑舌，不学无术的庸医形象，令人忍俊不禁。由净角扮演的庸医，并非起推动剧情发展的作用，其功能在于以戏谑调笑的方式来带动剧场气氛，引得观众一笑。

再如施惠《王瑞兰幽闺佳人拜月亭》中的庸医，自我揭露："人人

---

① 王季思编：《全元戏曲》第2卷，578页，北京，人民文学出版社，1999。
② 王季思编：《全元戏曲》第2卷，580页，北京，人民文学出版社，1999。

道我,道我是个催命鬼",说自己的药方一年医死千万,调侃道:"东边一个方才合棺,西边一个又将气断。南边一个买棺材,北边一个不曾吃饭。"① 这庸医不分男女,胡乱治病,竟说男子得了妇人产后病症,随意配予药方,令人啼笑皆非。

《文心雕龙·谐隐》云:"谐之言皆也,辞浅会俗,皆悦笑也。"② 即谐辞浅显通俗,能引人发笑,比较迎合大众口味,诙谐幽默之语可作为一种心理治疗的途径。元杂剧中对于庸医的塑造,通常采用讽刺、戏谑等手法,将这些庸医讥讽为"赛卢医",是以反讽的手段,让原本丑恶的形象自诩高尚,反衬出角色的丑陋。戏谑,是将尖锐的矛盾转化为充满诙谐调笑的表现形式,体现出庸医和病患之间的矛盾。在这种富有张力的人物形象身上,观者从其刻意营造的言语、动作等行为中,获取心理上的快感,情绪上的释放,从而达到生理上的调适和精神上的愉悦。

凭借嘲笑生活表面上的种种荒谬,人类使自己的心智保持健全。但当这种笑演变为痛苦和嘲弄时,背后反映的其实是种种不合理和腐败的社会现象。③ 并非所有庸医都起到插科打诨的作用,一些剧中的庸医,除了作为推动情节发展的角色外,还艺术化地再现了真实的社会问题。

吴昌龄在《张天师断风花雪月》中,也以戏谑化的手段,借庸医之口,揭露社会上流通毒药这一现象。剧写陈世英因思念桂花仙子而患了相思之疾,却请到一位庸医进行医治,写道:

> (净云)老哥,你不知道,与他红丸儿则与红丸儿,黑丸儿则与他黑丸儿。红丸儿吃了是活药,黑丸儿吃了是死药。他都吃了,着他死又死不得,活又活不得。④

---

① 王季思编:《全元戏曲》第 9 卷,501 页,北京,人民文学出版社,1999。
② (南朝梁)刘勰,周振甫译注:《文心雕龙译注》,235 页,南京,江苏教育出版社,2006。
③ [英]莫恰:《喜剧》,郭珊宝译,北京,昆仑出版社,1993,12 页,载尼布尔引自马丁·格纳尔的《给阿里斯的注释》的序言。尼布尔在一次最精彩的布道中宣称,笑,是绝望和信心之间的一块净土。凭借嘲笑生活表面上的种种荒谬,人类使自己的心智得以保持健全。但那些演变成痛苦与嘲弄人的笑,则是针对罪恶与腐败社会现象之深刻的不合理性。
④ 王季思编:《全元戏曲》第 3 卷,388 页,北京,人民文学出版社,1999。

显然，黑药丸是指毒药，可以猜测以前曾医死过人。在这部剧里，庸医的出场是为迎合陈世英所患相思之疾，其作用主要在于插科打诨，调节氛围，这一角色并非引导剧情发展的关键人物，但暴露出民间贩卖毒药的行为。

关于庸医和毒药的描写，并非纯属艺术化的虚构，这在当时是具有一定根据的社会现实状况的反映。对于元代医学教授的选拔，最初是通过保举制实现的，这一制度的弊端就在于，并没有对医学教官的人数加以限制，这就有可能导致医学教官队伍参差不齐，难以确保人员的基本素质。再者，对于医学生遴选的条件也相对宽泛，系籍医户并应有开张药铺、行医货药之家子孙弟侄以及良家子弟才性可教训，愿就学者，皆有机会接受医学教育。问题就在于，仅仅规定了开张药铺、行医货药的医户之家子弟有资格接受医学训练，但并未对其品性、能力等方面做出相应的规定，因此就难以保证这些医学生当中没有品行低下、顽劣之人。上述情况有可能会导致一些滥竽充数者混进医生队伍。为解决这一问题，元代亦采取了相应的措施，《元典章·刑部》中设"禁治庸医"一例，列举出"妄投药剂，误插针穴"，以致谬误死者的现象。既然官方文献中有所限制和规定，便意味着这种情形在当时的社会已比较严重。毒药、假药的流通，亦是社会的一大公害，据《元典章》记载，至元五年（1339），太医院奏：开张药铺之家，内有不公法之人，往往将有毒药物如乌头、附子、巴豆、砒霜之类，寻常发卖与人……又有一等妇人专行堕胎药者，作弊多端，禁约事。① 这是对毒药流通情形的真实记录，而后相继有"禁假医游行货药""禁贷卖假药""禁治买卖毒药"等相关规定，同样说明毒药流通的问题及危害。

元代戏文中对庸医形象的塑造，蕴含着作者的思想倾向，目的是要揭示社会中的诸多现实问题和矛盾，从而抨击黑暗腐朽的一面，希冀表达真善美的一面，同时还能起到寓庄于谐的教化功能。观者在阅读或欣赏剧作时，时而嘲讽谩骂，时而拍手嬉笑，彻底释放情绪，产生特殊的

---

① 陈高华等点校：《元典章》，1924 页，天津，天津古籍出版社，2011。

情绪快感和心理效应。与此同时，这种笑类似于清代医家石成金笔下的笑话，笑中含骂，讽刺十足，起到扬善惩恶，劝导世风的作用。

## 二、情节铺垫，推动剧情——疾病描写的艺术功能

戏文中的医药描写，并非仅仅作为被描摹呈现的对象，而更多将其视为与剧情紧密相连的一部分。此时，疾病便成为铺垫情节的元素，具有推动故事情节发展，深化作品主题内涵的功能。

以"相思病"为例，对于相思病的描写，主要集中在以婚恋题材为主的戏曲剧本中。如贾仲名《萧淑兰情寄菩萨蛮》，吴昌龄《张天师断风花雪月》，郑光祖《㑇梅香骗翰林风月》，郑光祖《迷青锁倩女离魂》，曾瑞卿《王月英元夜留鞋记》，施惠《王瑞兰幽闺佳人拜月亭》，无名氏《萨真人夜断碧桃花》等。

查阅相关作品，对"相思病"的描写，通常出现在三种情形之下。将结合具体作品，试析"相思病"在情节铺垫和引导剧情走向中的作用。

第一，当剧作中的男女双方一见钟情之后，邂逅时更容易引发单相思，在心理活动上大多表现为面对心仪对象时的怯懦，因受到诸多不确定因素影响，而产生对他者的幻想和期待，反映出闺阁少女情窦初开。如《西厢记》中，崔莺莺第一次见到张生后的心理活动，写道："空着我透骨髓相思病染，怎当他临去秋波那一转！"[1]再如《萧淑兰情寄菩萨蛮》中，萧淑兰初见张世英时，日日思念，行忘止，食忘餐，对镜懒梳妆的状态。

第二，当双方互相吐露心迹，却暂时无法相伴时，体现出青年男女对自由结合的渴望。如《西厢记》中，张生恋慕莺莺却暂时无法相见，心理状态为："白日凄凉枉耽病，今夜把相思再整。"[2]郑光祖《迷青锁倩女离魂》中说张倩女自从与王文举分别后，便"卧病在床，或言或笑，

---

[1] 王季思编：《全元戏曲》第 2 卷，221 页，北京，人民文学出版社，1999。
[2] 王季思编：《全元戏曲》第 2 卷，232 页，北京，人民文学出版社，1999。

不知是何症候","说话处少精神,睡卧处无颠倒,茶饭不知滋味。似这般废寝忘食,折挫得一日瘦如一日"①。此时,病证的加剧,暗含着对自由结合的渴望。

第三,是在双方迫于某种外界阻碍,长久相隔两地之时。此时"相思病"是作为青年男女追求爱情、渴望自由结合与传统礼教压抑之冲突的投射。如在《西厢记》中,张生与崔莺莺之间的自由结合,受到崔母的阻碍及传统礼教的规训。两人因被迫分离,致使相思之疾的产生。在《董秀英花月东墙记》中,马文辅与董秀英的结合,因董氏之父不收白衣女婿为由而遭到拒绝。马文辅赴京赶考,两人离别后,董秀英因思念过度,"病恹恹瘦了形容",产生"病攻、泪浓、闷重"等症状。此时,若是"相思病"的症状愈严重,就愈发体现出青年男女追求爱情与礼教压抑下的矛盾。

结合上述所举之例,创作者借助"相思病"这一元素,主要为实现三种写作目标。其一,大胆暴露女性渴望真爱的心理与敢于冲破礼教束缚的个性,体现出女性自主意识的觉醒。"相思病"的背后实际上是对"情"的彰显,亦是对真实人性的流露,反映出对人之情感欲求的肯定。这一点通常在双方初次见面时,对女性心理活动的描写中有所体现。其二,从情节铺陈和主题呈现来讲,在婚恋类题材的戏曲剧本,作者基本表达了肯定以爱情为前提的婚姻关系,主张以大团圆模式为结局。剧情基本以邂逅——一见钟情—暗中传情—定情—受阻—团圆为线索。其中,"相思病"的出现,通常在此线索中起到引导双方感情走向的作用,同时,也是暗含情节走向的至关因素。通常而言,初显"相思病"之症状的端倪,一般在一见钟情后的单相思中有所体现,此时,寓意着双方恋情的征兆。随着对病症加剧之描写的展开,从表面来看,是由于思念过度而导致的身心出现不适,实际上暗含了渴望自由结合与礼教压抑之冲突达到顶峰。疾病的恢复,往往伴随着两方的重逢、团圆。不仅表示疾病"症状"得以缓解,同时也暗示了情感对礼教的战胜。其三,对观众

---

① 王季思编:《全元戏曲》第 4 卷,593 页,北京,人民文学出版社,1999。

来讲，由"相思病"这一元素作为展现才子佳人之间悲欢离合的透视点，具有极大的吸引力与可读性，从中可获得更强烈的美感体验和共情效应，因此，符合了观众对欣赏欲的满足。

任何事物皆有对立面，应当辩证来看。从某种意义来说，戏文中的"相思病"描写，虽然具有彰显人性，突显女性在婚恋上的自我觉醒意识与符合观众审美趣味的艺术功效。但也存在一定的弊端，如清人梁廷楠曾在《曲话》中对此进行批判："元人每作伤春语，必极情极态而出……偶尔思春，出语那便如许浅露。"[1]认为言情之作，贵在含蓄不露，意到即止。不容否认的是，查阅散曲，亦能发现其中多含有此类描写。商道《双调·新水令》："急煎煎瘦了，相思满腹对谁学？"[2]王和卿《中吕·阳春曲》："情粘骨髓难揩洗，病在膏肓怎疗治。"[3]荆干臣《黄钟·醉花阴》："几番欲待不思量，医相思无药方。"[4]王廷秀《中吕·粉蝶儿》："闷恹恹把情人去了，急煎煎心痒难揉。"[5]朱庭玉《仙吕·泣颜回》："为相思病入膏肓，瘦伶仃不成模样。"[6]再如徐琰《南吕·一枝花》，关汉卿《中吕·普天乐》，周文质《双调·落梅风》，乔吉《双调·乔牌儿》，吴弘道《商调·梧叶儿》，张可久《中吕·满庭芳》，高栻《商调·集贤宾》，王仲元《中吕·普天乐》等，皆有相关描述，不做赘述。

梁廷楠对此评价的标准，是就传统礼教影响下的人伦关系而言。恪守妇道，严遵伦常的要求，阻断了女子大胆表露情绪的欲望，也是创作者所极力规避的。然而，结合上述所举之例，再观照元代戏曲剧本中的"相思病"，却正是赤裸裸揭开这层面纱的一种途径，试图展现真实的人欲。戏文中对男女情爱的反映，也是元代宽松社会环境下客观情况的自然表现。[7]

[1] 中国戏曲研究院编：《中国古典戏曲论著集成》第8集，258页，北京，中国戏剧出版社，1960。
[2] 隋树森编：《全元散曲》，21页，北京，中华书局，1964。
[3] 隋树森编：《全元散曲》，43页，北京，中华书局，1964。
[4] 隋树森编：《全元散曲》，139页，北京，中华书局，1964。
[5] 隋树森编：《全元散曲》，318页，北京，中华书局，1964。
[6] 隋树森编：《全元散曲》，1222页，北京，中华书局，1964。
[7] 查洪德：《元代文学通论》，75页，上海，东方出版中心，2019。

## 小　结

"医学"作为被文学描写的对象，在不同体裁的作品中，呈现出风格迥异的艺术表达效果。

诗歌中的医学描写特色，首先，呈现为"因病抒情"，创作者往往以呈现患病及病愈后的心情为主，前者如孤独、抑郁苦闷，或对往事的回忆，后者如轻松愉悦、豁达乐观。并通过借助对自然景物的描摹，来宣泄患病时及病愈后的情感体验，从而使作品呈现出不同的艺术风格。其次，透过疾病来表达对于生存和死亡意义的思考，具体表现为对整个人生的回顾与评判以及对顺应天命的感慨。最后，是专门赠予医者的作品，旨在表达对医者愈疾之恩的感激，或称誉医者的医术医技，或彰显文人与医者之交游情谊。

在说理散文中，"医药"通常被用来类比或引证其他事物，进而阐释某种事理。突出体现为两点特征：首先是借助医理来阐释世间万物，具体表现为将人体器官功能、生理特性，或疾病的治疗原理与天下万事进行对比、引申。或通过赞誉医者的医术仁心，并援引史实，来对比揭露当今不良世风，起到引导世风向善之功用。其次是以医取譬，论说政事，最为显著的是将治病理疗的过程比喻为治国理政或带兵打仗，以论述为政之道。

笔记小说多具博采旁收，载录奇闻轶事之功能。元代笔记小说中的医药描写具有药物实录的文献价值，有具体的药方或处方记载，包括来自民间的偏方，来自西域的奇异药物。亦有药物使用方法和食用禁忌等方面的规定，具有一定的医学参考价值。另外，笔记小说中的疾病描写，往往含有因果报应的隐喻功能，具有劝善惩恶的社会功能及文化意义。

戏曲中的庸医通常由净扮演，具有插科打诨和调节氛围的艺术功能。与此同时，庸医形象的塑造，亦艺术化地再现了元代医疗体制存在的种种现实问题，暗含讽刺之意与劝导世风之作用。另外，散见于其中的疾病描写，还具有展现人物关系，铺垫情节，推动剧情发展之效。

# 第六章 他疗与自治——元代涉医文学的心理治疗功能

文学具有对心理层面的疗愈功能，具体又可分为对读者的心理疗愈，即"他疗"，以及对创作者本人的心理疗愈，即"自治"。这一章主要分为三个部分：首先，从发生学的视角为源头，参照心理学，再结合中国古典文学理论及创作实践，来追溯"文学治疗"的形成及原理。其次，以《窦娥冤》《赵氏孤儿》为例，试析读者观赏悲剧的过程也是一种情感宣泄的途径，即文学的"他疗"作用。最后，通过阐释涉病诗歌中对患病身心的描摹和元散曲中的"遁世"思想，来说明文学的"自治"功能。

## 第一节 "文学治疗"之历史溯源及原理

医学的主要任务是发现并防治威胁人体健康的种种疾病，不论是中医还是西医，都讲求辨证施治，以保证人的机体健康运转。文学同样具有治疗作用，但其主要"诊治"的对象是人的精神和心灵。如果说，医学进行治疗使用的工具是针灸、药剂，手术刀等器具，那么文学则借助语言文字、人物形象、场景描摹、氛围营造、情感抒发等方式，来疏导情绪，净化心灵，启迪智慧，最终达到塑造完善的人格，进而影响整个社会，乃至民族发展之目的。实际上，这也是一种对心理和精神的治疗。

在"文学治疗"这一概念正式提出之前，就已有文学艺术能够助人康复的说法，加拿大文学理论家弗莱认为："不应忽视在如今这个疯狂的世界里，文学及其他的艺术所具有的巨大的助人康复的力量。"① 具体来说，弗莱所说的"助人康复的力量"应包含了两个层面的含义，其一是文学对个人的治疗，即情绪的疏导，心灵的抚慰等方面；其二是文学的社会功能。

国内首次明确提出"文学治疗"这一术语的是叶舒宪先生，他在《文学与治疗——关于文学功能的人类学研究》一文中追溯文学治疗功能的源头。认为从文学起源的角度来说，神话与诗歌这两种最早的文学样式，实际上都在远古时期被作为人类精神生活中的某种法术而使用，可以说扮演了信仰工具的角色。后世的作家、诗人等其实是巫医精神治疗传统的后继者，而文学创作活动实际上相当于一种施治过程。叶舒宪先生主要从发生学的视角提出了关于"文学治疗"的基本途径和思路，即民间口头文学→书面文学。② 创作者以语言文字为载体，通过制造大量的文学想象，通过虚构或幻想来调动阅读者对抗精神疾患的积极情绪，最终给予灵魂以欢乐。

叶舒宪先生的"文学治疗"理论开辟了一条新的思路。尽管"文学治疗"这一概念术语，是近现代以来才逐步明确提出并完善的，根据国内研究成果③，对其原理的阐释和针对某一具体文学作品的分析，也大多集中于现当代文学作品。

从发生学的视角为源头，参照心理学，再结合中国古典文学理论及创作的实际情况，来追溯"文学治疗"的形成及发展过程，亦能找到一些线索。在古代文论和文学作品的相关描述中，即使没有形成明确的概念解说和系统的话语体系，亦能发现关于"文学治疗"之说的征兆，下

---

① 吴持哲编：《诺斯洛普·弗莱文论选集》，78页，北京，中国社会科学出版社，1997。
② 叶舒宪主编：《文学与治疗》，298页，西安，陕西师范大学出版社，2018。
③ 代云红：《中国文学人类学基本问题研究》，221—227页，昆明，云南大学出版社，2012。著者对当代中国"文学治疗"研究的基本状况进行了考察，根据现有的著述和论文，研究内容和对象既包括古今中外文学现象的分析，也有对"文学治疗"原理的阐释，或是针对"文学治疗"实践运用的案例。

文将对此展开论述。

"巫"这一特殊职业的产生,源于早期先民对自然的敬畏和崇拜,人们认为巫师是沟通人世和神灵世界的"传媒者",具有特殊的神力。殷商时期的奴隶主贵族崇尚巫术,巫觋的地位高至具有政治军事的决策权,且专为统治者占卜疾病之吉凶祸福。他们认为人之所以患病,主要是由于有种神秘力量在从中作祟。因此,治愈疾病的途径即向祖先祈祷,或是施行具有象征意义的法术来驱逐不详的作祟者。相关文字有记载,如《说苑》中记录了巫医治疗的过程,包括使用的道具、语言以及治疗的结果。再如《尚书·金縢》中记载的"周公祷武王之疾而瘳"一事,周公以自身性命为抵押,开辟祭祀场所,摆放祭坛,将祷告之词写在简策上,向太王、王季和文王祷告。

巫医施行法术、念咒词等一系列活动最终还是为精神治疗所需,巫医借助一定场所、工具及咒语等使用致幻术的过程,充分利用当事人希望早日愈疾或为亲朋好友祈祷免受病痛的迫切心理,实际上就是充分调动了人意念的能动作用。从历时关系考察,这是由早期萨满巫师的仪式表演到后期转化为戏剧艺术的过程。

与文学相关的则是早期的祈祷歌谣,祈祷歌谣的产生源于祷诵。在贵州黔东南地区流行一种叫"请都丹"的巫术活动,当人们生病时,就会请来巫师进行祷诵,在这种仪式举行时,巫师会边唱边舞:"救那落难人,都丹啊,请四方啊,我请了寨前咿,又来请寨后呦,寅时请寅时到,卯时请卯时到,请到雷公雷母雷子雷孙,都丹啊,救那落难人。"[①]通过不断的唱诵,充分调动了人的意念能动作用。类似于这类歌谣的案例几乎遍布世界各地,如西藏珞巴族人祛病禳灾的巫术仪式,菲律宾阿拉安人的吟唱治疗仪式"阿格巴拉欧",北美洲印第安原住民的巫师歌唱。[②]若从文学的审美性来看,这种出自巫师口中的祷诵,还不具备审

---

① 杨通江:《苗族歌谣文化》,127页,南宁,广西人民出版社,1992。
② 叶舒宪主编:《文学与治疗》,6—10页,西安,陕西师范大学出版社,2018。书中载公维军《从巫医仪式表演到作家文本创作——兼论文学的"自治"与"他疗"》一文,作者详细列举了几种具有典型性的巫医治疗案列,包括具体的歌谣唱词、治疗仪式过程等方面。

美，与后世所言的文学治疗内涵及功能还具有差距。但从形式来说，由于这类祷诵本质上依旧属于歌谣韵语，是早期文学的萌芽，通过巫觋唱诵祷祝的仪式，能使当事人获得暂时的心理慰藉。

按照现代心理学，狭义上的文学治疗是指心理咨询师运用文学作品，实现心理咨询和心理治疗目标的过程。从广义上而言，凡是运用文学作品来实现心理健康教育、人格塑造，或进行心理问题的矫治及解决的活动，都可以称之为文学治疗。[①]优秀的文学作品可以起到情感疏泄和心理暗示的积极作用。身体的疾病大多只能通过卧床休养来进行调治，但来自精神和心理上的障碍及疾患则不受限制，阅读一部文学作品，实际上就是在作者创造的真实和虚拟交错的二重空间中畅游。对于创作者来说，可以通过各种文学表现手段及文学想象，使自己和读者获得精神及心灵上的放松感、愉悦感。阅读文学作品的过程实际上就是一个审美欣赏的过程，而审美欣赏又是一个移情的过程。

"移情"即将情感投射至无生命的事物之上，使情感成为事物的属性，从而达到一种物我合一的境界。在我国古代文论中，已涉及相关阐述，《淮南子·缪称训》云："文者，所以接物也，情系于中而欲发外者也。"[②]已经体现出将自身情感对象化的行为。《文心雕龙·神思篇》中有"思理为妙，神与物游"[③]之说，黄侃先生在《文心雕龙札记》中注释道："此言内心与外境相接也，内心与外境，非能一往相符会，当其窒塞，则耳目之近，神有不周，及其恰怿，则八极之外，理无不浃。然则以心求境，境足以役心。取境赴心，心难于照境。必令心境相得，见相交融，斯则成连所以移情，庖丁所以满志也。"[④]可以看出，"神与物游"已经基本具备了移情的特征，首先，是达到了主观性和客观性的统一，即主体（精、神、心、思）与客体（宇宙、八荒、万里、物等）的相统一；其次，是形象性与情感性的统一，从客观层面而言，构思的对象主

---

① 邱鸿钟编著：《文学心理与文学治疗》，7页，广州，广东高等教育出版社，2017。
② （汉）刘安等著，（汉）高诱注：《淮南子》，105页，上海，上海古籍出版社，1989。
③ （南朝梁）刘勰著，周振甫译注：《文心雕龙译注》，396页，南京，江苏教育出版社，2006。
④ 黄侃：《文心雕龙札记》，118—119页，上海，华东师范大学出版社，1996。

要是物象，从主观层面来说，情感起到了构思的核心作用。这与"移情说"中达到物我合一的境界相通。

人们在阅读欣赏和审美的过程中，无意识地将某种情绪转移到另一个可作为替代物的对象之上，从而在想象中使原本沉重或抑郁的精神状态和心理创伤得以平复，获得心理慰藉和安宁。"移情说"的实质即一种精神的寄托和情绪的置换，创作及阅读的过程就是作家和读者分别将自身情感进行释放和投射的过程。在阅读文学作品这个具有审美欣赏的过程中，达到了治疗的目的。

从古代文论进行考察，可以发现相关描述。"诗言志"和"文以载道"的表述，侧重于诗的教化功能，是偏于理性色彩的。而以诗为代表的文学形式，除了关注和面对社会现实之外，还有对人生、人性层面的审视以钟嵘《诗品序》为例，文曰："使穷贱易安，幽居靡闷，莫尚于诗矣。"[①]结合创作的时代背景，六朝时期，政权更替，社会动荡，战乱频仍，促使一些创作者在面对时代变迁和个人命运变化的过程中，更容易产生诸多感慨和情绪。他们发现，能够从诗歌创作和吟诵中，获取心理上的满足，产生类似于补充或疏导的作用，这是从非理性角度来说的。正如文中所言"幽居靡闷"实际上就暗含了情绪的疏导和释放，亦可理解为"文学治疗"的一种体现。

从古代文学创作的实践来看，《七发》和《洞箫赋》皆具备一定的治疗功能。《七发》描绘的是一个心理治疗的全过程，太子出现了烦闷焦虑，心神不定的症状，枚乘指出，太子之疾并非药石针灸能疗愈，要以要言妙道说而去。经过吴客不断引导太子进行对话，在两人的问答中，太子凭借想象完成了在虚拟空间中的畅游，获得了心理上的调适和精神上的愉悦。作品主要借七件美妙快乐的事，来告诫太子应当摒弃奢靡的生活习惯，而要像文中所描绘的场景那样，在游山玩水，聆听音乐的过程中，保持一种良好的身心状态。同样，对于王褒的《洞箫赋》，

---

① （南朝梁）钟嵘著，古直笺，许文雨讲疏，杨焄辑校：《诗品》，3 页，上海，上海古籍出版社，2020。

亦有研究者专门对此进行阐释,认为创作者不仅根据自己对乐器的喜好随意创作,而是具有针对性的创作和治疗。并从赋文的内容、语言、结构、修辞等方面一一着手,分析了其治疗功能的具体体现。①

元人胡祗遹的《读论语自警》以医药治愈人之生理疾病,喻指以《论语》为代表的儒家经典亦能治疗人的心理和精神。诗歌写道:

> 论语书一编,我将类町畦。各人言行下,病药两相随。一一反自省,有无此欠亏。一言即一药,服之有余师。②

这里是指《论语》对人精神和道德方面的"治疗",通过阅读优秀作品,来实现精神上的疗愈,道德上的提升,人格上的完善。

与上述案例相似,有趣的是,清人张潮将"四书五经"直接作为药方,并指出其相应的"性味"和功能。文曰:

> [四书]有四种,曰《大学》,曰《中庸》,曰《论语》,曰《孟子》。俱性平,味甘,无毒,服之清心益智,寡嗜欲。久服令人睟面盎背,心宽体胖。[五经]有五种,曰《易》,曰《诗》,曰《书》,曰《春秋》,曰《礼记》。俱性平,味甘,无毒,服之与四书同功。③

作者以中医开处方的形式,巧妙地指出"四书五经"的疗效,即清心益智,寡嗜欲,使人心宽体胖。很明显,这是文学作品对精神层面的疗愈功能。

对于作家本人而言,文学创作是个人情绪的一种释放与宣泄,李渔曾在《闲情偶寄》卷二《宾白》中讲述自己创作剧本的动机,说道:

---

① 贾飞:《王褒洞箫赋之治疗功能探究》,见叶舒宪主编:《文学与治疗》,179—189页,西安,陕西师范大学出版社,2018。
② 杨镰主编:《全元诗》第7册,4页,北京,中华书局,2013。
③ (清)王晫、张潮编纂:《檀几丛书》,459页,上海,上海古籍出版社,1992。

## 第六章　他疗与自治——元代涉医文学的心理治疗功能

> 予生忧患之中，处落魄之境，自幼至长，自长至老，总无一刻舒眉。惟于制曲填词之顷，非但郁藉以舒，愠为之解，且尝僭作两间最乐之人……①

李渔认为填词制曲能够"舒郁藉"，在这个过程中，他感到发自内心的快乐与满足，说明文学创作能够给作者本人带来情绪释放的出口。

亦有创作者将整部文学作品视为"药方"，起到疗愈人心、整顿世风之作用。清人石成金是一位医家，著有笑话集《笑得好》。石成金笔下的笑话，实则"语甚刻毒"，可谓笑中含骂，讽刺十足，起到扬善惩恶，劝导世风的作用。他在《笑得好》序文中表示，人性皆善，但在世风的影响下，人心被物欲所蒙蔽，染成痼疾，医药难以治愈。虽有"嘉言法语"以教导之，但效果不佳。基于这种现状，石氏指出创作笑话集的目的，即："评列警醒，令读者凡有过愆偏私，蒙昧贪痴之种种，闻予之笑，悉皆惭愧悔改，俱得成良善之好人矣。"② 并以医药为比喻，文曰：

> 予谓沉疴痼疾，非用猛药，何能起死回生，若听予之笑，不自悔改而反生怒恨者，是病已垂危，医进良药，尚迟疑不服，转咎药性之猛烈，思欲体健身安，何可得哉？③

作者将"语甚刻毒"的笑话比作性猛之药，认为世人听之，若不思悔改反而心生怨怼，就是"病入膏肓"的表现，若闻笑即愧即悔，即是学好之人。创作者希望借由笑话，作为治疗人性之恶的"良方"，起到警示世人的作用，希望产生的疗效是"入耳警心，则人性之天良顿复"，从而达到劝善惩恶，引导世风向善之目的。

---

① （清）李渔著，单锦珩校点：《闲情偶寄》，42页，杭州，浙江古籍出版社，1985。
② 丁锡根编著：《中国历代小说序跋集》，666页，北京，人民文学出版社，1996。
③ 丁锡根编著：《中国历代小说序跋集》，666页，北京，人民文学出版社，1996。

总之，从巫医治疗仪式开始，这些歌谣诵词可以被看作是文学治疗的先驱。从"移情说"的角度来看，创作和阅读的过程分别体现了一种类似于精神的寄托和情绪的置换，从而在审美过程中实现精神疗愈之目的。根据中国古代文论的相关描述和古典文学的创作实践，亦能找到相应的观点。对于"文学治疗"所要面临的具体任务，又包括"他疗"和"自治"，下文将从这两个角度出发，通过选取元代几种具有典型性的文学样式，分别阐释文学治疗功能的具体表现。

## 第二节 涉医戏文的心理治疗功能论析——以元杂剧《窦娥冤》《赵氏孤儿》为中心

需要先行说明的是，元代戏文中的涉医内容主要分为两个部分：一方面是散见于戏文中的医药、疾病描写，这些内容多属于因剧情需要而作为辅助性的描绘；另一方面是剧本中塑造的医者形象。与本节所探讨的文学治疗话题相关的涉医戏文，主要是指那些描绘了医者形象的作品。

元杂剧象征着中国古典戏剧的创作顶峰，据《中国悲剧文学史》所统计的数据资料，仅悲剧就有 31 种。[①]《窦娥冤》与《赵氏孤儿》是较为典型的古典悲剧，两部剧中皆有对医者形象的描绘，前者塑造了庸医赛卢医，后者中的草泽医生程婴则作为正面形象出现。剧作中的医者形象具有推动剧情发展，强化主人公悲剧命运之作用。下文将运用文学治疗原理并结合剧本创作实践，尝试论析以《窦娥冤》《赵氏孤儿》为代表的悲剧心理治疗功能。

从发生学的角度来看，文学治疗的源头可以追溯至远古巫医的治疗仪式。由巫觋反复唱诵的歌谣咒词，是一种强化意念的过程，再加之当

---

① 谢柏梁：《中国悲剧文学史》，178—181 页，上海，上海古籍出版社，2014。

事人对自己或亲友病愈的强烈渴望，借由这种反复强化的心理暗示，在一定程度上能使当事人获得暂时的心理慰藉。这是原始歌谣所具有的最初的治愈效果。由于在这个过程中，治疗的对象往往是患者或其亲属，故而是面向他者的疗愈，亦可称为"他疗"①。若将"他疗"这一概念放置于后世的文学创作过程中，所治疗的对象即为读者或观众。

王国维先生由巫觋之风的兴起、发展过程，推论"后世戏剧，当自巫、优二者出"②，巫觋主要以歌舞的形式完成某种祭祀仪式。戏剧治疗的核心在于"仪式叙事"功能③，仪式的本质就是在这种象征性的，表演性的，由文化传统所规定的一整套行为方式中展演出来的。④ 观者通过戏剧表演的形式，进入一个预先设定的幻想世界，以此找到原本积压在内心的症结，由此获得一种情绪释放的途径，从而获得心理上的健康。⑤

剧作家进行文本创作时，会在想象的空间中建构起一个背离于现实生活的虚拟世界。一方面，这有可能出于推动剧情发展的需要。另一方面，创作者试图通过虚构的空间来吸引观众，使其客观经验逐渐被主观经验所代替⑥，在这虚拟空间里，完成自身在客观现实中所无法达成的某种愿望或心理诉求，以此为情绪的宣泄口，来弥补心理上的不足，从而达到精神上的愉悦。

---

① 叶舒宪主编：《文学与治疗》，10页，北京，社会科学文献出版社，1999，载公维军：《从巫医仪式表演到作家文本创作——兼论文学的"自治"与"他疗"》一文。文学具有双向治疗功能，所谓"他疗"是指治愈他者，具体指读者以文学阅读、文学评论等方式体认作家的创作意图和情感表达，目的在于达到彼此心灵的感知相通，以此化解读者自己心灵上的芥蒂郁结，以净化内心世界。
② 王国维：《宋元戏曲史》，4页，上海，华东师范大学出版社，1996。
③ 周安华：《幻觉与艺术治疗》，载《新疆大学学报》，2002（1）。所谓"仪式治疗"，即艺术治疗的核心形态和本质是戏剧治疗，通过戏剧表演的方式，使患者进入期待或恐惧的"幻想世界"，找到心理失衡的症结，并获得走向健康的路径。
④ 王胜华：《戏剧人类学》，53页，昆明，云南大学出版社，2009。
⑤ 代云红：《中国文学人类学基本问题研究》，232页，昆明，云南大学出版社，2012，载周安华《幻觉与艺术治疗》一文，认为"戏剧治疗"的内核仍然是"仪式治疗"。
⑥ 叶舒宪主编：《文学与治疗》，26页，西安，陕西师范大学出版社，2018。关于文学的疗效是如何产生的这一问题，弗莱认为文学艺术能帮助人们构成一种与现实生活相逆反的环境，这有助于传播幻觉感受，促使人们用主观经验取代客观经验。

## 一、悲剧的宣泄疗愈功能——《窦娥冤》的主人公悲剧命运

悲剧是对一个严肃、完整、有一定长度的行动的模仿，它的媒介是经过"装饰"的语言……通过引发怜悯和恐惧使这些情感得到疏泄。[①] 通过观赏剧作，观者在感受主人公悲剧命运的同时，亦会体察自身或周围人的遭遇，甚至在面临与主人公同样的困惑时，会不自觉将主观经历带入剧情，感叹于自身和剧中角色相似的命运。此时，伴随着悲剧人物的设定和悲剧情节的展开，观者能从中得到情绪的宣泄和释放。

窦娥的悲剧命运是贯穿全剧情节走向的核心。三岁亡母，七岁离父，十七岁亡夫的窦娥，被张驴儿父子欺凌，被人诬陷，遭受严刑逼供，含冤而死。尽管窦娥只是创作者笔下一个虚构的人物形象，她的经历在某种程度上带有一定的夸张色彩，但剧中伴随人物命运展开的事件，却是具有真实性的。如剧中所反映的种种社会弊端、官场黑暗、吏治腐败、高利贷盘剥以及医学管理体制所存在的诸如庸医横行、毒药假药的贩卖等问题，皆是元代普通百姓所面临的问题。

其中，赛卢医在全剧中有三次出场，对其言语和行为的刻画，不仅成为推动情节发展的一部分，更是加速主人公窦娥命运走向悲剧的关键。

第一折中，他一出场就说道："行医有斟酌，下药依本草；死的医不活，活的医死了。"[②] 死的医不活，活的医死了，说明其医术低劣，欠债不还，说明其品行不端。卢医指代扁鹊，人称赛卢医，在医术中超过扁鹊，实际上暗含讽刺之意。赛卢医的第一次出场是刻意安排，他欠债于蔡婆婆，又抵赖不还而起杀意，因巧遇张驴儿父子无从下手，为后来父子二人借救命之恩霸占蔡婆婆一家留下可乘之机。

第二折，在张驴儿父子的要求下，赛卢医将毒药卖给两人，自我揭露："自从赚蔡婆婆到郊外，欲待勒死。"[③] 在张驴儿的要挟之下，承认

---

[①] ［古希腊］亚里士多德，陈中梅译注：《诗学》，63 页，北京，商务印书馆，1996。
[②] （元）关汉卿著，蓝立蓂注：《汇校详注关汉卿集》，1061 页，北京，中华书局，2006。
[③] （元）关汉卿著，蓝立蓂注：《汇校详注关汉卿集》，1089 页，北京，中华书局，2006。

药铺里有毒药，说明他此前就可能医死过人，怕人揭穿、告发，而后心虚，打算改行换业。为躲避被牵连之灾祸，藏身于别处，以卖老鼠药为生。不敢将老鼠药轻易给予他人，也知此事犯法，害人性命，但仍旧为一己之私将药卖予他人，只是怕事情败露，祸及自身。这一次出场主要是顺应剧情的重要转折点，也正是赛卢医的毒药，才阴差阳错毒死了张驴儿父亲，嫁祸于窦娥，进而产生了主人公的冤情。

第四折中，赛卢医被羁押到官府，道出卖毒药给张驴儿父子的实情，这次的出场是关键，道出实情，促使窦娥沉冤昭雪。

庸医形象的塑造，一方面是出于剧情设定的需要，是实现剧情转折的关键人物，这一角色在剧中的功能，基本线索为：先是欲谋害蔡婆婆，被张驴儿父子救下，为父子二人霸占窦娥及其婆婆提供可乘之机；再者为张驴儿父子提供毒药，药死人后嫁祸于窦娥，促成全剧的冤情；最后道出实情，使窦娥沉冤昭雪。可以说，赛卢医的几次出场，都起着决定人物命运，推动剧情发展的重要作用。另一方面，庸医这一形象本身也反映出当时的社会现状，即医疗管理体制的漏洞，骗人钱财的江湖医生，假药毒药的交易等。

从剧作本身的内容而言，赛卢医作为反面人物的出场，成为促使窦娥命运走向悲剧的关键。主人公的悲剧命运带动了观者的情绪体验，剧作的"他疗"功能主要表现为以下几个方面：

首先，悲剧是残酷生活的预演，其宣泄的实质在于预演人生的残酷现实，使人为了求得生存，为了适应更复杂的生活情境而做出心理准备。[①]

从窦娥的苦难命运这个角度来说，角色本身的悲剧性命运，是在当时存在诸多弊端的元代社会现实中展开的。窦娥遭受张驴儿父子的欺凌和陷害，最终在昏官的逼供下，屈打成招。恶霸横行，官府职能的缺乏，是导致窦娥悲剧命运的最主要因素。有元一代，官府的无能和黑暗

---

[①] 叶舒宪主编：《文学与治疗》，138页，西安，陕西师范大学出版社，2018，载罗伊·莫雷尔《悲剧愉悦与宣泄疗法》，悲剧是人的残酷生活现实的预演，通过演悲剧，人的心理细胞才不得不从倦怠中走出来，而它保守的生命循环本能只不过是一种虚妄的安全感，为了生存，它必须为适应更复杂的生活做出准备。

是较为严重的问题。朝廷没有建立起一套合理完整的选官制度。其中，由吏者，省，台，院，中外庶司、郡、县，十九有半焉。[①] 王恽《吏解》批判官吏"吏之不学，取之无术"；郑介夫在《太平策·任官》中称其"不辨贤愚，不问齿德"。官吏的素质低下，搜刮百姓的行为也时常出现，徐明善在《送医教授方实惠序》一文中指出官吏对百姓的勒索，说道："今之仕者，不修仁义久矣，若魏杂用厮役为令宰，则胲民膏血，使不聊生。"[②] 这是元代社会的真实写照，官府职能的缺失，官员贪赃枉法，导致百姓的生活得不到保障，遭受恶霸欺凌也无处伸张正义。

剧作者以当时处于社会弱势群体的女性作为主角，一方面是由于元代女性所承受的诸多磨难痛苦更为深重，以阿合马为代表的统治阶级贵族强占民女，恣意掠夺，这是底层女性的真实生活写照，能在一定程度上引起观者的同情或共鸣。另一方面，从文学艺术的性质来看，尽管剧作对人物塑造和情节描摹含有一定的夸张和修饰成分。剧中窦娥的某些境遇，如遭受霸凌、被不作为的官吏污蔑等，在当时的社会背景下，观者亦可能有所经历，但对比剧中主人公的"遭遇"，观者在现实生活中遭遇的重大变故，似乎就显得并没有那么严重，甚至还能起到鼓动人心、激发斗志的作用。此时剧作的疗愈价值，就在于从侧面安抚观者恐惧或担忧的情绪。忧郁症的症状和特征被用来对付忧郁症，酸用来对付酸，痛苦将改变为一种痛苦的幽默。[③]

其次，痛苦是人类自我意识的表现，剧作通过对主人公所面临的种种痛苦、哀怨的揭露，来寻觅某种宣泄途径，以获得心理上的弥补和慰藉。当在现实层面受限于诸多由主观意识无法抗拒的外界因素，而无法获取情绪释放的真正渠道时，将这种宣泄寄托在某一具有特殊功能的神灵或超自然现象上，进而弥补心理上受到的创伤。

---

[①] 李修生主编：《全元文》第9册，379页，南京，江苏古籍出版社，1999。
[②] 李修生主编：《全元文》第17册，196页，南京，江苏古籍出版社，1999。
[③] ［英］克利福德·利奇：《悲剧》，尹鸿译，67页，北京，昆仑出版社，1993。书中载引弥尔顿《力士参孙》序言，他认为：亚里士多德所谓的唤起怜悯和恐惧，或恐怖的力量，它使这些激情在心中得到净化，在阅读或观看这些被逼真地模仿的激情时受到搅动，从而用一种愉悦的方式，将这些激情调节和减少到恰当的程度。并从医学实践上进一步作了说明，指出忧郁症可以被用来治疗忧郁症。

全剧最富有矛盾和张力的情节是窦娥在法场上的一幕。随着情节的展开，矛盾的激化，创作者着力描写主人公在临刑时发下的"三桩誓愿"，这是最能宣泄人物情感并调动观者情绪的场面。剧末，窦娥被人污蔑，屈打成招，临刑前，为证明自己的清白，向世人宣告自己的冤屈，分别许下"血溅白练""六月飞雪""楚地大旱三年"三桩遗愿，而这一系列超自然现象最后也得以应验。原本，污蔑好人的恶霸、害人的庸医、昏庸的官吏都应当受到惩罚，所有真相都该被昭示，但是在这段剧情中，恶人并没有被现实中伸张正义的某种更大的权力体系所惩罚，窦娥在发下誓愿后，依然难以幸免于冤死。此时，创作者将主人公胸中的愤懑不平寄托在超自然力量中，由神灵代替现实的权力体系，来实现对正义的伸张，完成对主人公夙愿的补偿。对于观者来说，这种治愈价值便体现在，观众亦能将自身所遭遇的类似的灾难或痛苦，以及种种不公正待遇，投射至剧中的虚拟情境，将积压在胸中的愤恨与不满凭附在这种超自然力中，以此来宣泄。

悲剧之所以引发怜悯和恐惧，其目的不是为了赞美和崇扬这些情感，而是为了把它们疏导出去，从而使人们得以较长时间地保持健康的心态。悲剧为社会提供了一种无害的、公众乐于接受的、能够调节生理和生态的途径。[①]观者在欣赏剧作时，会不由自主地将主人公及其所经历的事件，代入自己的生活中，将其视为自身亲历的生活事件。随着故事情节的推进，剧作所营造出的种种氛围，会将观者引入其中。剧中角色身上的善与恶，都属于人性之中的一部分，观者或多或少皆能从中看到自己或现实生活中人物的影子。这些交织着善与恶的人物形象，通常会在观者心中起到类似于警示或劝导的作用。如作恶者会受到某种来自神秘力量或周边人事的惩罚，这种具有明显教化性质的情节，往往会在观者心中形成一种深刻的印象，若那些曾经伤害过自己的恶人再为非作歹，将受到如剧中角色同样的惩罚。在现实生活中，尽管这种惩罚大概率会受限于外界的某种不可控因素而无法落到实处，但在剧作所虚拟的

---

① ［古希腊］亚里士多德，陈中梅译注：《诗学》，228页，北京，商务印书馆，1996。

情景中,恶有恶报的结局,就好比一个情绪的排泄口,使观者积压在内心的种种对现实的不满、抱怨等情绪得以释放,以此达到疗愈之目的。

## 二、群体牺牲引起的崇高感和心灵冲击——《赵氏孤儿》中的群体悲剧

悲剧是崇高的艺术,悲剧感和崇高感具有内在的一致性。[①]悲剧往往充满着斗争曲折的情节,坎坷复杂的角色命运,通常以人物的牺牲为结局,蕴含着关乎人性、生命与死亡的哲学思考和审美范畴。与此同时,剧中角色的经历也带动了观者的多样情绪体验,引起心灵的强烈共鸣与震撼。

《赵氏孤儿》是一部具有群体性悲剧的剧作。从赵盾被诬陷至赵家三百余人被杀害,再到为保护赵氏孤儿而牺牲的众多人物,皆揭示了群体性的悲剧命运。其中,草泽医生程婴作为正面形象出现,为救孤儿乃至晋国婴孩而痛失爱子,是贯穿全剧的重要人物。程婴的形象内涵,不仅仅是治病疗疾的医者,更升华至救国救民的"上医"。对于观者而言,剧中角色的群体性悲剧命运,能够引发一种崇高感和心理冲击,从而带来强烈的心灵震撼和情绪体验。

围绕着保全赵氏孤儿这一事件,从剧中人物的身份和遭遇考察,皆能找寻由悲剧营造的崇高感和特殊心理体验。

首先,是赵盾一家的悲剧经历,晋国上卿赵盾被屠岸贾诬蔑,赵家三百余口人惨遭杀害。从悲剧人物的身份和遭遇而言,能够唤起观者更大的震撼和心灵悸动。[②]贤臣被诬陷,本就容易引发观者强烈的悲愤情绪,加之主人公特殊的身份,更突出了对伟大人物悲惨遭遇的同情。

其次,是贯穿全剧的重要人物草泽医生程婴的悲剧经历。作为正面

---

[①] 韦小坚等:《悲剧心理学》,4页,海口,三环出版社,1989。
[②] 朱光潜:《悲剧心理学》,87页,合肥,安徽教育出版社,2006。书中提及亚里士多德对悲剧行动和人物的认识,认为悲剧人物应当是享有盛名的境遇好的人。例如一位地位显赫的亲王突然遭遇灾祸,时常会连带使国家人民遭殃,这是描写一个普通人的痛苦的故事无法比拟的。

人物，医者程氏的几次出场都起到了至关重要的情节递进作用。从中也彰显出人性的至善和催人泪下的崇高感。程婴是驸马赵朔的门人，在第一折中，受公主所托，在明知自己家人可能因此性命不保的情况下，仍将婴儿藏至药箱带出城，此时主要是出于报赵驸马优待之恩。第二折中，在得知屠岸贾为搜寻赵氏孤儿，而将晋国半岁之下一月之上的婴孩全部找来杀害，程婴不得已而找到公孙杵臼，将自己的孩子装作赵氏孤儿藏至此处。此时，保护孩子的动机不仅是报恩和怜悯，更是出于对晋国所有婴儿的保护。第三折中，程婴故意告知孩子的下落，令屠岸贾误将程氏之子当作赵氏孤儿而杀害，程氏痛失爱子，不仅保全了赵氏之子，同时也使晋国婴孩免于横祸。又抚育孤儿长大，演武修文，最终报了仇恨。

为保全孤儿，剧中牺牲的其他角色，例如：

公主。在第一折中，公主为保住孩子，请求程婴将其带走，为消除程氏的疑虑，悬梁自尽。

韩厥。在第一折中，下将军韩厥故意放走程婴和孤儿，是出于对赵盾一家的同情，对屠岸贾的愤恨。说道："我若把这孤儿献将出去，可不是一身福贵？"转而又悲愤道："但我韩厥是一个顶天立地的男儿，怎肯做这般勾当！"并嘱咐程婴将孤儿藏至深山，教训成人，演武修文。为断绝后患，韩厥自刎身亡。

公孙杵臼。中大夫公孙氏原本与赵盾是一殿之臣，最相交厚，后因屠岸贾专权，罢职归农。程婴将自己的孩子交予公孙氏来冒充赵氏孤儿，在明知此事会连及自己性命的情况下，公孙杵臼仍愿冒死相救，说道："我是七十岁的人，死是常事，也不争这早晚。"

可以看出，全剧中众多人物为保护孤儿而作出的牺牲，是一种群体性的悲剧，分别彰显出人类普遍的情感和善良正义。如公主舍命保子是源于母爱；韩厥护孤是出于对赵盾一家的同情和忠义以及对屠岸贾的愤恨；公孙杵臼护孤是对赵氏一家的同情，对程婴舍生取义之行为的敬佩，更是一位忠良之臣对晋国婴孩的保护；程婴是全剧的核心人物，程氏为保住孤儿，早已将自己和家人的性命置之度外，不惜献出自己的孩子，这是出于对赵家的恩情，对孤儿的怜悯，对晋国所有婴孩性命的保全，程婴不仅作为治病疗疾的草泽医生，更是救国救民的"上医"。因此，剧中正面人物表现出的善良、正义与勇敢，是一种大爱，是对人性真善美的赞叹，彰显出一种崇高感。

悲剧人物具有超越自身理想性的特征，他们始终拥有坚定的独立自主意识，为实现某种理想信念，不畏牺牲，甚至是在牺牲中来实现自身的价值。[①]以程婴等为代表的正面人物，舍命保住赵氏孤儿，实现忠义，用生命搏斗和自我牺牲为代价，这是一种崇高的理想和价值追求。

悲剧人物的牺牲，能带来一种潜意识深处的"快感"，这种"快感"源自人们对崇高的敬意，对正义的歌颂，对因正面人物的牺牲为代价而换来的美好生活愿景。悲剧本身并不能带给人快感，而是由此引发的一系列复杂的心理反应。悲剧快感是一种生物学意义上的需要，它有益于人类的健康。[②]这并非一种纯粹意义上的"快感"，而是富含了同情、恐惧、担忧、赞叹等复杂的心理体验。与悲剧感联系而论的是崇高感，康德在《判断力批判》中提出崇高所生的愉快是一种消极的快感，毋宁说是惊讶或崇敬。

《赵氏孤儿》中公主、韩厥、公孙杵臼、程婴之子等人物的牺牲，是出于对赵氏孤儿甚至是对晋国婴孩的保护，剧作者赋予这些正面人物大无畏的使命与责任，将其视为崇高理想的化身。从心理学的角度而言，观者在阅读或观赏剧作的过程中，将剧中人物的危险遭遇或痛苦牺牲视为一种情绪的释放点，在给心灵带来强烈震撼的同时，引起对崇高

---

[①] 韦小坚等：《悲剧心理学》，59页，海口，三环出版社，1989。书中认为悲剧人物是独立自主的自我意识，在斗争中，他始终坚定着不屈不挠的精神，为获得人的尊严和人类生存价值，不畏死亡……他内在的超越性终于战胜了自然性，因此获得了人的价值，实现了潜在的本质，成为自然的主人。

[②] 朱光潜：《悲剧心理学》，53页，合肥，安徽教育出版社，2006。书中引述博克对人类怜悯之心产生快感的心理依据和治疗原理的分析。"人类靠同情的纽带联系在一起，同情给人的快乐愈大，同情的纽带就愈加强。在情境最悲惨时，也最需要同情，因为同情给人的如果不是快感而是痛感，我们就会躲避一切痛苦场面，不会给受害者任何救助。因此，悲剧快感是一种生物学意义上的需要，有益于人类健康。"暂且不论博克从生物学意义上分析悲剧快感的来源依据是否合理，至少为我们分析悲剧心理提供了一条思路。

感和正义感的情感兴奋体验。① 此时，观者更多的情绪感受，是对英雄人物舍生取义之行为的讴歌与赞叹，这是一种对美和正义充满向往的极致心理体验。

从心理治疗层面来说。作为旁观者或剧情的共享者，在体验到剧中角色遭受的苦难，不公的待遇，甚至死亡，皆能唤起观者的怜悯之心。即使知晓这些设定是虚拟的，仍然能够从中获取一种由怜悯而引发的特殊快感。② 悲剧中的怜悯不仅仅是"同情的眼泪"或多愁善感，是一种洞见了命运的力量与人生的虚无而被唤起的"普遍情感"。③ 因此，由悲剧人物所引起的怜悯是一种审美同情，而非仅仅指道德上的同情。既然这种情绪会带来美的体验，属于审美同情的范畴，它能够唤起观者对正义、善良、和平的心理诉求，这种诉求属于一种对现实中无法达成之夙愿的心理补偿，故而也能达到心理层面的疗愈效果。

### 三、涉病诗歌及元散曲的情感宣泄作用

文学的"自治"含有"自我疗救"之意，指作家通过文学创作这一途径，来实现个人情绪上的宣泄，或将其视为精神的寄托，从而达到精神疗愈之目的。④ 对于文艺创作者而言，最好的宣泄方式便是写作，这

---

① 郝铭鉴编：《朱光潜美学文集》（第1卷），248页，上海，上海文艺出版社，1982。书中载引哥伦布大学教授汤姆斯一文，认为：有一种喜感，只要一出力，只要一运用官能，便可觉到。要寻求这种由发泄心力而来的喜感，我们不一定要去寻通常所谓赏心乐事。最好是去寻苦痛悲惨和危险。这些东西才能给人以强烈的震撼，才能引起与生命同义的情感的兴奋。
② 朱光潜：《悲剧心理学》，53页，合肥，安徽教育出版社，2006。书中载引圣·马克·吉拉丹《戏剧文学论》中对悲剧快感的心理来源，认为悲剧快感产生自苦难在我们心中唤起的怜悯，并不是人喜欢别人受苦，而是他喜欢由此产生的怜悯，正像在剧院里，剧中人物所受的痛苦都不是真的，但观众却可以自在地从自己的情感中得到快乐。
③ 朱光潜：《悲剧心理学》，77页，合肥，安徽教育出版社，2006。
④ 叶舒宪主编：《文学与治疗》，19页，西安，陕西师范大学出版社，2018。书中载公维军《从巫医仪式表演到作家文本创作——兼论文学的"自治"与"他疗"》，文学治疗具有双向治疗功能，所谓"自治"，主要指作家在文学创作中，将自身苦闷、愁怨、愤恨等消极情绪，通过文本作品宣泄出来，治愈精神所受创伤。

正是一种宣泄痛苦或心理冲突的"快乐出路"①。创作活动即可视为与神合一的体验，它能够消除心理障碍，解脱灵魂，获得审美快感。②

（一）病中情绪的疏导与宣泄——涉病诗歌中的自我疗愈

创作行为是由创作动机所引发的，创作动机受到作家本人的性格、兴趣、人生境遇、价值观等个人因素以及社会环境因素等影响，通常被分为生理性动机和社会性动机，情绪宣泄属于社会性动机的一种。③疾病是一种不幸，不论是在生理还是心理上，都会给人带来痛苦，这种痛苦又会促使人产生宣泄或释放的欲望。而对于身为患者的作家来说，其经历及体验要更加复杂且特殊一些，他们将由疾病所引发的痛苦，通过创作这一过程，来实现痛苦的"转移"，即将种种生理上的不适感或心理上的抑郁状态，借由文学手段得以缓解和释放。

诗是通过思想的无拘无束的游戏来排忧解闷的一种自由的艺术。④王符《潜夫论·务本篇》云："诗赋者，所以颂善丑之德，泄哀乐之情也。"⑤"泄哀乐之情"即通过诗歌，来实现情绪的宣泄及释放，暗含了初步的文学"自治"思想。表明诗歌可以运用各种思维方式，如白描、象征、隐喻、排比、拟人等多种修辞手法，来暗示创作者的心理状态。

涉病诗歌是指以描写疾病、记述患病状态，或以吟咏病中心理感受为主的诗歌。其中，对疾病状况的记录和"因病抒情"的创作，再现了诗人在患病期间的真实生活和心理状态，这两种创作模式皆具有文学"自治"的特质，是兼具患者身份的诗人，以诗歌创作为途径，来释放由疾病不适感所带来的诸种郁积在心头的苦闷思绪。

---

① 古代文学理论研究编委会编：《古代文学理论研究》第 13 辑，97 页，上海，上海古籍出版社，1988。
② 叶舒宪主编：《文学与治疗》，19 页，西安，陕西师范大学出版社，2018。
③ 邱鸿钟编著：《文学心理与文学治疗》，74 页，广州，广东高等教育出版社，2017。创作动机一般分为生理性动机和社会性动机，一般而言，文学的创作动机大多属于社会性动机。文学作家创作的社会性动机常见有成就动机、表达呐喊的动机、情绪宣泄的动机等。
④ ［德］康德著：《实用人类学》，邓晓芒译，147 页，重庆，重庆出版社，1987。
⑤ （汉）王符著，（清）汪继培笺：《潜夫论》，19 页，上海，上海古籍出版社，1978。

## 第六章 他疗与自治——元代涉医文学的心理治疗功能

第一种是记录患病状态的诗歌。这类诗歌通常以白描的形式，再现诗人卧病休养期间的日常起居和生活场景，如方回《病稍愈戏书三十韵》《病后夏初杂书近况十首》，杨公远《病起三首》，朱思本《苎溪卧病》，许有壬《病起漫述》，周霆震《纪病》，倪瓒《卧病》，胡奎《患病偶述》，偰逊《病歌行》，乌斯道《晚年病目诗七首》等。

以方回的《病稍愈戏书三十韵》为例，诗歌先是描写了患病期间的日常生活，钵底盛满了药渣，药贴堆满了案几，昂贵的药价和缓慢的药效，都令作者忧心。诗云：

> 身昔未病时，饮啖百无惮。一病半月余，食味等土炭。昼睡反多夜，夕呻每彻旦。席硬骨加痛，衾垢肤转汗。三更渴吻急，强起揭书幔。灯晕大如盆，故作红碧烂。①

回想未病之时，饮食百无禁忌，如今却食之无味，失眠、盗汗、病痛等各种生理不适令作者备受煎熬。由生理上的痛苦联想到人生的诸种磨难与艰辛，说道："中道或无成，万事春凌泮。老我幸已多，苟脱兵火难。"② 叙写政治上的不得志，兵荒马乱的社会环境，与疾病相伴的往往是贫穷、落魄、失意。诗歌在开头就以白描的纪实手法，将患病期间的生活状态加以呈现，这种看似简单直白的叙写方式，可视为一种潜意识的外化，即由病痛所引发的生理不适带来的情绪上的不稳定。诗歌结尾写道："排闷写心谣，治命实非乱。"显然，诗人欲以诗歌来排忧解闷，在创作中实现情绪的释放。

再如偰逊的《病歌行》，诗歌开头先写道，患病多时，踰月未曾出门，以纪实的笔法描述了疾病症状和患病期间的身心状态：

> 始因风热作牙疼，投以清凉遂脾湿。气结腹鸣隔有痰，肉

---

① 杨镰主编：《全元诗》第 6 册，141 页，北京，中华书局，2013。
② 杨镰主编：《全元诗》第 6 册，141 页，北京，中华书局，2013。

黄昏见支无力。神昏但觉语艰难,食小非关事烦剧。药物虽加一效无,几案谩展诸方集。①

病痛在加剧生理不适感的同时,也造成了精神上的压力和情绪的阻塞。作者自述道:"何以解忧惟简帙",虽然在药物加量之后,病情仍不见好转,但对于缓解精神方面的压力,此时唯有案几上的方集可作为"良药"。对于久病深居的作者来说,受限于诸多外在条件,生理上的病痛固然无法轻易解除,但积压在精神层面的痛苦,则能以诗歌创作的途径得以缓释。正如诗歌所言"偶书聊且慰区区",写作本身就是一种宣泄情感的过程。

文学艺术的创作属于精神快感的宣泄,它的基本运作方式就是共享,就是展览。②这类诗歌的表达方式多为直抒胸臆,诗人将患病期间的身心状态加以"倾吐",将生理上的病痛之感和郁积在胸中的苦闷焦虑等情绪"转移"到诗歌创作的过程中,从而达到情绪的排解和释放。

第二种是"因病抒情"的诗歌。这类诗歌以描摹患病后的心理状态为主,多采用联想、想象、象征、比拟等修辞手法,来呈现诗人的心理世界。这类创作数量较多,如许衡《病中有感》,王恽《卧病吟》,方回《病中夜思》,何中《病起舒怀》,吴师道《正旦卧病写怀》,张翥《病中》,许有壬《病起漫述》,朱德润《三月十八日卧病感怀》,戴良《次韵蔡经历病中述怀》,刘崧《病起述怀》,林弼《次韵杨秉中县尹春日病中述怀》,韩奕《秋日卧病》,王中《岁暮病中感怀》,萨都剌《病中杂咏七首》,华幼武《病中写怀》,陈镒《病起述怀二首》,陈高《病中遣怀五首》,刘崧《病疟述怀六百字》,郑允端《春日病中》等。

先从诗题来看,题名中多出现"述怀""写怀""遣怀"等字眼,从字义考察,"遣"有排解、发泄之义,"述怀"即抒发心中感受,正是以诗歌的形式,来呈现患病期间的精神状态,作为排解诸多情绪的途径。

---

① 杨镰主编:《全元诗》第59册,7页,北京,中华书局,2013。
② 朱寿桐:《文学与人生十五讲》,89页,北京,北京大学出版社,2006。

## 第六章　他疗与自治——元代涉医文学的心理治疗功能

诗歌是情感的宣泄方式,《诗大序》云"情动于中而形于言",创作者心底的情感,必然要寻找一种途径将其宣泄和释放。疾病往往与贫穷、困顿、郁闷、惆怅等状态和情绪联系在一起,当这些不良情绪被长时间地积压在心底,会不同程度导致心理乃至生理上的隐患,需借由相应的途径得以释放。

宣泄的方式可分为两种,一是在虚拟的世界里消解它,二是在幻想的世界里超越它。① 疾病限制了诗人的活动空间,使原本可以拥有自由行动和广阔视野的诗人只能暂时卧床休养,但这并未阻碍其想象力的发挥。物理空间越是局促狭小,思绪就更容易被推向更广阔的天地。此时,很多在现实中未曾出现过的事物,就会在诗人脑海中被勾勒出一幅更为精妙浩渺的图画,再加之原本就因病痛所造成的生理不适感以及被压抑已久的情绪欲获得释放的渴望,诗歌中所呈现的种种具有虚幻色彩的意象便是一个证明。

梦境是诗歌中常被描摹的场景,由于身患疾病的诗人无法在物理空间内实现自由移动,便将内心对自由的渴望呈现在梦境中虚拟的世界,通过情绪的"转换",达到精神层面的疗愈。朱德润的《三月十八日卧病感怀》写道,卧病多时,竟梦见自己畅游在蓬莱仙岛,桃红柳绿,一片生机盎然,诗人想象道:"便须再约坡仙去,为觅还山旧羽衣",幻想自己身披羽衣,与仙人同游。金涓的《病后自吟》描述病后的生活状态,写道:"地僻柴门少客过,寂寥生计奈愁何",疾病不仅限制了诗人的活动范围,阻断了与亲朋好友的会面,就连基本的生活都难以保障,此时,唯有"几回梦入江湖棹,笑看云山卧绿簑"之梦境所营造的场景,令作者心驰神往,喜笑颜开。

再如耶律铸《病中述怀》云:

---

① 叶舒宪主编:《文学与治疗》,19 页,北京,社会科学文献出版社,1999。书中载孙绍先《不可轻易翻转的"风月宝鉴"——对文学治疗功能的再认识》,创作主体的自我治疗大都肇始于挥之不去的挫败感,这种挫折在他看来已经具有现实的不可逾越性。依据荣格的观点,内在的或者心理过程的价值相当于外在的或者环境过程的价值,心理是最高水平的现实实体,因为只有它是唯一直接的。

> 雨声一夜到床头，一洗胸中万斛愁。世态低昂付蛮触，宦途消息寄蜉蝣。暑天卧病犹痴较，少日勤行半素休。频梦江头岂无意，此身栩栩见沙鸥。①

仕途的诸种磨难，加之久居不出的孤独，都令诗人感到愁闷，似乎唯有深夜的点滴雨声，才能浇灌内心的惆怅。但在梦境中，能将在现实中无法获得的自由加以呈现，诗人频频梦见江头的辽阔，幻想自己同那自由翱翔的沙鸥一般，反映的是潜意识中对自由和健康的向往。

梦境中营造的世界，是对现实里某种无法达成之夙愿的补偿。人在患有疾病之时，也正是生理和情感最为脆弱的时刻，"落叶归根"的思绪亦更为浓重，在诗歌所描绘的梦境中，家乡也时常出现。家代表着精神的寄托与心灵的永恒归宿，这对于身患疾病的诗人来说，感触颇为深刻，而梦境中对家的急切向往，更是病痛时孤苦情绪的最佳释放点。王恽《卧病吟》一诗写自己在睡梦中回到家乡，一笑展愁眉，使原本因病痛带来的焦虑、惆怅等情绪得以消解。诗云：

> 四大寻思孰主张，百般调护不康强。火头亭尾方为祟，肝气脾神互见伤。秋月阑干吟袖冷，晓烟庭户药铛香。夜来一笑伸眉喜，梦里分明到故乡。②

梦境是另一重世界，被赋予在现实中无法实现的潜意识所传递的渴求，在梦中，无病无痛，更无现实中的诸种枷锁束缚。在这些因病感怀的诗歌中，创作者将来自疾病的痛苦和心理层面的压抑情绪"转移"到梦境中，借助由梦境中所营造的虚构场景得以释放，使得原本由病痛所导致的焦虑、郁闷等情绪得以缓解，从而在精神层面达到一定的疗愈效果。

---

① 杨镰主编：《全元诗》第 4 册，64 页，北京，中华书局，2013。
② （元）王恽著，杨亮、钟彦飞点校：《王恽全集汇校》，963 页，北京，中华书局，2013。

## （二）精神的解脱——元散曲中的"遁世"思想

金末元初，政权的更迭以及由战乱导致的生存危机和精神危机，促使文人欲寻找一个可以容纳身心的"避难所"。散曲中的"叹世""遁世"等情感倾向，是文人对人生短暂，世事变幻无常的反映。起初，他们发奋读书，怀抱安邦定国之志，但动荡的社会环境和仕路无门、生不逢时的现实境遇，限制了其试图以仕进来逐步实现人生理想的渴求。他们开始转向山林田园，一方面，将胸中之压抑与苦闷寄托于自然景物中，在畅游山水、寓居田园的同时，实现情感的"转移"，并将这一系列过程借由散曲创作得以完成。另一方面，在体味过人生短暂、世事无常的痛苦和醒悟后，思想与情感渐趋于通透豁达，表现在创作中，便是"笑呵呵""乐呵呵"等语汇的大量出现。笑是一种同时有益于人体生理和心理的行为，自然也是创作者情绪的释放。

元代文人在厌弃了官场争斗后，享受这无是非、无争斗，也没有凶险的生活，在这样的环境中，身心可以完全放松。[1] 摒弃功名、寄情山水的思想及行为，是文人在现实条件和主观诉求发生冲突时，在精神层面寻求的一条新的出路，是对精神枷锁的解脱。

张养浩在《双调·新水令》中说："急流中勇退不争多，厌喧烦静中闲坐。利名场说着逆耳，烟霞疾做了沉疴。若不是天意相合，这清福怎能个。"[2] 作者感到俗世的纷杂令自己身心俱疲，若摒弃这功名利禄，反而清闲快活，无烦恼亦无病。文曰：

> ［川拨棹］每日家笑呵呵，陶渊明不似我。跳出天罗，占断烟波。竹坞松坡，到处婆娑。倒大来清闲快活，看时节醉了呵！
> 
> ［七弟兄］唱歌，弹歌，似风魔，把功名富贵都参破。有花有酒有行窝，无烦无恼无灾祸……[3]

---

[1] 查洪德：《元代文学通论》下册，1020页，上海，东方出版中心，2019。
[2] 隋树森编：《全元散曲》，442页，北京，中华书局，1964。
[3] 隋树森编：《全元散曲》，442页，北京，中华书局，1964。

"笑呵呵""清闲快活""唱歌弹歌"等语汇，是作者豁达洒脱的价值观的外化，也是情绪的释放。

再如薛昂夫的《正宫·端正好》，其中不问名利，不贪世事，粗布短衣、淡粥斋汤的生活状态正是无欲无求、无事无非的心理诉求。写道：

> 人生短短几十年，与其摒弃功名，不如随缘而过。幽居乡里，开辟几亩良田、过粗布短衣、淡粥斋汤的生活。无欲无求、无事无非、延年益寿。访知音习酬和，也不问名利如何。不贪不爱随缘过，把世事都参破。①

这在当时是一种文人普遍存有的心态，说明文人心中有一种需要释放的压抑。②当现实的境遇和主观愿景发生冲突，而长期积压的情绪又无从释放时，这种情绪便需要通过其他方式得以转化、消解。反映在具体的创作中，便体现为一种对世俗名利释然后的洒脱豁达。元散曲中有较多这类描写，如沈和《仙吕·赏花时》："弃朝中俸禄……玩云山景物。"③贯云石《双调·水仙子》："荣华富贵皆虚幻，觑功名如等闲。任逍遥绿水青山，寻几个知心伴。"④

如果说散曲中摒弃功名、寄情山水的行为是一种精神层面的解脱，那"笑呵呵""乐呵呵"等语汇的大量出现，则是文人对压抑在心底的情绪的释放。

阿里西瑛的《双调·殿前欢》文曰：

> ……懒云窝，客至待如何？懒云窝里和衣卧，尽自婆娑。想人生待则么？贵比我高些个，富比我松些个，呵呵笑我，我笑呵呵。⑤

---

① 隋树森编：《全元散曲》，719页，北京，中华书局，1964。
② 查洪德：《元代文学通论》下册，1022页，上海，东方出版中心，2019。
③ 隋树森编：《全元散曲》，531页，北京，中华书局，1964。
④ 隋树森编：《全元散曲》，372页，北京，中华书局，1964。
⑤ 隋树森编：《全元散曲》，339页，北京，中华书局，1964。

## 第六章 他疗与自治——元代涉医文学的心理治疗功能

张养浩的《双调·庆宣和》写道：

> ……倒大来快活，倒大来快活。大小清河诸锦波，华鹊山坡，牧童齐唱采莲歌。倒大来快活，倒大来快活。①

类似的描写还有很多，如乔吉《中吕·山坡羊》说道："乐跎跎，笑呵呵，看别人搭套项推沉磨，盖下一枚安乐窝。"②刘时中《双调·殿前欢》写道："醉时吟狂时舞醒时坐，不醉如何？得快活且快活。"③散曲中的"笑"，体现的是一种无挂碍的疏旷和豁达。④它是创作者人生态度的外化，也是情绪的宣泄。这种笑既属于远离官场是非，感到全身心放松后的舒适，也属于在彻悟世事无常、人生短暂后的洒脱，更属于元代文人群体在面对仕路无门，社会动荡，前途迷茫后的自我调适和消解。他们通过散曲创作的过程，将这种压抑在心底的复杂情绪得以释放，最终完成精神层面的救赎。

如上所述，涉病诗歌中对患病身心的描摹和元散曲中的"遁世"思想，皆具有文学"自治"的特质及功能。涉病诗歌是身为患者的诗人对患病期间身心状态的全面记录，这类诗歌或以白描手法对疾病期间的生活进行写实，或"因病抒情"，借由幻想、梦境等虚构手法来释放疾病造成的生理及精神层面的痛苦，进而实现自我疗愈。散曲中的"遁世"思想则是另一种疗愈途径，在经历过现实困境，社会动荡和战争影响下的元代文人们，将内心的苦闷与压抑"转移"到山水田园中，在"笑"中完成了情绪的调适和精神的救赎。

---

① 隋树森编：《全元散曲》，404 页，北京，中华书局，1964。
② 隋树森编：《全元散曲》，585 页，北京，中华书局，1964。
③ 隋树森编：《全元散曲》，668 页，北京，中华书局，1964。
④ 查洪德：《元代文学通论》下册，1022 页，上海，东方出版中心，2019。元散曲体现的是一种具有"野逸"之趣的表现形态，这是疏旷类的野逸，表现的是曲家无挂碍的疏旷与豁达，他们忘情世事，沉醉于远离官场，远离是非，没有凶险的自我世界。

## 小　结

若将文学比作"医药"，所"医治"的对象有个人心灵层面。根据"文学治疗"的原理并结合古代文论和文学创作的实际，可以此为基础来分析元代文学代表性创作样式中"他疗"与"自治"之功能的体现及应用。

从文学起源的角度来看，早期的文学创作样式与原始巫医的精神治疗有关，这为"文学治疗"这一概念的形成提供了一定依据。根据古代文论中的相关描述以及古代文学创作的实际情况，并参照心理学，可以追溯"文学治疗"的源头及形成演变。根据"文学治疗"所要针对的具体任务，可将其分为文学的"他疗"与文学的"自治"，即分别对应的是读者及创作者两个方面。

以戏剧为例，从文学"他疗"的角度来看，观者被带入戏剧所设定的情境，将积压在内心的某种情绪或症结，借由剧本中的"幻想世界"而得以释放，以此找到情绪宣泄的途径，从而达到某种疗愈的效果。以《窦娥冤》《赵氏孤儿》为例，悲剧本身能够通过引发怜悯及恐惧，使人内心的情感得到疏泄，主人公面临的问题能在不同程度上引起观者的共鸣，对剧中不同角色命运的书写和结局的设定，体现了善恶报应的思想，这也能成为观者对社会不满的情绪宣泄口。

文学的"自治"主要针对创作者而言，即以写作视为精神的寄托，在此过程中将内心的情绪通过文学创作这一途径得以释放，获得审美体验或心灵解脱。从创作动机而言，身为患者的诗人对疾病带来的痛苦在感知上更为强烈，在患病期间创作的诗歌，通常可视为涉病诗歌，是专以描写某种疾病，记述患病状态，或抒发患病心理感受的诗歌。这类诗歌的疗愈作用主要在于两方面，一是以诗歌为途径，通过直接描述患病期间的生理状态及行为,将由疾病所引发的身心痛苦,通过诗歌创作的行为,来达到痛苦"转移"的效果,从而获得心理上的安慰。二是通过梦境或其他自然意象,将现实中无法满足的夙愿借由种种幻想得以寄托,使原本由疾病造成的身心压力或焦虑,通过诗歌所营造的梦境而得以缓释。

元散曲中所表现的"遁世"思想,同样具有精神解脱的意味。金元时期,政权更迭,社会动荡,战争频仍,这一时期的文人面临着诸多生存危机和精神压力,借助文学创作来实现情感上的慰藉或精神上的自我疏导,则体现了文学的"自治"效果。散曲创作中的疗愈效果体现在两个层面,一是创作者将仕路无门,生不逢时的现实困境"转移"到山水田园中,借助对自然风光的描写,达到压力的释放。二是大量"笑呵呵"等词汇的出现,笑不仅能够疗愈身心,也反映了创作者在历经世事无常,看破人生短暂后表现出的豁达洒脱的人生态度。

# 结　语

## 祛"疾"思治——元代医文的交融与共同主题

元代涉医文学是中医学与古典文学在特定历史时期下的产物。从医学角度来说，文学作品中的医政史料以及对疾病、医药和养生的描写，可作为元代医史文献的补充，对探究元代医学具有一定辅助价值。从文学角度而言，"医学"作为一种被文学作品描摹的创作元素，在不同文体之中亦呈现出风格迥异的艺术表现特色。医学元素的融入，能够起到丰富文学创作内容，拓展文学创作题材，深化作品主题之作用。

进一步讲，从"治疗"的层面来说，元代医学与文学所共同面临的主题是祛"疾"思治。在面临时代动荡、战争、自然灾害等诸种状况时，元代医学在危机与变革中不断发展，提出了新的医疗理念及诊治方法。"祛疾思治"不仅是医学本身要解决的课题，也是元代医学在特定时代背景下面临的新任务。文学作品可以作为"医药"，其"医治"的对象主要是人和社会，元代是乱世，与其他朝代相比，厌乱思治主题更为突出。[①]

### 一、元代医学的发展及影响因素

有元一代，社会动荡，战争频仍，灾荒多发，疾疫流行，正是在此背景下，促使医学自身不断发展进步，以应对由战争、疾疫等因素造

---

① 查洪德：《元代文学通论》，125 页，上海，东方出版中心，2019。

成的现实需要。再者，元代政权建立的背景以及统治者对医学采取的一系列措施，这些因素共同构成了推动元代医学发展的历史条件和自然条件。

一方面，从元代政权建立的需要来看，元朝的建立统一主要是通过军事武力实现的，由于长年的内外战争，为应对战伤和瘟疫，迫使统治阶层加大了对医学人才和医疗技术的需求，这也是元代医学领域的一大特色。

当时，已有随军出征的医者，如苏天爵《前卫新建三皇庙记》所记："方征江南时，制若曰，军前士卒有疾，即命良医治之。为将帅者，又当择人侍疾。"① 耶律楚材曾随成吉思汗征战西域六年，据《元史·耶律楚材传》载，丙戌冬，军中大疫，耶律楚材用大黄等药材治愈了士兵。这些随军征战的医者，说明当时统治阶层对医学人才的重视。

蒙古族擅于骑术，骑马狩猎和征战的过程易发生伤亡。关于外伤救治的描写，在《元史·畏答儿传》《元史·张禧传》《元史·布智儿传》中有一些记载。如《元史·布智儿传》中的这段描述：

> 身中数矢，太祖亲视之，令人拔其矢，血流满体……太祖命取一牛，剖其腹，纳布智儿于牛腹，浸热血中，移时遂醒……②

另一方面，统治者重视医学的发展，从对医学发展的措施来看，主要有以下几个层面：

元代政权建立之初，就因战争需要而招纳天下医士，并建立了相应的组织机构来管理这批人士，这为以后太医院及各级医政机构的建立奠定了物力及人力方面的基础。元统一后，颁布诏令对医籍的编定工作亦是重视医学发展的一个侧面。元初，世祖曾命许国祯等人增修《大元本

---

① 李修生主编：《全元文》第40册，142页，南京，江苏古籍出版社，1999。
② （明）宋濂等：《元史》，3021页，北京，中华书局，1976。

草》,同时,重新校订由北宋官修的方书《圣济总录》。文宗时期,下令编修《承天仁惠局药方》。对医政机构的设置和划归以及对医籍的增补重修,皆体现了元统治者对医学的重视。

元朝疆域辽阔,水陆交通的发达,加速了对外交流活动和各民族之间的交流往来,这也反映在医学方面的交流互动。元朝廷设立广惠司来专门掌管民族医药事务,据许有壬《大元本草序》:"西北之药,治疾皆良,而西域医术号精,药产实繁,朝廷为设官司之,广惠司是也。"[1] 医学方面的交流比较频繁,以《谕安南国王诏》为例,成宗即位后,与安南陈朝确立为藩属关系,诏令中明确提出"每三年一贡",医人被选列其中,每年向元代王朝供奉朱砂、沉香、犀角、玳瑁等,这些皆是产自东南亚地区的名贵药材。另外,耶律楚材曾随成吉思汗征战西域数年,他在《西游录序》中提到如黄白、金丹、导引等西域医药方术。元好问在《葡萄酒赋》一文中描述西域葡萄酒的酿造过程,其味美香甜,酝酿之佳,可谓养生佳品。刘郁在《西使记》中描述西使途中的风物民情,回鹘等族群的生活状态、服饰、饮食、动植物、药物等等,其中关于西域罕见药物的记载,有阿只儿、阿息儿、奴哥撒儿等,介绍其形态、用途等。陶宗仪《南村辍耕录》中载有"火失剌把都",这是一种回回田地所产药,形状如木鳖子,可治一百二十种病症。

医学教育方面,有元一代,专尊三皇为"医家之祖",可谓创举。元世祖自中统年间下诏使诸路设立医学,多次颁发医事诏令,此后,各地先后建立起了庙宇。根据元人所作诸路三皇庙记,在政令真正施行的过程中,各地庙宇的修建虽不同程度反映出选址偏僻,修建时间拖延,资金匮乏等问题。但从当时设立医学的诏令中,依然可见统治者对医学教育的重视,据《元史》:"世祖中统二年夏五月……乃遣副使王安仁授以金牌,往诸路设立医学。"[2] 再结合《元典章》载:"中统三年九月……

---

[1] (元)许有壬著,傅瑛,雷近芳校点:《许有壬集》,402 页,郑州,中州古籍出版社,1998。
[2] (明)宋濂等:《元史》,2033 页,北京,中华书局,1976。

就随路名医充教授职事，设立医学。"① 可以说明，根据文人创作的诸路三皇庙记，虽然朝廷政令在颁布之后，与实际修建情况存在差异，并未真正做到"三皇之祀遍天下"的局面。同时，这一政令的发布似乎对地方医学的发展并未起到实质性的推动作用，实际上，颁布政令这一做法本身即说明了统治者对医学教育发展的思考和重视。

此外，从医学自身的发展进程来说，金元时期是中国历史上一个较为特殊的时期，政权更迭，社会动荡，战争频仍，疾疫流行，社会矛盾尖锐。越是动乱时期，就越能迫使医学自身进行更新发展，同时也为元代的医者提出了更为艰巨迫切的要求。与此同时，随着医学自身的发展演变规律，这一时期，突出表现为学派争鸣和理论创新，是医学领域的一大进步。

一方面，从医学发展的外部环境来看，元代自建立以来，战争不断，不仅导致伤亡，还造成因尸体处理不及时而引发的瘟疫，这些现状都亟需医学来改善。同时，元代疫病流行，常见的疫病包括疟疾、天花、霍乱、瘴疠、大头瘟、鼠疫，呈现出规模大、时间久、破坏力强等特点。据《中国三千年疫灾史料汇编·先秦至明代卷》（龚胜生编著，齐鲁书社2019年版），从至元十七年（1280）到至正二十八年（1368）共发生260余次疫灾。瘟疫的严峻性对医者提出了更高的要求，促使新的医学理念和方法诞生，《御药院方》《丹溪心法》《汤液本草》《医垒元戎》《世医得效方》等医著中皆有对瘟疫的诊断及疗法。

另一方面，从医学自身的发展而言，《四库全书总目·医家类总序》云："医之门户分于金元。"这一时期，以"金元四大医家"为首的医学流派呈现出诸多新的理念和方法，推动了医学发展的繁荣。以骨伤外科、针灸、舌诊、儿科等为代表的临证各科皆取得新的成果。医学领域的新发展，不仅在专门的医籍中有所记载，还反映在各类文学作品中。

以上分别从历史语境及医学自身发展的规律及状况，来分析推动元代医学发展的内外因素。

---

① 陈高华等点校：《元典章》，1104页，天津，天津古籍出版社，2011。

## 二、元代文学关注的社会问题

从文学治疗的角度来看,文学作品可以作为"医药",其"医治"的对象主要是人和社会。从人性层面来说,一些作品揭露了人性中的丑恶,赞扬了人性中的善良和正义;从社会层面而言,好的文学作品是一剂"良药",具有教化民众和扶正社会风气的作用。前者可称为清除病因的"祛邪"之药,后者称为培植精气神的"扶正"之药。[①]

厌乱思治,是中国文学一以贯之的重要主题,每逢乱世就更为凸显。人情厌乱而思治是一贯的,文学厌乱思治主题,也是一贯的。元代是乱世,与其他朝代相比,厌乱思治主题更为突出。[②]关于这一观点,查洪德先生在《元代文学通论》一书中有详细论述,认为"去乱求治"是中国古代学术的一个永恒课题,社会历史的发展,始终是在治与乱的交替中演进。古代学术的主体是儒学,儒术是修己治人之学,是治国平天下之道。当这一理念反映在文学作品中时,则突出表现为防乱求治的思想主题。

有元一代,上至朝廷,下至民间,诸种社会现状皆在不同程度上反映出"乱"之倾向。

首先,是兵乱之"疾"。元代统治者以武力征服全国,历经大小战役数次。元灭南宋后,所到之处皆是狼藉,庐舍尽焚,流离失所。"老弱走,强壮俘,子女掠"(吴澄《项振宗墓志铭》),"至元间,郡既降兵犹散掠郊外。有秦氏者,旧曾识面,为兵所执,求资靡应,将就戮"[③](吴澄《仁寿堂记》)皆是对上述情形的描述。穷兵黩武的局面造成民不聊生,是社会的一大弊病。

---

① 邱鸿钟编著:《文学心理与文学治疗》,16页,广州,广东高等教育出版社,2017。一些作品主要揭露了人类潜意识中的劣根、阴暗和丑陋,而另一些作品以弘扬和赞颂人类美德为己任,这些作品对于读者和社会风气都具有启发、教育和治疗的作用。
② 查洪德:《元代文学通论》,125页,上海,东方出版中心,2019。
③ (元)吴澄:《吴文正文集》,见《元人文集珍本丛刊》第3册,427页,台北,新文丰出版公司,1985。

## 结 语

中医学提倡养生,讲求"未病先防"和"扶护元气",这是疾病防治的关键。用药如用兵,不擅用者则危及性命,"故其人多畏忌而慎攻伐,是以医者之用药,每尚温平。"①(虞集《医书集成序》)文人以此为喻指,陈述用兵之害,元好问《少林药局记》,谢应芳《赠医士张恒斋序》,虞集《医书集成序》等作品中皆有提及。对此,文人开出的"药方"即养民爱民,施以仁义,吴澄在《送王元直序》中指出"养民纯以德",耶律楚材在《赠高善长一百韵》一诗中以医术喻治道,提倡实施仁政。皆是对这一现象的反映。

其次,从社会层面来讲,乱世之下,对社会风气的教化和民众之心的疗愈,亦是元代文学欲表现的一个主题。以元杂剧《窦娥冤》为例,剧中反映出如官场混乱,吏治腐败,高利贷盘剥等诸多问题,与此同时,医学领域存在的弊端也被暴露,如民间庸医横行,禁药流通等。这些问题既是造成主人公悲剧命运的主要因素,也是当时社会现状的真实反映。窦娥所许下的"三桩遗愿"的实现,和最终沉冤昭雪的结局,透露出因果报应的思想,也暗含了剧作者对社会风气的批判。另外,戏文中的庸医形象塑造,以戏谑化的手段,暴露了元代医疗管理体系中的诸多问题,通过抨击社会的黑暗面,希冀起到扬善惩恶,引导世风的作用。

乱世之下,由战争、贫穷、灾荒和疾疫等因素对百姓造成的苦难,也是元代文学关注的问题。张养浩的《哀流民操》中所呈现的民众流离失所的场面令人触目惊心,有云:"男子无缊袍,女子无完裙。"许有壬的《哀弃儿》一诗写路遇饱受雪霜风雨的孤儿,以木皮充饥。丘处机亦有许多此类诗歌,如《愍物二首》《复寄燕京道友》《因旱作》等。由灾荒引发的疾疫更加重了百姓的苦难,朱思本的《孤儿篇》写患瘟疫而被家人抛弃的孤儿。尹廷高的《永嘉书所见》写道:"况遭疫疠苦,十病无一瘥。死者相枕籍,活者难久延。"② 迺贤的《颍州老翁歌》以老翁之

---

① (元)虞集:《虞集全集》,579 页,天津,天津古籍出版社,2007。
② 杨镰主编:《全元诗》第 14 册,44 页,北京,中华书局,2013。

口讲述了河南旱灾导致的饥疫，给百姓造成巨大影响，庄稼颗粒无收，加之城中富豪之家的剽掠，很多底层百姓饥不果腹。在这一局面下又引发饥疫，很多病死者的尸体没有得到有效处理，导致瘟疫的产生。面对底层百姓遭受的种种苦难，心怀仁义和社会责任感的文士无法及时给予救助，心痛之余便进行创作，将种种由天灾人祸引发的弊病诉诸笔端。

总之，元代文学中所呈现的诸种"弊病"，如兵乱丛生，官场黑暗，法治缺失，社会失序，教化不行等，皆在不同程度上反映出元代的社会现状。一批有社会责任感的文士，以文学创作为途径，结合时弊，分析"病因"，开出"正纲纪、修仁义、立法度"的"药方"，体现出一定的道德重建意识和对太平之世的向往。

## 三、元代医学与文学的交融与共同主题

医学要医治的是生理疾病，文学所治疗的是社会和人生问题。有元一代，不论是医学层面还是文学层面，两者所面临的问题都极为严峻，使得医学与文学之间的交融比以往任何时候都更为紧密。

前文已分别阐释了元代医学和文学，在历史环境，社会动乱，战争，自然灾害等诸种状况之下，各自所要面临的课题和任务。特定时代背景下的元代医学，在一系列危机与变革中，不断发展更新，祛病思治的任务更为显著。元代文学亦从不同文体、不同创作角度呈现出国家和社会层面的诸种"疾病"，有社会担当的文士不断从中寻找"病因"和"药方"，体现出对治世的理想和渴望。由此观之，祛"疾"思治是元代医学与文学所要共同面临的主题和任务。

通过对具体的文学作品进行考察后，可以发现，元代医学与文学的交融突出表现为以下方面：

第一，从主体身份来看，元代的医者和文士不仅在身份上体现出互融性，两者之间的交游往来亦十分频繁。

受宋代医学的发展及士人中尚医风气的影响，"儒医"这一说法在

北宋形成，延续至元代。"儒医"这一概念包含了两层维度，既反映了儒学对医学的影响，又说明了医者和儒者身份的重叠。元代，这一现象更为突出，且呈现出一定的时代特色。这一时期，儒生失去了往日在传统地位上的优势，自金亡至元仁宗年间，科举将近废止了八十余年。王恽说道："干禄无阶，入仕无门"（《吏解》），这是当时大多数儒生的境遇。医术被称为"仁术"，儒生在面对现实的生存困境和人生理想难以实现的精神危机时，开始转而行医，这是济世救民的另一种实现途径，同时也是保障基本生活的方式。

元代儒生行医的情况主要有两种。第一种是儒生中的行医者，这批人士善作诗文，有任儒学教授等职，学医可作为一种生活方式，亦是实现济世救民之途径。如窦默、徐益、张元善、戴启宗、张景山等。另有弃儒从医者，这些人士多受外界因素影响而从医，专攻医术而成为职业医师，有因父母亲人或自身多病而学医，如李芳、方实惠、朱震亨、戴垚等。亦有很多因仕途不通转而行医者，行医是其重要的谋生途径。

医者与文士的交游之风亦盛，据搜集统计到的赠医作品，包括医家传记、医者墓志铭、文人代笔的医籍序跋以及其他赠医作品，共计279篇，涉及84位作者。若按照均值来计算，平均每位文士有三篇赠医作品。这类作品或赞誉医者的医德医术，或感激医者的愈疾之恩，或表达与医者的友情。从创作数量和规模来看，这批创作者中既有通医文士，亦包括与医者有多年交情的患者，如元好问、王恽、吴澄、蒋易、谢应芳、贡师泰、邓雅等。

第二，以具体的创作实践而言，从文学领域出发，文学作品对医药，疾病及养生等内容的书写，则较为直观地反映出元代医学与文学交融的广度和深度。

包括诗、词、文、散曲、戏文、笔记小说在内的元代各体文学，皆从不同角度和程度记录或描摹了元代医学。元代文学对中医药，疾病及养生三个领域的书写，包含了鲜明的文化内涵和时代特色。"医学"作为一种被文学描摹的艺术元素，在不同体裁及题材的文学作品中，呈现出鲜明的艺术表现特色。医学元素的融入，不仅丰富了文学创作的素材，扩大了文学表现的领域，还对作品本身的思想内涵具有升华意义。与此同时，由于一些作品较为真实地记录了医药、疾病及养生方面的原理，可视为对元代医史文献的补充，这对后世的中医学研究亦具有一定的参考价值。

　　要之，涉医文学是医学与文学交融下的特殊形式，探讨涉医文学，就是考察医学在文学中的呈现方式以及医学元素的融入对文学创作的影响。进一步讲，元代医学与文学，受到特定历史时期和社会文化的影响，在各自领域的发展中呈现出共同的主题，使得这一时期的医文交融更为紧密。以学科交叉的角度出发，从医学角度而言，元代涉医文学中对疾病、医药及养生的记录，具有一定的医史文献参考价值，对探究元代医学之发展具有辅助意义。从文学角度来看，动乱社会中，元代文学所面临的主题是"去乱求治"，文学作品揭示了国家社会层面和个体心理的诸种"痼疾"，是"医治"时代和个人心理的"药方"。

# 附 录

## 元代涉医文学文献整理统计表

列表说明：

（一）表中所列篇目为元代各体文学中的涉医文献资料，所涉及的文体包括诗、文、词、散曲、戏文、笔记小说。其中，对诗、文中的涉医文学文献的搜集整理是重点部分，关于详细的作者、篇目及文献出处，已于《〈全元诗〉涉医文化文献辑要》（兰州大学出版社2020年5月）、《全元文涉医文献资料汇编》（民族出版社2022年9月）中有所辑录。

（二）对于元代文学的历史分期与作者的选取，以绪论中对"研究范畴"的相关说明为依据。

（三）对于涉医作品的选取，根据绪论中对"涉医文学"之概念界定为标准，采取泛读与精读相结合的方式，对上述六类文体中的涉医内容进行了搜集、统计、整理、分类。

## 一、诗歌中的涉医篇目

| 作者 | 涉医作品 |
|---|---|
| 丘处机（1148—1227） | 《赞丹阳长真悟道》《示众》《修道》 |
| 尹志平（1169—1251） | 《刘宣差病索诗》《修行五更颂》《樊山先天观作》《食豆粥寄燕京道众》 |
| 耶律楚材（1190—1244） | 《谢圣安澄公馈药》《寄景贤》《赠高善长一百韵》 |
| 元好问（1190—1257） | 《九月初霖雨中感寒痹作》《病中》《围城病中文举相过》《燕都送马郎中北上》《国医王泽民诗卷》《赠眼医武济川》 |
| 段克己（1196—1254） | 《赠医师范子和》《同封仲坚采鹭鸶藤，因而成咏，录寄家弟诚之，兼简李卫二生》《赠医者呼延生》 |
| 段成己（1199—1279） | 《赠医者》 |
| 许衡（1209—1281） | 《与李生》《病中杂言》《病中有感》《李生器所恃》《病卧》 |
| 家铉翁（1213—?） | 《闻杨和卿在馆中读〈易〉，不去，手赠以诗》 |
| 王义山（1214—1287） | 《赠医士熊月湖》 |
| 舒岳祥（1219—1301） | 《放言》《赠医博士范心斋》《幽疥》《十二月十三日晒药有感》《静息》《赋眼昏》 |
| 耶律铸（1221—1285） | 《病起书事》《病中述怀》 |
| 郝经（1223—1275） | 《病中即事》 |
| 王恽（1227—1304） | 《赠仲温教授授真诀》《折齿吟二十四韵》《饮食》《病目书怀》《目疾自警》《卧病中即事》《卧病吟》《子孺腹疾良愈，谢全王二医官，全名立夫，王名贵和》《赠三衢儒医徐登、孙升伯》《和千臣齿痛诗韵》《折齿吟自慰》《耳聩有感》《题眼科杜金山卷》 |
| 方回（1227—1305） | 《至后承元辉见和复次韵书病中近况十首》《病因饮致》《病稍愈戏书三十韵》《入五月病二七日》《生日病中》《秋暑家多病者》《早起煮药》《读〈素问〉十六首》《春寒久病》《寒热不调病一月余》《病后夏初杂书近况十首》《送医工郭耕道》《赠医士清溪居士丘通甫》《病中夜思》 |
| 胡祗遹（1227—1295） | 《读〈论语〉自警》《腹疾自警》《题医者王庭训素轩诗》 |
| 杨公远（1228—?） | 《病腰》《病起三首》 |
| 王圭（生卒年不详） | 《赠医者计半惺》 |
| 姚燧（1238—1313） | 《京师病中六首》 |
| 赵文（1239—1315） | 《采芝》 |
| 顾逢（1240—1313） | 《病中怀邓觉非》 |
| 林昉（生卒年不详） | 《病目》 |
| 萧㪺（1241—1318） | 《病疗自警》 |
| 张伯淳（1243—1303） | 《题王仲辉仁寿堂》《病齿四首》 |

续表

| 作者 | 涉医作品 |
|---|---|
| 刘敏中（1243—1318） | 《病起喜书》《赠医者魏身斋二首》《病夜》《送王府太医房唐卿》《左臂寒痛不可忍，因忆医方有虎啮之说，乃作是诗，知疢疾之可畏也》《赠眼医》《多病》 |
| 戴表元（1244—1310） | 《赠针医范秀才》 |
| 王旭（生卒年不详） | 《病起》《病卧戏成一诗呈张元侃同知》 |
| 方夔（生卒年不详） | 《药圃五咏》 |
| 吴澄（1249—1333） | 《赠黄医》《赠杨教授》《赠杏隐车省医》《赠杏林吴提领》《赠杨医士》《赠医人陈良友》《送范文孺痔医》 |
| 刘因（1249—1293） | 《学东坡小圃五咏》《梦采松脂及甘菊》《观药炉自戏》《移甘菊》《采野苣》《食菰白》《多病》《采药》《行药有感》 |
| 程钜夫（1249—1318） | 《疡医三茅蒋法师》 |
| 陆文圭（1252—1336） | 《病中寄诸友》《病枕》《病枕不寐》《病足》《耳聩二首》《病中四绝》《丁亥寿药房先生四首》 |
| 熊禾（1253—1312） | 《题林氏药圃》《赠医士詹翠峰》《赠外科医者》 |
| 马臻（1254—?） | 《卖药翁》《卧疾》《赠梓山桑医士三首》 |
| 赵孟俯（1254—1322） | 《赠医者陈国宝》 |
| 黄庚（生卒年不详） | 《赠医者化道人》 |
| 艾性夫（生卒年不详） | 《病中即事》《中齿忽折》《赠广信医博士陈云泉》《病中闻雁有感》《医僧洪淡寮见示〈金刚经〉解集验方，村寺清规皆自著也，诗以归之》 |
| 陈深（1260—1344） | 《赠恒斋葛太医》《吴市售药》 |
| 蒲道源（1260—1336） | 《题江南医者王道人卷》《赠医官靳善长》 |
| 汪炎昶（1261—1338） | 《齿痛戏成三首》 |
| 何中（1265—1332） | 《病起舒怀》《病中感怀》 |
| 释道惠（1266—1330） | 《齐安卧病》《早春病中》《病起》《除夕病中接家书》《谢罗医士疗疾》《送医僧古禅末上人》 |
| 韩性（1266—1341） | 《赠外科何太医》 |
| 袁桷（1266—1327） | 《赠刘医》《庐陵梁医济生堂》 |
| 龚璛（1266—1331） | 《菊山诗为医者周生作》《掘山药歌》 |
| 董寿民（1266—1346） | 《道中寄医僧橘井》《赠明似山和尚》《病脚遣怀》《伤齿发》 |
| 刘诜（1268—1350） | 《赠丹士》《送医官林性善归故乡》 |
| 贡奎（1269—1329） | 《赠杨医士》《赠郑医士》 |
| 唐元（1269—1349） | 《病起杂书》《病中释怀》 |
| 杨载（1271—1323） | 《赠戴医》 |
| 虞集（1272—1348） | 《足痛吟寄费隐》《落齿一首》 |

续表

| 作者 | 涉医作品 |
|---|---|
| 朱思本（1273—1332） | 《芎溪卧病》《寒疾》 |
| 揭傒斯（1274—1344） | 《病夜》《赠项炼师》《大热疾势危甚，项君子虚视之，一药而起，为赋五言一首为谢》《病目二首呈程承旨》《齿落》《立春病述》《送人赴广州医官》 |
| 陈泰（生卒年不详） | 《谢送崖公所画判官药方书》 |
| 马祖常（1279—1338） | 《赠医士简秋碧》 |
| 萨都剌（1280—1355） | 《病中杂咏七首》《病起城东晚步》《病中书怀二首》《秋日病起池上》《病中夜坐》《卧病书怀》 |
| 黄河清（生卒年不详） | 《病齿》《赠医士黄本谦》《赠医士曼卿》《疮疡甚苦答麻姑道士》《题医士行卷》 |
| 李存（1281—1354） | 《赠江医士二首》 |
| 洪希文（1281—1366） | 《豆粥》《尝新橄榄》《木瓜》《食蕈子》《腰背困倦累月矣，四月十六日夜，对月濡酒，独酌杯杓，追明，颇有奇效》《病起》《赠东园方子敬弃儒学医》《病眼少苏》 |
| 揭祐民（生卒年不详） | 《送落齿行》 |
| 张雨（1283—1350） | 《南山病中杂诗》《二月病怀》《病起示同友》 |
| 吴师道（1283—1344） | 《目疾谢柳道传张子长惠药》《正旦卧病写怀》《赠医者陆生》 |
| 释大䜣（1284—1344） | 《赠医者夏仁斋》 |
| 李孝光（1285—1350） | 《送医师王宜往维扬》 |
| 王沂（生卒年不详） | 《抱疾二首》《老胡卖药歌》《仁斋为医者郭成甫赋》《病眼》《赋枸杞》《玄斋为尹生尚医赋》 |
| 张翥（1287—1368） | 《病起》《病疽》《病疠》《病中》 |
| 许有壬（1287—1364） | 《谢熊尧章馈大茯苓》《病起漫述》《疡医许同金求诗》《赠眼医杜仲文》 |
| 黄玠（生卒年不详） | 《赠医士叶古斋》《医士马德正此山中》《送医僧有空海》《采枸杞子作茶饼子》 |
| 程文（1289—1359） | 《赠世医江平斋》 |
| 成廷珪（1289—1360） | 《题金太医杏林诗卷》 |
| 柯九思（1290—1343） | 《送尚医林邦献归天台省亲》《赠医者徐复庵》 |
| 刘鹗（1290—1364） | 《齿落》 |
| 黄清老（1290—1348） | 《题医人黄子厚》《赠讷斋陈太医》 |
| 郑元祐（1292—1364） | 《沈孝孙孝感行为谢医沈日新》《赠岑医士》 |
| 周霆震（1292—1379） | 《记病》《老病》 |
| 谢应芳（1296—1392） | 《自冬而春举家病疫，予幸独无恙，既而疾止，诗以自贺，并记里俗之陋》《病中梦徐伯枢戴时中见过，既而伯枢惠诗，次韵答之》《为源长老赠医士单子达》《余患痈疽，适兵后无医药可疗，即事口占并寓感叹》《病中即事二首》《赠眼医张嘉甫》《赠医师张有成》《赠医士钱伯祥》 |

续表

| 作者 | 涉医作品 |
|---|---|
| 杨维桢（1296—1370） | 《艾师行赠黄中子》《医师行赠袁炼师》《陈医者》 |
| 吴莱（1297—1340） | 《问五脏》《病齿》 |
| 贡师泰（1298—1362） | 《赠庐医》《送马叔敬赴江西医学提举》《送医士王安重》《别周炼师云台真馆》《月舫为袁炼师赋》《送医士张景远归太平之黄池》 |
| 李祁（1299—？） | 《赠医士罗梅村》《和欧阳承旨赠医士刘仲宾》 |
| 钱宰（1299—1394） | 《题钱达卿云林采药图》《题方德远云林采药图》 |
| 唐桂芳（1299—1370） | 《病中谢陆和夫馈药》《赠叶璧山十八韵》 |
| 释大圭（1304—1362） | 《病不能寐作》《病甚廓上人能来》《病起见必上人去秋所惠诗次韵》《病起简所知》《病起》《病中郑南村至》 |
| 何景福（生卒年不详） | 《书药丹》 |
| 叶颙（1300—1374） | 《姜明德医学录任满，诗用美之，并以医之利害语之》《疮痍病》《赠医目黄有翁三首》《谢姜明德学录见医膏肓痼疾二首》 |
| 倪瓒（1301—1374） | 《卧病》《赠丁医士》《恒德堂》《写画赠潘仁仲医士》 |
| 舒頔（1304—1377） | 《病退》《病后》《齿脱》《病中问内弟戴仲本》《题和心斋道友药室》《小疾》 |
| 张昱（生卒年不详） | 《卧病寄孟天炜郎中》《种德堂为岳医士题》《赠赵希哲还河南仍寄其父太医》《病起》《采药径为方德远医士赋》《赠医士潘氏中和斋》《寄梁太医》 |
| 梁寅（1303—1390） | 《赠医士萧敬则》《题杨宏中药室》《病起言怀三首》《赠祝太医》《病中》 |
| 吴皋（生卒年不详） | 《病足弥月邓汉杰惠紫竹杖》《病中七夕》 |
| 傅若金（1303—1342） | 《赠医士谢茂德》《卧病》 |
| 袁士元（1305—？） | 《上陈县尹以省太医起》 |
| 陈谟（1305—1388） | 《赠云心医士》 |
| 于立（生卒年不详） | 《题天台采药图》 |
| 周闻孙（1307—1360） | 《谢郭北溪治病》 |
| 华幼武（1307—1375） | 《病中写怀》《病后寄张飞卿》《送林子明嘉定卖药》 |
| 张简（生卒年不详） | 《次韵范景逸立春日病中之作》 |
| 释宗衍（1309—1351） | 《赠医者赵郭冼》《赠医士沈生三首》 |
| 迺贤（1309—1368） | 《病中答张元杰宗师惠药》《病起书事呈兼善尚书二首》《病中送杨仲如广文归四明兼简郑以道先生》 |
| 胡奎（1309—1381） | 《患眼偶述》《赠医士长律十首》《葛洪丹井》《赠医士邰士清》《赠峡川医士邰员》《谢杜医士为叶百户赠》《赠太医院使戴元礼》《病起》 |
| 胡布（生卒年不详） | 《徐坚医师诗》《汪道原医师诗》《次韵孙作大雅卧疴》 |

续表

| 作者 | 涉医作品 |
|---|---|
| 山翁（生卒年不详） | 《赠世医张裕之》 |
| 陈镒（生卒年不详） | 《病起》《病起述怀二首》《病起夜坐二首》《病起有作》《赠医人冯英伯》 |
| 宋禧（生卒年不详） | 《慈溪人求诗赠医者章敬德》 |
| 平显（生卒年不详） | 《谢王宗行先生》《武林春色卷为刘爱松题谢京城陈光明眼科者》《题勾龙希颜赠医者梅和卿诗轴》《送哈钦二舍回京西域医者》 |
| 张庸（生卒年不详） | 《乐贫斋为医士潘仲延赋》《赠医士陈子云为倪仲权谢》《赠鸣皋医者》《赠医士陈子云》 |
| 周砥（1312—?） | 《煮药》《食茯苓粥》《赠俞远明医者》 |
| 邓雅（生卒年不详） | 《病中》《送医士李文中归永丰》《寄赠医士刘东樵》《别医士彭碧清》《医士李兼善，欧乡人持其祖嵩可所编运气书一卷，乃元吴文正公澄为之序，引以示余，余嘉之，因题五言四韵于其后》《寄医士李性善》《赠医师汤谦亨》《题吴仲亨种德堂》 |
| 胡天游（生卒年不详） | 《赠医士刘碧源》《患疟》 |
| 沈梦麟（生卒年不详） | 《义门家长郑仲德先生号采苓子卷》《赠医隐山伯吴》 |
| 陈高（1315—1367） | 《赠医者俞明远》《种药轩为孙仲诲赋》《病中遣怀五首》《赠医士陈宗正》《开轩露坐病目顿愈怅然有作》《药名》 |
| 陶安（1315—1368） | 《服药》《苦疥》《病体》《送沈竹泉》 |
| 吴会（1316—1388） | 《题危氏医士》 |
| 郭钰（1316—?） | 《赠戴医》《赠医士刘良孟》《题李次晦邹疡医诗卷》《同李立本赠医》 |
| 戴良（1317—1383） | 《病起承诸公携饷见过》《病中承宋编修见过》《次韵蔡经历病中述怀》 |
| 黄枢（1318—1377） | 《赠医者吴道中》《题医者程敏斋之孙修德斋》《赠医者胡仲猷》 |
| 偰逊（1318—1360） | 《病中家奴回寄诸弟》《病歌行》 |
| 赵汸（1319—1369） | 《病士》《病中谢伴友》《节日卧病和元忠》 |
| 刘永之（生卒年不详） | 《杨弘中药室》《为贞上人赋赠医士黄生》 |
| 释来复（1319—1391） | 《味澹斋为沈炼师题》《药庵为四川杨隐君题》《朴庵为刘太医赋》《送儒医陈仲靖还天台》《太生堂为钱孟襄题》《甲寅岁病中述怀》 |
| 乌斯道（生卒年不详） | 《病中兴感因成七诗寄蒲庵老禅》《晚年病目诗七首》《病中怀刘庸道》《卧病江楼为黠大参被谪而作》 |
| 刘崧（1321—1381） | 《九日卧病戏柬王伯衢》《病起述怀》《题赠朴暗医士》《题医士刘允文松老诗》《赠医士孙允道》《病疟述怀六百字》《赠医师任光显》《病起理发》《谭骧病目累日，王以文进药愈之，因诗柬，谭仍以美王云》《赠医钟本存因勉其归故里》 |
| 孙作（1321—?） | 《足疮》《读丹经》 |
| 马治（1322—1384） | 《煮药》《食茯苓粥》 |

续表

| 作者 | 涉医作品 |
|---|---|
| 许恕（1322—1373） | 《题子方修三皇庙》《送医士吕兰坡还乡》 |
| 凌云翰（1323—1388） | 《赠医士沈士贞》 |
| 林弼（1325—1381） | 《长歌为静山太医李君赠》《次韵杨秉中县尹春日病中述怀》《次倪孟明集药名之作呈徐梅所座主》 |
| 郑允端（1327—1356） | 《病起试杖》《花朝卧病》《春日病中》《卧疴》《久病》《病起》《病中偶成》 |
| 叶兰（生卒年不详） | 《卧病二首》《挽医士刘润芳》 |
| 金固（1328—1384） | 《赠医士王伯江》《赠医者陈汉卿》 |
| 唐肃（1331—1374） | 《四明山人采药歌》 |
| 韩奕（1334—1406） | 《采苍术》《秋日卧病》《卧病》《种杏轩为儿医赋》《病中》《次韵医家十六咏》《病齿》《病中二首》《九日病中》《病中》《卧病》 |
| 丁鹤年（1335—1424） | 《病衰》《赠医士乐孟杰》《谢刘伯升愈疾》 |
| 张冰溪（生卒年不详） | 《赠医士》 |
| 邓贲（生卒年不详） | 《送陈杏林赴潮州医学教授》 |
| 涂雪坡（生卒年不详） | 《齿药短歌》 |
| 潘如瑷（生卒年不详） | 《病中怀友》 |
| 方晋明（生卒年不详） | 《送医学正陈复初归安仁》《病起》 |
| 王中（生卒年不详） | 《病后述怀》《岁暮病中感怀》 |
| 徐履方（生卒年不详） | 《送医学正陈复初归安仁》 |

## 二、散文、辞赋、骈文等作品中的涉医篇目

| 作者 | 涉医作品 |
|---|---|
| 丘处机（1148—1227） | 《〈大丹直指〉序》《学仙记》 |
| 耶律楚材（1190—1244） | 《〈西游录〉序》《玄风庆会录》 |
| 元好问（1190—1257） | 《葡萄酒赋》《〈伤寒会要〉引》《元氏〈集验方〉序》《周氏〈卫生〉方序》《李氏〈脾胃论〉序》《扁鹊庙记》《三皇堂记》《尚药吴辨夫寿冢记》《少林药局记》《卢太医墓志铭》 |
| 姬志真（1193—1268） | 《精神说一》《性命说三》《生死评三》《炼丹铭》《修身铭》《住山铭》《黄箓大斋荐父之碑》《屯庄南昌观碑》 |
| 李庭（1194—1277） | 《林泉归隐图序》 |
| 段成己（1199—1279） | 《葛仙翁〈肘后备急方〉序》 |
| 刘祁（1203—1250） | 《书〈证类本草〉后》 |

续表

| 作者 | 涉医作品 |
|---|---|
| 许衡（1209—1281） | 《与张仲谦二首》《与人四首》《吴氏〈伤寒辨疑论〉序》《与李才卿等论梁宽甫病症书》 |
| 王义山（1214—1287） | 《全生堂记》 |
| 元世祖（1215—1294） | 《谕安南国王诏》《设立医学诏》《免医人部役诏》 |
| 刘郁（生卒年不详） | 《西使记》 |
| 胡祗遹（1227—1295） | 《进言论》《病说》《敬祝仲容病说》《论治道》 |
| 王恽（1227—1304） | 《〈洁古老人注难经〉序》《〈卫生宝鉴〉序》《梦解》《崔公厉鬼事迹》《医说赠胡君器之》《顺德路同知宝坻董氏先德碑铭》《大元朝列大夫秘书监丞汴梁申氏先德碑铭》《管勾推公墓碣铭》《跋罗谦甫医辨后》《题三河驿壁》《跋董右丞师中撰李道源先生阴德记后》《跋眼科医师卷后》 |
| 方回（1227—1305） | 《医榜》《普同塔记》《三勿斋记》 |
| 牟巘（1227—1311） | 《费茂卿方书序》 |
| 何梦桂（1228—？） | 《序本心先生〈疏食谱〉》《柯通甫医药序》《建德路新创三皇庙记》 |
| 黄仲元（1231—1312） | 《药房记》 |
| 魏初（1232—1292） | 《重修怀州三皇庙记》《有元故京兆医学教授赵公墓志铭》 |
| 刘辰翁（1232—1297） | 《德熟堂记》《生意堂记》《济庵记》 |
| 曹泾（1234—1315） | 《与贵池县尉胡同年书》 |
| 阎复（1236—1312） | 《〈风科急验名方〉序》 |
| 周天骥（生卒年不详） | 《〈三元延寿参赞书〉序跋》 |
| 姚燧（1238—1313） | 《易安斋记》《斯得斋记》《南京路医学教授李君墓志铭》《医隐阎君阡表》 |
| 赵文（1238—1314） | 《赠医道士萧无为序》《此心堂记》《恕堂记》《云山记》 |
| 刘勋（1240—1319） | 《养生赋》《丰郡三皇庙碑》 |
| 卢挚（1242—1314） | 《三皇庙碑》 |
| 梁栋（1242—1305） | 《三皇庙碑》 |
| 刘敏中（1243—1318） | 《赠医者孙仲文因以为寿》《〈刘氏集验方〉序》《儒医卫君墓道铭》 |
| 家铉翁（1213—？） | 《中庵说》《节斋记》 |
| 戴表元（1244—1310） | 《张仲实文编序》《钞题刊〈伤寒书〉机要疏》 |
| 刘因（1249—1293） | 《书示疡医》《〈内经类编〉序》《读药书漫记二条》 |

续表

| 作者 | 涉医作品 |
|---|---|
| 吴澄（1249—1333） | 《赠陈与道序》《送陈景咨序》《赠医学吴教授序》《赠董起潜序》《送王元直序》《赠医人陈良友序》《送医士蔡可名序》《送方实翁序》《赠医士章伯明序》《赠建昌医学吴学禄序》《赠邵志可序》《送王东野序》《赠竹隐医士序》《赠邓自然序》《送陈景和序》《送范文孺痔医序》《〈伤寒生意〉序》《〈诊脉指要〉序》《〈内经指要〉序》《〈易简归一〉序》《〈活人书辩〉序》《〈脉诀刊误集解〉序》《〈医方大成〉序》《〈古今通变仁寿方〉序》《〈医说〉序》《〈瑞竹堂经验方〉序》《题赵中丞述眼医说后》《赠黄医跋》《赠杨教授》《诚求堂说》《药说赠张贵可》《丹说赠罗其仁》《丹说赠刘冀》《丹说赠吴生》《建康路三皇庙记》《抚州路重修三皇庙记》《宜黄县三皇庙记》《麓泉记》 |
| 程钜夫（1249—1318） | 《赠王太医序》《跋麓泉记后》《岳州路三皇庙记》《永新州医学祭田记》《杏山药室记》 |
| 胡炳文（1250—1333） | 《赠医者程敏斋序》《送医士叶可翁序》《送医人胡芳崖序》《〈诊脉枢机〉序》《体仁堂记》 |
| 徐明善（1250—?） | 《送医教授方实惠序》 |
| 陈栎（1252—1334） | 《送汪存耕之建宁医序》《赠医士程尧叟序》《辩〈素问祝由〉》《太医院使汪公挽诗跋》 |
| 熊禾（1253—1312） | 《〈四时治要方〉序》 |
| 王旭（生卒年不详） | 《送韩子新序》 |
| 邓文原（1259—1328） | 《医学教授李君墓碣》 |
| 蒲道源（1260—1336） | 《赠目科高敬文诗序》《跋何子鉴字说》《三皇庙学记》《洋州三皇庙记》《凤州新修三皇庙记》 |
| 刘岳申（1260—?） | 《〈本草单方〉序》 |
| 汪炎昶（1261—1338） | 《存心说》 |
| 刘诜（1268—1350） | 《赠医士王宇春序》《李伯玉太素脉》 |
| 袁桷（1266—1327） | 《高一清〈医书十事〉序》《题何子方丹书后》《赠医者陈生》《庆元路医学记》《昌国州医学记》《曰生堂记》《献州交河县三皇庙碑》《奉化州三皇庙碑》《衢州重修三皇庙碑》 |
| 李道纯（生卒年不详） | 《死生说》《金丹或问》《全真活法》 |
| 洪炎祖（1267—1329） | 《张挥传》《南薰老人吴源传》《程约传》 |
| 唐元（1269—1349） | 《医者孙仲仁字说》 |
| 安熙（1270—1311） | 《医学谕诸生文》 |
| 张养浩（1270—1329） | 《济南路改建三皇庙记》《沂州三皇庙记》《莱芜县三皇庙记》 |
| 柳贯（1270—1342） | 《全宁路新建三皇庙记》 |

续表

| 作者 | 涉医作品 |
|---|---|
| 虞集（1272—1348） | 《〈饮膳正要〉序》《〈承天仁惠局药方〉序》《赠何明之序》《〈医书集成〉序》《送医士吴益谦序》《平心说》《医说赠易晋》《澧州路慈利州重修三皇庙记》《抚州路崇仁县重修三皇庙记》《抚州路乐安县新建三皇庙记》《袁州路分宜县新建三皇庙记》《吉安路三皇庙田记》 |
| 康继礼（生卒年不详） | 《扁鹊庙记》 |
| 潘昂霄（生卒年不详） | 《昆山州新建三皇庙记》 |
| 贾铭（生卒年不详） | 《〈饮食须知〉序》 |
| 揭傒斯（1274—1344） | 《赠医者汤伯高序》《增城三皇庙记》 |
| 王好古（1278—1366） | 《〈医垒元戎〉序》《〈此事难知〉序》《〈汤液本草〉序》 |
| 黄溍（1277—1357） | 《柳立夫传》《梅孝子传》《成全郎江浙官医提举张公墓志铭》《成全郎江浙官医提举葛公墓志铭》《应中甫墓志铭》《许村场盐司管勾谢君墓志铭》《养斋蒋君墓志铭》 |
| 杜思敬（1235—1320） | 《〈济生拔粹方〉序》 |
| 翁传心（生卒年不详） | 《慈溪县医学记》 |
| 楚惟善（生卒年不详） | 《三皇庙记》 |
| 谭景星（1267—？） | 《〈小方医经〉序》《小方医者子振字说》 |
| 朱思本（1273—1332） | 《与欧阳南阳书》 |
| 程文（1289—1359） | 《中书省医厅壁题名记》 |
| 王都中（1278—1341） | 《〈瑞竹堂经验方〉序》 |
| 李存（1281—1354） | 《赠陈仲达序》《刘道士炼丹序》《赠王圣从序》《送饶孟性序》《赠曾文哲行医序》《赠李志尧序》《赠姜永吉学医序》《赐养晦针灸序》《题杨抚州所书东坡〈脉说〉后》 |
| 朱震亨（1281—1358） | 《〈格致余论〉序》《相火论》《阳有余阴不足论》 |
| 林辕（生卒年不详） | 《〈谷神篇〉序》《理一真篇》《元气说》 |
| 林过（生卒年不详） | 《三皇庙记》 |
| 释大昕（1284—1344） | 《送台医冯善甫序》 |
| 戴启宗（生卒年不详） | 《〈脉诀刊误〉小引》 |
| 黄镇成（1283—1357） | 《赠江仲谦序》 |
| 李良遇（生卒年不详） | 《常熟州三皇庙记》 |
| 汤弥昌（生卒年不详） | 《平江路新建惠民药局记》 |
| 许有壬（1287—1364） | 《〈大元本草〉序》《〈试效方〉序》《故济宁路医学教授李君墓碣名》《故成全郎诸路医学提举郜公墓志铭》 |
| 冯翼翁（1292—1354） | 《吉安路惠民药局记》 |

续表

| 作者 | 涉医作品 |
| --- | --- |
| 苏天爵（1294—1352） | 《前卫新建三皇庙记》《罗山县三皇庙记》《庆都县新建三皇庙记》《资善大夫太医院使韩公行状》《元故河间路医学教授王府君墓表》《元故尚医窦君墓铭》 |
| 朱德润（1294—1365） | 《赠医士顾叔原序》《赠朱太医序》 |
| 杨维桢（1296—1370） | 《苗氏〈备急活人方〉序》《杏林序》《赠医士莫仲仁序》《仁医赠刘生》《春晖堂记》《壶春丹室志》《杨佛子传》《仁寿斋记》《紫翠丹房记》 |
| 谢应芳（1296—1392） | 《赠医士顾彦文序》《赠医士吴中行序》《赠医士张恒斋序》《赠钱隐居序》《赠昆山医士王彦德诗序》《赠医士高彦述序》 |
| 吴莱（1297—1340） | 《叹疾赋》 |
| 贝琼（1297—1379） | 《送方德玉序》《赠医师沈光明序》《〈医镜密语〉序》《送王瑞庵序》《〈集效方〉序》《赠医师王德裕序》《恒斋记》《杏林小隐记》 |
| 段天祐（生卒年不详） | 《〈泰定养生主论〉序》 |
| 贡师泰（1298—1362） | 《赠医者蔡德芳序》《福州三皇庙学田记》 |
| 李祁（1299—？） | 《赠安成王本立序》《赠医士颜一中序》 |
| 赵凤仪（生卒年不详） | 《医学记》 |
| 陈谟（1305—1388） | 《赠医士谢礼卿序》《赠医士刘彦昭序》《书钟实可墓志铭》 |
| 苏济（生卒年不详） | 《三皇庙记》 |
| 黄雷孙（生卒年不详） | 《三皇庙记》 |
| 蒋易（生卒年不详） | 《送医士邹文彦序》《送医士陈玉林序》《赠儒医谢子厚序》《赠世医李敬义序》 |
| 危素（1303—1372） | 《将医一首赠雍方叔》《故天临路医学教授严君墓铭》 |
| 王实（1302—？） | 《赠太医提举潘仁仲先生》 |
| 付若金（1303—1342） | 《赠儒医严存性序》《赠世医李宜卿序》《鉴翁说为医者甘明叔作》 |
| 鲁贞（生卒年不详） | 《吴氏〈及幼方〉序》 |
| 梁寅（1303—1390） | 《赠儒医罗诚之序》《赠医师邓文可序》《吴氏种德堂诗序》《养生论》 |
| 陈基（1314—1370） | 《赠宋太医序》《赠曾彦鲁序》《赠医学提举张性之序》《送葛子充序》《朱氏〈格致余论〉序》《静远斋记》《重修三皇庙记》《付古民传》 |
| 朱右（1314—1376） | 《赠医者序》《题脉序》《撄宁生传》 |
| 胡翰（1307—1381） | 《送陈仲经赴京师序》《医前论》《医后论》《择术》《愚斋记》 |
| 孙华孙（生卒年不详） | 《重修惠民药局记》《三皇庙记》 |
| 宋禧（1312—？） | 《赠李生序》《赠徐君采序》《赠许仲举序》《赠余益之序》 |
| 唐桂芳（1299—1370） | 《黄山采药图序》 |

续表

| 作者 | 涉医作品 |
|---|---|
| 汪克宽（1304—1372） | 《存诚堂说》 |
| 戴良（1317—1383） | 《赠医师朱碧山序》《〈脾胃后论〉序》《赠医士周原启序》《丹溪翁传》《周贞传》《抱一翁》《沧州翁传》 |
| 吴海（？—1390） | 《赠医师郭徽言叙》《乌稷堂记》 |
| 赵汸（1319—1369） | 《医说》 |
| 周尚文（生卒年不详） | 《医学讲堂记》 |
| 王祎（1322—1373） | 《药房赋》《赠医师张君序》《赠葛仲正序》 |
| 胡行简（生卒年不详） | 《道玄斋记》 |
| 黄枢（1318—1377） | 《送马则贤序》《赠吴伯春子道中》 |
| 乌斯道（1314—1390） | 《赠医者冯至刚序》 |
| 释来复（1319—1391） | 《赠医士刘士衡序》《中和斋记》《生意堂铭》 |
| 刘楚（1321—1381） | 《送王伯初序》《赠段复初序》《钟氏〈仁存方论集〉序》《赠医士郭和卿序》《书罗晋用传后》 |
| 王礼（1314—1386） | 《〈义济方选〉序》《赠医师余以谦诗序》《送刘维行序》《郭会可墓志铭》《游杏隐墓志铭》 |
| 李继本（生卒年不详） | 《赠医士娄传道序》 |

## 三、词作中的涉医篇目

| 作者 | 涉医作品 |
|---|---|
| 刘敏中（1243—1318） | 《满江红·病中呈诸友》《满江红·病中又次前韵》 |
| 吴存（生卒年不详） | 《水调歌头·代赠医者葛道夫》 |
| 张雨（1283—1350） | 《鹧鸪天·赠医士沈德诚》 |
| 谢应芳（1296—1392） | 《水调歌头·代陈氏谢徐彦铭》 |
| 丘处机（1148—1227） | 《无俗念·居磻溪》《无俗念·性通》《月中仙·山居》《爇心香·学道》《喜迁莺·炼心》《满庭芳·述怀》 |
| 尹志平（1169—1251） | 《西江月·秋阳观作》《西江月·赠田道人》《西江月·入西山路》《西江月·劝众减睡》《西江月·赠儒士王子正》《凤栖梧·秋阳观作》《凤栖梧·和碧坛词》《凤栖梧·太平兴国观作》《临江仙·西山静坐》《临江仙·示众》《无俗念·龙阳观众索》《无俗念·通仙观作》《江城子·龙阳观冬至作》《道无情·秋阳观作》《道无情·秋阳道友见过》《青玉案·自遣》《瑞鹧鸪·示众》 |

续表

| 作者 | 涉医作品 |
|---|---|
| 李道纯（生卒年不详） | 《沁园春·赠静庵口诀》《沁园春·赠括苍张希微号儿庵》《沁园春·赠吴居士丹旨》《沁园春·赠安闲周高士》《沁园春·赠王提点》《满江红·赠虚庵》《满江红·赠睡着李道判》《满江红·赠止庵张宰公》《满江红·赠密庵》《满庭芳·赠和庵王察判》《满庭芳·赠宝蟾子》《满庭芳·赠刘居士》《满庭芳·赠白兰谷》《西江月·赠潘道人》《炼丹砂·示众》 |
| 李真人（1222—1288） | 《望江南·丹砂道》《菩萨蛮·还丹五首》 |
| 潜真子（生卒年不详） | 《苏幕遮·七返还丹》 |
| 王玠（生卒年不详） | 《沁园春·赠龚全美口诀》《沁园春·赠混真子口诀》《沁园春·三教一理》《水调歌头·授混中子口诀》《水调歌头·授回阳子口诀》《满庭芳·在俗修真》《满江红·示众》《百字令·道宗》《西江月·学道》 |
| 无名氏 | 《满庭芳》 |

## 四、散曲中的涉医篇目

| 作者 | 涉医作品 |
|---|---|
| 王恽（1227—1304） | 《［越调］平湖乐》 |
| 阿里西瑛（？—1320） | 《［双调］殿前欢·懒云窝》 |
| 乔吉（1280—1345） | 《［南吕］玉交枝·闲适二曲》《［双调］水仙子·为友人作》《［中吕］山坡羊·自警》 |
| 卢挚（1242—1314） | 《［越调］小桃红·闲居》 |
| 马致远（1250—1321） | 《［般涉调］哨遍·张玉嵒草书》 |
| 薛昂夫（1267—1359） | 《［正宫］端正好·高隐》 |
| 贯云石（1286—1324） | 《［双调］水仙子·田家》 |
| 张养浩（1270—1329） | 《［双调］新水令·辞官》《［中吕］普天乐》《［双调］庆宣和》 |
| 张可久（1270—1350） | 《［越调］天净沙·由德清道院来杭》《［越调］凭栏人·和白玉真人》 |
| 刘时中（生卒年不详） | 《［双调］折桂令·同文子方饮南城即事》《［双调］殿前欢·道情》 |
| 李致远（生卒年不详） | 《［南吕］一枝花·送人入道》 |
| 杨朝英（生卒年不详） | 《［双调］水仙子·自足》 |
| 王举之（生卒年不详） | 《［双调］折桂令·访道士不遇》 |
| 沈和（生卒年不详） | 《［仙吕］赏花时·潇湘八景》 |
| 吕止庵（生卒年不详） | 《［商调］集贤宾·叹世》 |

续表

| 作者 | 涉医作品 |
| --- | --- |
| 汪元亨（生卒年不详） | 《［中吕］朝天子·归隐》 |
| 贯石屏（生卒年不详） | 《［仙吕］村里迓鼓·隐逸》 |
| 孙周卿（生卒年不详） | 《［双调］水仙子·山居自乐》 |
| 赵显宏（生卒年不详） | 《［双调］殿前欢·闲居》 |
| 汤式（生卒年不详） | 《［南吕］一枝花·赠儒医任先生归隐》《［南吕］一枝花·送车文卿归隐》 |
| 孙叔顺（生卒年不详） | 《［中吕］粉蝶儿》 |

## 五、戏文中的涉医篇目

| 作者 | 涉医作品 |
| --- | --- |
| 关汉卿（1234—1307） | 《感天动地窦娥冤》《闺怨佳人拜月亭》 |
| 白仁甫（1226—约1306） | 《董秀英花月东墙记》 |
| 高文秀（生卒年不详） | 《保成公径赴渑池会》 |
| 白仁甫（1260—1336） | 《崔莺莺待月西厢记》 |
| 刘唐卿（？—1279） | 《降桑椹蔡顺奉母》 |
| 王仲文（生卒年不详） | 《救孝子贤母不认尸》 |
| 李文蔚（生卒年不详） | 《同乐院燕青博鱼》 |
| 吴昌龄（生卒年不详） | 《张天师断风花雪月》 |
| 纪君祥（生卒年不详） | 《赵氏孤儿大报仇》 |
| 孟汉卿（生卒年不详） | 《张孔目智勘磨合罗》 |
| 郑德辉（1264—？） | 《㑳梅香骗翰林风月》《迷青锁倩女离魂》 |
| 曾瑞卿（生卒年不详） | 《王月英元夜留鞋记》 |
| 秦简夫（生卒年不详） | 《东堂老劝破家子弟》 |
| 刘君锡（生卒年不详） | 《庞居士误放来生债》 |
| 贾仲明（1343—1422） | 《萧淑兰情寄菩萨蛮》《吕洞宾桃李升仙梦》《刘晨阮肇误入桃花源》 |
| 施惠（生卒年不详） | 《王瑞兰幽闺佳人拜月亭》 |
| 无名氏 | 《小张屠焚儿救母》 |
| 无名氏 | 《逞风流王焕百花亭》 |
| 无名氏 | 《萨真人夜断碧桃花》 |
| 无名氏 | 《赵匡义智取符金锭》 |

续表

| 作者 | 涉医作品 |
|---|---|
| 无名氏 | 《刘知远白兔记》 |
| 无名氏 | 《岳飞破虏东窗犯》 |
| 无名氏 | 《胭脂记》 |
| 无名氏 | 《周羽教子寻亲记》 |

## 六、笔记小说中的涉医篇目

| 作者 | 涉医作品及内容 |
|---|---|
| 元好问（1190—1257） | 《续夷坚志》（李昼病目）（人生尾）（神人方）（背疽方二） |
| 俞琰（1258—1314） | 《席上腐谈》（马痛死者不可食）（食物相反）（食物相忌） |
| 陶宗仪（1329—1412） | 《南村辍耕录》（脉）（面不畏寒）（广惠司卿聂只儿治疾）（西域奇术）（木乃伊）（孝行）（孝感）（火失剌把都） |
| 孔克齐（生卒年不详） | 《至正直记》（堕胎当谨）（平阳王叔聪）（上虞陈仁寿）（西川道者）（制药当谨）（村民多采草药疗病）（服药关防）（五苓散）（滚痰丸） |
| 杨瑀（1285—1361） | 《山居新语》（上海县农家一老妪，被雷击死）（毒蛇咬伤者）（破伤风治方） |
| 伊世珍（生卒年不详） | 《琅嬛记》（一人为蛇伤）（一妇人病）（一人病疟）（经霜冬瓜皮等药方疗痔）（金丝荷叶草等民间偏方） |

# 参考文献

## 一、文史类著述

**古籍**

[1]（春秋）左丘明. 国语. 上海：上海书店出版社，1987.

[2]（战国）荀况著，（唐）杨倞注，耿芸标校. 荀子. 上海：上海古籍出版社，2014.

[3]（汉）毛亨传，（汉）郑玄笺，（唐）孔颖达等疏. 毛诗正义. 上海：上海古籍出版社，1990.

[4]（汉）孔安国传，（唐）孔颖达等疏. 尚书正义. 上海：上海古籍出版社，1990.

[5]（汉）刘向. 战国策. 上海：上海古籍出版社，1978.

[6]（汉）司马迁. 史记. 北京：中华书局，1982.

[7]（汉）刘安等著，（汉）高诱注. 淮南子. 上海：上海古籍出版社，1989.

[8]（汉）董仲舒. 春秋繁露. 上海：上海古籍出版社，1989.

[9]（汉）刘向撰，杨以漟校. 说苑. 北京：中华书局，1985.

[10]（汉）桓宽. 盐铁论. 上海：上海人民出版社，1974.

[11]（汉）班固撰，（唐）颜师古注：汉书艺文志. 北京：商务印书馆，1955.

[12]（汉）王符著，（清）汪继培笺. 潜夫论. 上海：上海古籍出版社，1978.

［13］（汉）许慎撰，（清）段玉裁注.说文解字注.杭州：浙江古籍出版社，2002.

［14］（汉）高诱注，（清）毕沅校，徐小蛮标点.吕氏春秋.上海：上海古籍出版社，2014.

［15］（魏）王弼、（晋）韩康伯注，（唐）孔颖达疏.周易正义.上海：上海古籍出版社，1990.

［16］（魏）王弼著，楼宇烈校释.王弼集校释.北京：中华书局，1980.

［17］（魏）嵇康著，殷翔、郭全芝注.嵇康集注.合肥：黄山书社，1986.

［18］（晋）陈寿.三国志.北京：中华书局，1982.

［19］（晋）张华撰，范宁校证.博物志校证.北京：中华书局，1980.

［20］（晋）葛洪著，王明校释.抱朴子内篇校释.北京：中华书局，1985.

［21］（南朝宋）范晔.后汉书.北京：中华书局，1965.

［22］（南朝梁）萧统编.文选.北京：中华书局，1977.

［23］（南朝梁）钟嵘著，古直笺，许文雨讲疏，杨焄辑校.诗品.上海：上海古籍出版社，2020.

［24］（南朝梁）刘勰著，周振甫译注.文心雕龙译注.南京：江苏教育出版社，2006.

［25］（唐）房玄龄著，黄公渚选注.晋书.北京：商务印书馆，1934.

［26］（唐）魏征等.隋书.北京：中华书局，1973.

［27］（唐）房玄龄注，（明）刘绩补注，刘晓艺校点.管子.上海：上海古籍出版社，2015.

［28］（唐）欧阳询.艺文类聚.北京：中华书局，1965.

［29］（宋）薛居正等.旧五代史.北京：中华书局，1976.

［30］（宋）欧阳修.新五代史.北京：中华书局，1974.

［31］（宋）欧阳修、（宋）宋祁.新唐书.北京：中华书局，1975.

［32］（宋）司马光.资治通鉴.北京：中华书局，1956.

［33］（宋）李昉等.太平御览.北京：中华书局，1960.

［34］（宋）李昉等编.太平广记.北京：中华书局，1981.

［35］（宋）李焘.续资治通鉴长编.北京：中华书局，1992.

［36］（宋）吴曾.能改斋漫录.北京：中华书局，1985.

［37］（宋）严羽.沧浪诗话.北京：中华书局，1985.

［38］（宋）王应麟.玉海.上海：上海古籍出版社，1992.

［39］（宋）周密撰，王根林校点.癸辛杂识.上海：上海古籍出版社，2012.

［40］（金）元好问编.中州集.北京：中华书局，1959.

［41］（金）元好问.元好问全集.太原：山西人民出版社，1990.

［42］（元）脱脱等.宋史.北京：中华书局，1977.

［43］（元）苏天爵辑撰，姚景安点校.元朝名臣事略.北京：中华书局，1996.

［44］（元）苏天爵编，张金铣校点.元文类.合肥：安徽大学出版社，2020.

［45］（元）丘处机著，赵卫东辑校.丘处机集.济南：齐鲁书社，2005.

［46］（元）马端临.文献通考.杭州：浙江古籍出版社，2000.

［47］（元）王恽著，杨亮、钟彦飞点校.王恽全集汇校.北京：中华书局，2013.

［48］（元）揭傒斯著，李梦生点校.揭傒斯全集.上海：上海古籍出版社，2012.

［49］（元）虞集.虞集全集.天津：天津古籍出版社，2007.

［50］（元）袁桷著，杨亮校注.袁桷集校注.北京：中华书局，2012.

[51]（元）吴师道著，刑新欣点校.吴师道集.杭州：浙江古籍出版社，2012.

[52]（元）耶律楚材著，谢方点校.湛然居士文集.北京：中华书局，1986.

[53]（元）赵孟俯.赵孟俯集.杭州：浙江古籍出版社，2016.

[54]（元）刘因.静修先生文集.北京：商务印书馆，1936.

[55]（元）戴良著，李军、施贤明校点.戴良集.长春：吉林文史出版社，2009.

[56]（元）傅若金著，史杰鹏、赵彧校点.元代别集丛刊 傅若金集.长春：吉林文史出版社，2010

[57]（元）许有壬著，傅瑛、雷近芳校点.许有壬集.郑州：中州古籍出版社，1998.

[58]（元）胡奎著，徐永明点校.胡奎诗集.杭州：浙江古籍出版社，2012.

[59]（元）张雨撰，彭万隆点校.张雨集.杭州：浙江古籍出版社，2015.

[60]（元）黄溍著，王颋校注.黄溍全集.天津：天津古籍出版社，2008.

[61]（元）欧阳玄著，汤锐校点整理.欧阳玄全集.成都：四川大学出版社，2010.

[62]（元）贝琼著，杨叶点校.贝琼集.杭州：浙江古籍出版社，2019.

[63]（元）许衡著，王成儒点校.许衡集.北京：东方出版社，2007.

[64]（元）丁鹤年.丁鹤年集.北京：商务印书馆，1937.

[65]（元）何梦桂著，赵敏、崔霞点校.何梦桂集.杭州：浙江古籍出版社，2011.

[66]（元）刘敏中著，邓瑞全、谢辉校点.刘敏中集.长春：吉林

文史出版社，2008.

[67]（元）胡祗遹.胡祗遹集.长春：吉林文史出版社，2008.

[68]（元）林弼.林登州集.上海：上海古籍出版社，1991.

[69]（元）倪瓒著，江兴祐点校.清閟阁集.杭州：西泠印社出版社，2010.

[70]（元）陶宗仪著，徐永明、杨光辉整理.陶宗仪集.杭州：浙江人民出版社，2005.

[71]（元）迺贤著，叶爱欣校注.迺贤集校注.郑州：河南大学出版社，2012.

[72]（元）何梦桂著，赵敏、崔霞点校.何梦桂集.杭州：浙江古籍出版社，2011.

[73]（元）吴师道著，邱居里、邢新欣点校.吴师道集.杭州：浙江古籍出版社，2012.

[74]（元）李道纯撰，张灿辉校点.李道纯集.长沙：岳麓书社，2010.

[75]（元）贡奎.贡奎集//元代别集丛刊.长春：吉林文史出版社，2010.

[76]（元）程钜夫著，张文澍校点.程钜夫集.长春：吉林文史出版社，2009.

[77]（元）许有壬著，傅瑛、雷近芳校点.许有壬集.郑州：中州古籍出版社，1998.

[78]（元）关汉卿著，蓝立蓂注.汇校详注关汉卿集.北京：中华书局，2006.

[79]（元）郑光祖著，冯俊杰校注.郑光祖集.太原：山西人民出版社，1992.

[80]（元）张养浩著，李鸣、马振奎校点.张养浩集.长春：吉林文史出版社，2008.

[81]（元）马致远著，瞿钧编注.东篱乐府全集.天津：天津古籍

出版社，1990.

[82]（元）王实甫.西厢记.上海：上海古籍出版社，1978.

[83]（元）刘祁著，崔文印点校.归潜志.北京：中华书局，1983.

[84]（元）陶宗仪.南村辍耕录.北京：中华书局，1980.

[85]（元）刘一清.钱塘遗事.上海：上海古籍出版社，1985.

[86]（元）王恽.玉堂嘉话.北京：中华书局，1985.

[87]（元）陈世崇.随隐漫录.上海：上海书店出版社，1990.

[88]（元）刘壎.隐居通议.北京：商务印书馆，1937.

[89]（元）姚桐寿.乐郊私语.北京：中华书局，1991.

[90]（元）孔克齐撰，庄敏、顾新点校.至正直记.上海：上海古籍出版社，1987.

[91]（元）李道谦编，杨爱群校点.七真年谱.沈阳：春风文艺出版社，1989.

[92]（明）宋濂等.元史.北京：中华书局，1976.

[93]（明）陈邦瞻.元史纪事本末.上海：上海古籍出版社，1994.

[94]（清）李渔著，单锦珩校点.闲情偶寄.杭州：浙江古籍出版社，1985.

[95]（清）顾嗣立编.元诗选.北京：中华书局，1987.

[96]（清）张景星等编.元诗别裁集.北京：中华书局，1987.

[97]（清）魏源.元史新编.扬州：江苏广陵古籍刻印社，1990.

[98]（清）赵翼著，栾保群、吕宗力校点.陔余丛考.石家庄：河北人民出版社，1990.

[99]（清）王晫、（清）张潮编纂.檀几丛书.上海：上海古籍出版社，1992.

[100]（清）毕沅校注，吴旭民校点.墨子.上海：上海古籍出版社，2014.

**由今人编选、译注的文史古籍**

［101］陈高华等点校.元典章.天津：天津古籍出版社，2011.

［102］陈戍国点校.周礼.长沙：岳麓书社，1989.

［103］陈衍辑撰.元诗纪事.上海：上海古籍出版社，1987.

［104］邓绍基、周绚隆编.元文.石家庄：河北教育出版社，2001.

［105］丁锡根编著.中国历代小说序跋集.北京：人民文学出版社，1996.

［106］黄时鉴点校.通制条格.杭州：浙江古籍出版社，1986.

［107］江苏广陵古籍刻印社编.笔记小说大观.江苏：江苏广陵古籍刻印社，1984.

［108］李修生主编.全元文.南京：江苏古籍出版社，1999.

［109］上海古籍出版社编.宋元笔记小说大观.上海：上海古籍出版社，2001.

［110］隋树森编.全元散曲.北京：中华书局，2000.

［111］唐圭璋编.全金元词.北京：中华书局，1979.

［112］天津古籍出版社编.道藏.天津：天津古籍出版社，1988.

［113］王季思编.全元戏曲.北京：人民文学出版社，1999.

［114］王卡点校.老子道德经河上公章句.北京：中华书局，1993.

［115］王明编.太平经合校.北京：中华书局，1960.

［116］王云海、苗书梅等点校.宋会要辑稿.郑州：河南大学出版社，2001.

［117］吴文治主编.宋诗话全编.南京：江苏古籍出版社，1998.

［118］新文丰出版公司编辑部编著.元人文集珍本丛刊.台北：台北新文丰出版公司，1985.

［119］薛瑞兆、郭明志编.全金诗.天津：南开大学出版社，1995.

［120］杨镰主编.全元词.北京：中华书局，2019.

［121］杨镰主编.全元诗.北京：中华书局，2013.

［122］张溥编.汉魏六朝百三名家集·魏文帝集.扬州：江苏广陵

古籍出版社，1990.

［123］周光培编.历代笔记小说集成·元代笔记小说.石家庄：河北教育出版社，1995.

［124］周振甫译注.周易译注.北京：中华书局，2019.

**近代及今人论著**

［125］陈高华等.元代文化史.广州：广东教育出版社，2009.

［126］陈文忠主编.文学理论.合肥：安徽大学出版社，2002.

［127］陈垣.南宋初河北新道教考.北京：中华书局，1962.

［128］程千帆编著.元代文学史.武汉：武汉大学出版社，2013.

［129］代云红.中国文学人类学基本问题研究.昆明：云南大学出版社，2012.

［130］邓绍基主编.元代文学史.北京：人民文学出版社，1991.

［131］傅璇琮.唐诗论学丛稿.北京：京华出版社，1999.

［132］傅璇琮.大文学史观丛书.北京：现代出版社，1990.

［133］古代文学理论研究编委会编.古代文学理论研究.上海：上海古籍出版社，1988.

［134］顾易生，蒋凡，刘明今.宋金元文学批评史.上海：上海古籍出版社，1996.

［135］韩儒林主编.元朝史.北京：人民出版社，2008.

［136］郝铭鉴编.朱光潜美学文集.上海：上海文艺出版社，1982.

［137］胡孚琛、吕锡琛.道学通论——道家·道教·仙学.北京：社会科学文献出版社，1999.

［138］黄侃.文心雕龙札记.上海：华东师范大学出版社，1996.

［139］暨南大学中国文化史籍研究所等编.暨南大学宋元明清史论集.广州：暨南大学出版社，1997.

［140］李浩主编.中国古代文学研究方法导论.北京：高等教育出版社，2013.

［141］李建中，李小兰等主编.中国文论话语导引.武汉：武汉大

学出版社，2018.

［142］梁启超.中国近三百年学术史.上海：上海古籍出版社，2014.

［143］么书仪.元代文人心态.北京：文化艺术出版社，1993.

［144］蒙文通.古学甄微.成都：巴蜀书社，1987.

［145］宁希元校点.元刊杂剧三十种新校.兰州：兰州大学出版社，1988.

［146］南怀瑾.中国道教发展史略.上海：复旦大学出版社，1996.

［147］钱谷融.论"文学是人学".北京：人民文学出版社，1981.

［148］钱锺书.谈艺录.北京：三联书店，2008.

［149］秦志勇.中国元代思想史.北京：人民出版社，1994.

［150］卿希泰主编.中国道教史.成都：四川人民出版社，1996.

［151］邱鸿钟编著.文学心理与文学治疗.广州：广东高等教育出版社，2017.

［152］邱丽莉.双赢心理与双赢技巧.合肥：安徽人民出版社，2000.

［153］任继愈主编.中国道教史.北京：中国社会科学出版社，2001.

［154］史卫民.元代社会生活史.北京：中国社会科学出版社，1996.

［155］孙绍振.文学创作论.福州：海峡文艺出版社，2004.

［156］陶然.金元词通论.上海：上海古籍出版社，2010.

［157］童庆炳、程正民主编.文艺心理学教程.北京：高等教育出版社，2001.

［158］童庆炳主编.文学理论教程.北京：高等教育出版社，2008.

［159］王国强.中国古籍序跋史.武汉：武汉大学出版社，2015.

［160］王国维.宋元戏曲史.上海：华东师范大学出版社，1996.

［161］王克俭.文学创作心理学.北京：中央民族大学出版社，

1997.

［162］王胜华．戏剧人类学．昆明：云南大学出版社，2009．

［163］王瑶．中古文人生活．上海：棠棣出版社，1951．

［164］王颖晓、谢朝丹主编．意象思维·援物取象比类．上海：上海科学技术出版社，2020．

［165］吴持哲编．诺斯洛普·弗莱文论选集．北京：中国社会科学出版社，1997．

［166］吴珺如编．论词之意境及其在翻译中的重构．上海：上海外语教育出版社，2012．

［167］韦小坚等．悲剧心理学．海口：三环出版社，1989．

［168］谢柏梁．中国悲剧文学史．上海：上海古籍出版社，2014．

［169］许金榜．元杂剧概论．济南：齐鲁书社，1986．

［170］杨镰主编．元代文学编年史．太原：山西教育出版社，2005．

［171］杨通江．苗族歌谣文化．南宁：广西人民出版社，1992．

［172］叶舒宪主编．文学与治疗．西安：陕西师范大学出版社，2018．

［173］袁行霈主编．中国文学史．北京：高等教育出版社，2003．

［174］查洪德．元代文学通论．上海：东方出版中心，2019．

［175］查洪德、李军．元代文学文献学．北京：中国社会科学出版社，2002．

［176］张炯、邓绍基主编．中国文学通史．南京：江苏文艺出版社，2013．

［177］张应斌．中国文学的起源．广州：广东人民出版社，2003．

［178］赵敏俐、吴思敬主编．中国诗歌通史·辽金元卷．北京：人民文学出版社，2012．

［179］赵义山．元散曲通论．成都：巴蜀书社，1993．

［180］中国戏曲研究院编．中国古典戏曲论著集成．北京：中国戏剧出版社，1960．

［181］诸祖秋编撰.战国策集注汇考(增补本).南京：江苏古籍出版社，2008.

［182］周良宵、顾菊英.元代史.上海：上海人民出版社，1993.

［183］朱汉民.中国学术史·宋元卷.南昌：江西教育出版社，2001.

［184］朱荣智.元代文学批评之研究.台北：联经出版事业公司，1982.

［185］朱寿桐.文学与人生十五讲.北京：北京大学出版社，2006.

［186］朱光潜.悲剧心理学.合肥：安徽教育出版社，2006.

## 二、医史、涉医类著述

［1］（汉）张仲景著，刘世恩、毛绍芳点校.伤寒杂病论.北京：华龄出版社，2000.

［2］（南朝梁）陶弘景撰，宁越峰注释，朱德礼校译.养性延命录.赤峰：内蒙古科学技术出版社，2002.

［3］（隋）巢元方撰，黄作阵点校.诸病源候论.沈阳：辽宁科学技术出版社，1997.

［4］（唐）王冰注编.黄帝内经.北京：中医古籍出版社，2003.

［5］（唐）王冰撰注，鲁兆麟等点校.黄帝内经素问.沈阳：辽宁科学技术出版社，1997.

［6］（唐）孙思邈撰，刘清国等校.千金方.北京：中国中医药出版社，1998.

［7］（宋）葆光道人等编.秘传眼科龙木论10卷.北京：人民卫生出版社，1958.

［8］（宋）许叔微.伤寒九十论.北京：中华书局，1985.

［9］（宋）钱乙著，杨金萍、于建芳点校.小儿药证直诀.天津：天津科学技术出版社，2000.

［10］（金）张子和.儒门事亲.上海：第二军医大学出版社，2008.

［11］（元）曾世荣编撰.活幼心书.北京：中国中医药出版社，2016.

［12］（元）滑寿著，李德新等校注.十四经发挥校注.上海：上海科学技术出版社，1986.

［13］（元）李杲.内外伤辨惑论.北京：人民卫生出版社，1959.

［14］（元）王好古撰，崔扫麈、尤荣辑点校.汤液本草.北京：人民卫生出版社，1987.

［15］（元）罗天益.卫生宝鉴.北京：人民卫生出版社，1963.

［16］（元）忽思慧撰，刘正书点校.饮膳正要.北京：人民卫生出版社，1986.

［17］（元）朱震亨.丹溪心法.上海：上海科学技术出版社，1959.

［18］（元）朱震亨著，张奇文等校注.丹溪治法心要.济南：山东科学技术出版社，1985.

［19］（元）朱震亨著，高新彦等评注.丹溪心法评注.西安：三秦出版社，2005.

［20］（元）王好古.阴证略例.北京：中国中医药出版社，2008.

［21］（元）李鹏飞编，（明）胡文焕校，张志斌、张心悦、李强校点.三元参赞延寿书.福州：福建科学技术出版社，2013.

［22］（元）杜清碧.敖氏伤寒金镜录.上海：上海卫生出版社，1957.

［23］（元）朱震亨著，刘更生点校.格致余论.天津：天津科学技术出版社，2000.

［24］（元）李杲著，刘更生、臧守虎点校.兰室秘藏.天津：天津科学技术出版社，2000.

［25］（元）李杲撰，彭建中点校.脾胃论.沈阳：辽宁科学技术出版社，1997.

［26］（元）王好古撰，竹剑平、欧春、金策校注.中国古医籍整理

丛书·医垒元戎.北京：中医药出版社，2015.

［27］（元）窦默著，李鼎、王罗珍、李磊评注.子午流注针经 针经指南合注.上海：上海科学技术出版社，1998.

［28］（明）李时珍.本草纲目.北京：人民卫生出版社，1982.

［29］（明）李梴.医学入门.南昌：江西科学技术出版社，1988.

［30］（清）戴天章著，刘祖贻、唐承安点校.广瘟疫论.北京：人民卫生出版社，1992.

［31］（清）徐灵胎著，刘洋校注.医学源流论.北京：中国中医药出版社，2008.

［32］（清）徐梦雷等编.古今图书集成·医部全录点校本.北京：人民卫生出版社，1988.

［33］（清）魏之琇.续名医类案.北京：人民卫生出版社，1957.

［34］（清）顾世澄.疡医大全.北京：人民卫生出版社，1987.

［35］蔡建鹰编著.古今中医哲理思维概论.北京：中国医药科技出版社，2005.

［36］曹炳章原辑，高萍主校.中国医学大成·温病分册.北京：中国中医药出版社，1997.

［37］陈邦贤.中国医学史.北京：团结出版社，2006.

［38］陈涤平主编，卞尧尧、房玉玲、高雨等副主编.中医食物养生.南京：东南大学出版社，2014.

［39］陈元朋.两宋的尚医士人与儒医——兼论其在金元的流变.台北：台湾大学出版委员会，1997.

［40］丛春雨.敦煌中医药全书.北京：中医古籍出版社，1994.

［41］邓云特.中国救荒史.北京：生活·读书·新知三联书店，1958.

［42］傅维康主编.中国医学史.上海：上海中医学院出版社，1990.

［43］盖建民、何振中.道教医学精义.北京：宗教文化出版社，2014.

［44］盖建民．道教医学．北京：宗教文化出版社，2001．

［45］高伟编．金元医史类存．兰州：兰州大学出版社，1999．

［46］高希言、朱平生、田力主编．中医大辞典．太原：山西科学技术出版社，2017．

［47］高学敏．中药学．北京：中国中医药出版社，2017．

［48］郭树芹．唐代涉医文学与医药文化．北京：人民出版社，2012．

［49］何兆雄主编．中国医德史．上海：上海医科大学出版社，1988．

［50］和中浚主编．图说中医学史．南宁：广西科学技术出版社，2010．

［51］江幼李．道家文化与中医学．福州：福建科学技术出版社，1997．

［52］金芷君、张建中编著．中医文化掬萃．上海：上海中医药大学出版社，2010．

［53］李聪甫，刘炳凡．金元四大医家学术思想之研究．北京：人民卫生出版社，1983．

［54］李建民．生命史学——从医疗看中国历史．上海：复旦大学出版社，2008．

［55］李经纬、张志斌主编．中医学思想史．长沙：湖南教育出版社，2006．

［56］李良松、郭洪涛．出入命门——中医文化探津．北京：中国人民大学出版社，2009．

［57］李文波编．中国传染病史料．北京：化学工业出版社，2004．

［58］梁其姿．面对疾病——传统中国社会的医疗观念与组织．北京：中国人民大学出版社，2011．

［59］林富士．中国中古时期的宗教与医疗．北京：中华书局，2012．

［60］林家虎编著．医学生读经史子集．北京：中国中医药出版社，2016．

［61］刘喜平主编．敦煌古医方研究．北京：科学普及出版社，2006．

［62］刘晓林.中医文化与古典文学.长沙：湖南师范大学出版社，1999.

［63］马伯英.中国医学文化史.上海：上海人民出版社，1994.

［64］马继兴.敦煌医药文献辑校.江苏：江苏古籍出版社，1998.

［65］彭崇胜.中医药与中华传统文化.上海：上海交通大学出版社，2017.

［66］钱超尘.中国医史人物考.上海：上海科学技术出版社，2016.

［67］庆振轩、李孟霏编.苏轼涉医文化文献辑要.兰州：兰州大学出版社，2020.

［68］邱鸿钟.医学与人类文化.广州：广东高等教育出版社，2004.

［69］曲黎敏.中医与传统文化.北京：人民卫生出版社，2005.

［70］任应秋主编.中医各家学说.上海：上海科学技术出版社，1980.

［71］史兰华等编.中国传统医学史.北京：科学出版社，1992.

［72］王金道等主编.临床疾病心理学.北京：北京师范大学出版社，1994.

［73］王米渠、王克勤、朱文锋等主编.中医心理学.武汉：湖北科学技术出版社，1986.

［74］王水香，陈庆元.古典文学与中医学.北京：中国中医药出版社，2017.

［75］王新陆主编.中医文化论丛.济南：齐鲁书社，2005.

［76］王永耀编著.中药理论学研究.沈阳：辽宁科学技术出版社，2019.

［77］王元林、孟昭锋.自然灾害与历代中国政府应对研究.广州：暨南大学出版社，2012.

［78］严健民.远古中国医学史.北京：中医古籍出版社，2006.

［79］杨柏灿主编.药缘文化——中药与文化的交融.北京：中国中医药出版社，2014.

［80］杨鑫辉.医心之道——中国传统心理治疗学.济南：山东教育出版社，2012.

［81］杨永杰、龚树全主编.黄帝内经.北京：线装书局，2009.

［82］叶舒宪主编.文学与治疗.北京：社会科学文献出版社，1999.

［83］叶怡庭编著.历代医学名著序集评释.上海：上海科学技术出版社，1987.

［84］叶众编著.话说健康.成都：电子科技大学出版社，2010.

［85］元代史料丛刊编委会主编.元代史料丛刊初编·子书·方药.合肥：黄山书社，2012.

［86］张广保.金元全真教内丹心性学.上海：三联书店，1995.

［87］张海音主编.医学心理学.上海：上海交通大学出版社，2015.

［88］张华珠主编.中医学.北京：中国科学技术出版社，1992.

［89］张笑平主编.中医病案学.北京：中国中医药出版社，1995.

［90］甄志亚主编.中国医学史.北京：人民卫生出版社，1991.

［91］郑民、王亭.文学与医学文化.济南：山东大学出版社，2015.

［92］中国医学百科全书编辑委员会编.中国医学百科全书.上海：上海科学技术出版社，1987.

［93］中华文化通志编委会编.余瀛鳌，蔡景峰撰.中华文化通志·医药学志.上海：上海人民出版社，1998.

## 三、国外著述

［1］［古希腊］亚里士多德著，陈中梅译注.诗学.北京：商务印书馆，1996.

［2］［英］克利福德·利奇著，尹鸿译.悲剧.北京：昆仑出版社，1993.

［3］［英］莫恰著，郭珊宝译.喜剧.北京：昆仑出版社，1993.

［4］［德］康德著，邓晓芒译.实用人类学.重庆：重庆出版社，

1987.

［5］［美］苏珊·桑塔格著，程巍译.疾病的隐喻.上海：上海译文出版社，2018.

［6］［美］卢普顿著，苏静静译.医学的文化研究——疾病与身体.北京：北京大学医学出版社，2016.

［7］［美］威廉 H.麦克尼尔著，余新忠、毕会成译.瘟疫与人.北京：中国环境科学出版社，2010.

［8］［日］冈西为人编.宋以前医籍考.北京：人民卫生出版社，1958.

# 后 记

医学与文学的结缘古已有之，有元一代，两者之间的联系更为紧密。《四库全书总目·医家类总序》云："医之门户分于金元。"这一时期，医学理论和临证各科皆取得了重要进展，医学领域内学术争鸣之风大盛，涌现出"金元四大医家"。统治者重视以医学为代表的实用之学，医学领域取得的进步皆不同程度地在文学当中有所反映。有元一代，除传统的诗、文之外，元词继宋词的创作高峰成为余绪，而新兴文体散曲的诞生以及戏曲创作的大量涌现，皆为元代文学之繁荣创造了条件。文体的多样性，为涉医文学创作提供了较为丰厚的土壤。文士通医的现象，在中国古代社会尤其是宋代之后，成为一种较为普遍的现象。降至元代，一批文人如元好问、许衡、王恽、吴澄、蒋易、李存、贝琼、虞集等人以医药或疾病作为诗文创作的题材和内容，或在诗文中融入一定的医学理念。这一时期，医者与文士的交游往来尤甚，形成医文交融的文化现象。因此，选取元代作为历史分期，梳理文学作品中的医学内容，并在此基础上展开文本分析研究，进一步探讨元代医学与文学之关系，具有一定的针对性。同时，亦有尚未十分成熟妥贴的思考和观点，望诸位方家不吝赐教，加以指正，是为至盼。

感谢恩师庆振轩先生，幸得先生指点，难忘先生一路以来的谆谆教诲与关照。每翻阅查改书稿，恐自身能力有限，笔力不勤，用心不够，书稿的写作也留下了遗憾与不足，但有幸始终得到来自先生的启发与鼓励。先生的教导与恩情将始终铭记于心，成为人生中一笔宝贵的财富。

感谢民族出版社负责书稿出版的李志荣老师以及为书稿出版付出心

血和辛劳的各位老师。

  感谢家人一路以来的支持、包容和理解。感谢曾给予我帮助与关怀的诸位师友。感谢母校的接纳与成全，这一路，历经种种，磕磕绊绊，成长与收获，遗憾或失去。虽说对知识、对人生、对世界有了一丝浅薄的初步理解与认知，但恍若一梦，愈发感到自己的渺小与无知，感到生命的短暂与宝贵，天地自然之广博浩渺、日月星辰之变幻玄奥，逐渐开始理解了古人口中的"寄蜉蝣于天地，渺沧海之一粟"。每每感叹于此，更加重了对这大千世界的敬畏之心，愿始终带着对世界、对生命的好奇与感恩，奔赴这一场生命旅程。

图书在版编目（CIP）数据

元代涉医文学研究 / 周欣媛著 . -- 北京：民族出版社, 2025.6. -- ISBN 978-7-105-17531-4

Ⅰ . I206.47

中国国家版本馆 CIP 数据核字第 2025XD4680 号

# 元代涉医文学研究
YUANDAI SHEYI WENXUE YANJIU

策划编辑：李志荣
责任编辑：贾俊杰
封面设计：刘福勤
出版发行：民族出版社
地　　址：北京市和平里北街 14 号
邮　　编：100013
电　　话：010-64271909（汉文编辑一室）
　　　　　010-64224782（发行部）
网　　址：http://www.mzpub.com
印　　刷：北京中石油彩色印刷有限责任公司
经　　销：各地新华书店
版　　次：2025 年 7 月第 1 版　2025 年 7 月北京第 1 次印刷
开　　本：787 毫米 ×1092 毫米　1/16
字　　数：285 千字
印　　张：20
定　　价：68.00 元
书　　号：ISBN 978-7-105-17531-4 / I · 3353（汉 2954）

该书若有印装质量问题，请与本社发行部联系退换